华中农业大学乡村振兴研究报告2021

为乡村振兴提供制度保障和政策支撑

WEI XIANGCUN ZHENXING TIGONG ZHIDU BAOZHANG HE ZHENGCE ZHICHENG

华中农业大学乡村振兴研究院　编著

中国农业出版社
北　京

华中农业大学乡村振兴研究报告 2021
编写委员会

主　编：宋洪远

副主编（以姓氏笔画为序）：

李祖佩　何　可　胡银根　柯新利　颜廷武

参编人员（以姓氏笔画为序）：

王　丹　王　歌　王文慧　王安邦　王晓敏
朱　润　齐　莹　安　芳　李凡略　李元珍
张　星　陈媛媛　郅建功　明若愚　周婷婷
胡贝贝　姜庆志　曹慧敏　曹露馨　幸晶莹
谭尧予　魏佳朔

前　言

FOREWORD

实施乡村振兴战略，是党的十九大做出的重大决策部署，是决胜全面建成小康社会、全面建设社会主义现代化国家的重大历史任务，是新时代做好“三农”工作的总抓手。

党的十九大以来，习近平总书记多次发表重要讲话，深刻阐述了实施乡村振兴战略的重大意义，明确了实施乡村振兴战略的重点任务和重大举措，围绕坚持农业农村优先发展、实施乡村振兴战略，健全城乡融合发展体制机制和政策体系、加快农业农村现代化做出了一系列重要论述，提出了一系列新思想新观点，为走中国特色社会主义乡村振兴道路指明了方向。

党中央、国务院先后召开4次中央农村工作会议和全国实施乡村振兴战略工作推进会议，先后印发了4个中央1号文件和《乡村振兴战略规划（2018—2022年）》，明确了实施乡村振兴战略的总体要求和目标任务，细化实化了实施乡村振兴战略的工作重点和政策措施，制定出台了《中国共产党农村工作条例》和《中华人民共和国乡村振兴促进法》，为乡村振兴提供了制度保障和政策支撑。

2018年中央1号文件明确提出，到2020年乡村振兴取得重要进展，制度框架和政策体系基本形成。在实现“两个一百年”奋斗目标的历史交汇期，在“三农”工作重心历史性转移的重要时间节点，认真总结党中央、国务院及有关部门和各省（自治区、直辖市）围绕实施乡村振兴战略出台的一系列法律法规和政策文件，提出的一系列制度安排和政策措施，为接续全面推进乡村振兴、加快农业农村现代化提供政策指引和行动指南。

本书从理念到行动、从法规到措施、从政策到实践，全面系统阐释了乡村振兴的制度框架和政策体系。全书共有5章，第一章从总体上分析了实施乡村振兴战略的时代背景和重要意义、战略目标和重点任务、实施路径和重大举措；第二章围绕产业兴旺、生态宜居、乡风文明、治理有效、生活富裕的总要求，总结梳理了有关部门出台的行业支持政策和措施；第三章围绕强化乡村振兴人才支撑、科技支撑、投入保障、基础设施建设、公共服务提供等方面，概括归纳了有关部门出台的综合支持政策和措施；第四章围绕农业经营制度、农村土地制度、农村集体产权制度、农业支持保护制度、城乡融合发展体制机制，总结归纳了实施乡村振兴战略的经济社会制度和体制机制；第五章主要从加强党对农村工作的全面领导、健全农业农村法律制度两个方面，对实施乡村振兴战略的政治法律制度进行了概括和提炼。

本书的研究主题、框架结构、主要内容、逻辑思路、编写体例和主编统稿由宋洪远承担。张俊飚教授、钟涨宝教授参加了本书写作大纲的交流和讨论。何可除承担第一章的编写工作外，还承担了编写组的联络工作。朱润、明若愚、魏佳朔除承担部分章节的写作外，还承担了书稿的汇总和编辑工作。

本书写作的具体分工是，第一章：何可、朱润、李凡略、王安邦、明若愚；第二章：颜廷武、王晓敏、张星、安芳、郅建功、齐莹；第三章：柯新利、姜庆志、李元珍、王歌、陈媛媛；第四章：胡银根、王丹、王文慧、辜晶莹、周婷婷、曹慧敏；第五章：李祖佩、宋洪远、朱润、魏佳朔、谭尧予、曹露馨、胡贝贝。

值此本书出版之际，我们首先要特别感谢华中农业大学高翅书记、李召虎校长、姚江林副书记、青平副校长对本书编写工作的关心和鼓励，感谢华中农业大学科学技术发展研究院张拥军常务副院长、王鹏副处长对本书编写工作的支持和帮助，感谢华中农业大学经济管理学院陈国顺书记、李谷成院长在本书编写过程中提供的便利和帮助！衷心地感谢中国农业出版社领导的大力支持和本书责任编辑贾彬的辛勤付出！

由于我们的学识和政策水平有限，搜集的文献和文件范围有限，书中难免有疏漏和不足之处，我们真诚地希望学界同仁和读者朋友批评指正。希望本书能抛砖引玉，引起社会各界的广泛关注，更好地服务于全面推进乡村振兴，加快农业农村现代化。

华中农业大学乡村振兴研究院院长
宋洪远
2021 年 7 月

目　录

CONTENTS

第一章

实施乡村振兴战略

实施乡村振兴战略，是党的十九大作出的重大决策部署，是决胜全面建成小康社会、全面建设社会主义现代化国家的重大历史任务，是新时代做好“三农”工作的总抓手。本章以习近平关于“三农”工作重要论述为指导，围绕党中央、国务院关于实施乡村振兴战略的决策部署，分析了实施乡村振兴战略的时代背景和重要意义，明确了实施乡村振兴战略的主要目标和重点任务，阐释了实施乡村振兴战略的实现路径和重大举措。

一、时代背景和重要意义

（一）实现两个一百年奋斗目标

党的十九大报告对实现“两个一百年”奋斗目标作出了全面部署和战略安排：到 2020 年，决胜全面建成小康社会；到本世纪中叶中华人民共和国成立 100 年时，把我国建成富强民主文明和谐美丽的社会主义现代化强国。实施乡村振兴战略，是着眼于实现“两个一百年”奋斗目标提出来的。“小康不小康，关键看老乡”。习近平总书记指出，如期实现第一个百年奋斗目标并向第二个百年奋斗目标迈进，最艰巨最繁重的任务在农村，最广泛最深厚的基础在农村，最大的潜力和后劲也在农村。“民族要复兴，乡村必振兴”。实施乡村振兴战略，要从实现“两个一百年”奋斗目标要求出发，加快补齐“三农”短板，夯实“三农”基础，确保“三农”跟上全面建成小康社会、全面建设社会主义现代化国家新征程的步伐。

1. 小康不小康，关键看老乡

改革开放以来，我国在“脱贫奔小康”方面创造了举世瞩目的成就。然而，农村地区特别是贫困地区发展仍然滞后，农村贫困人口脱贫奔小康是“十三五”期间“最艰巨的任务”。

作为我国第一个百年奋斗目标，全面建成小康社会的实现过程时间紧、任务重，关键在于农村地区的贫困人口全面实现脱贫，这是需要解决的第一民生大事。“小康不小康，关键看老乡”。习近平总书记多次讲过的这句生动而又深刻的话语，核心内涵在于“三农”不仅是全面小康的重点，更是实现第一个百年奋斗目标的关键，没有农村的小康就没有全国的小康。

2019 年 4 月，习近平总书记在中央财经委员会第四次会议上发表重要讲话并强调指出：“全面建成小康社会牵涉到方方面面，但补短板是硬任务。”到 2020 年全面建成小康社会，我国最突出的短板在“三农”，必须打赢脱贫攻坚战、加快农业农村发展，让广大农民同全国人民一道迈入全面小康社会。没有广袤农村、广大农民的小康，就不是真正、全面的小康——如期全面建成小康社会，必须进一步破解“三农”发展难题，让全国各地的“老乡”都能分享发展成果，共享小康之惠。因此，实施乡村振兴战略是实现第一个百年奋斗目标的重大历史任务。

2. 民族要复兴，乡村必振兴

目前，我国已进入“十四五”时期，面向第二个百年奋斗目标，需要努力实现农业高质高效、乡村宜居宜业、农民富裕富足。到 2050 年把我国建成富强民主文明和谐美丽的社会主义现代化强国，基础支撑在“三农”。2020 年 12 月，习近平总书记出席中央农村工作会议并发表重要讲话强调，从中华民族伟大复兴战略全局看，民族要复兴，乡村必振兴。面对世界百年未有之大变局，稳住农业基本盘、守好“三农”基础是应变局、开新局的“压舱石”。构建新发展格局，把战略基点放在扩大内需上，而农村有巨大空间，可以大有作为。

习近平总书记深刻阐释了全面推进乡村振兴、加快农业农村现代化的重大意义、指导思想和总体要求，为做好新时代“三农”工作指明了前进方向。

全面脱贫目标的实现是完成我国第一个百年奋斗目标的前提条件，全面建成小康社会为中国社会主义现代化的实现奠定了坚实的基础。在向第二个百年奋斗目标迈进的历史关口，巩固拓展脱贫攻坚成果，全面推进乡村振兴，加快农业农村现代化，是需要高度重视的一个关系全局的重大问题。必须让亿万农民在共同富裕的道路上赶上来，让美丽乡村成为现代化强国的标志、美丽中国的底色。从这个角度分析，乡村振兴是立足于第二个百年奋斗目标，通过进一步深化农业供给侧结构性改革，构建农业现代化经济体系，以期实现农业农村现代化和乡村治理现代化的重大战略部署。

（二）破解不平衡不充分发展难题

党的十九大基于中国特色社会主义进入新时代的国情判断，运用马克思主义矛盾学说原理，把当前我国社会的主要矛盾概括为：“人民日益增长的美好生活需要和不平衡不充分的发展之间的矛盾。”在我国当前“不平衡不充分”的发展中，农村社会发展不平衡不充分是新时代我国社会主要矛盾的具体表现，主要表现为城乡发展不平衡和农村内部发展不充分。上述问题的根源在于外部城乡区域关系失衡和农业农村内部关系失衡，这在一定程度上影响我国社会经济协调、健康、可持续发展。实施乡村振兴战略，是解决人民日益增长的美好生活需要和不平衡不充分的发展之间矛盾的必然要求。

1. 城乡区域发展不平衡

中国全面建成小康社会取得的历史性成就，使推进共同富裕具备了许多有利条件，但是发展不平衡不充分的问题仍然比较突出。目前，我国发展不平衡主要表现为城乡区域发展不平衡。城乡区域发展和收入分配的差距较大，农民持续增收面临挑战，东西部的农村发展差距较大，经济增速南快北慢的态势还在持续，各区域内部也出现了明显的分化，城乡地区之间在就业、教育、医疗、养老等方面的发展也存在差距。

（1）城乡发展不平衡。40 多年来，城市化历程与改革开放同步，与中国经济的稳健发展相伴。中国城镇人口增长近 4 倍，城镇化率由 1978 年的 17.9％提高到 2020 年的逾 60％，且预计在 2025 年将达到 65.5％。但同时应当看到，城乡基础设施建设和社会公共服务等方面尚有差距，城乡之间的联系亟待加强，城市居民和乡村居民的生活环境、社会保障等方面的福利仍不均等。城乡发展不平衡，已经成为当前我国发展不平衡矛盾突出的表现之一。第一，基础设施差距较大。长期以来，国内很多政策是重城轻乡，公共资源的配置更多向城市倾斜。这种城市偏向最终演化为一种大城市和行政中心偏向，这也导致全国城乡居住地基础设施水平的差异十分明显。由于各项基础设施基本上都呈现“城市—县城—建制镇—乡驻地—村庄”梯度递减的显著特征，农村地区居民在获得公共资源方面则受到严重挤压。在基本生活设施方面，城市、县城、建制镇、乡驻地、村庄依次递减，城市与村庄之间的自来水普及率相差 20.67 个百分点，燃气普及率相差 68.11 个百分点。在环境基础设施方面则表现得更为明显，城市与乡驻地之间的污水处理率相差 76.74 个百分点，其中污水集中处理率相差 82.23 个百分点；生活垃圾处理率城市与乡驻地之间相差 26.31 个百分点，其中无害化处理率相差 66.78 个百分点。第二，公共服务差距较大。在农村公共服务设施规模不断提高的趋势下，农村地区公共服务供给规模不能满足实际需求，部分地区教育、医疗等公共服务条件较差，人才短缺严重、设施利用不足、公共服务质量不高的问题日益凸显。一方面，乡村中小学校的建设情况仍落后于城镇，教师素质差距明显。城镇地区各级学校中小学专任教师的学历结构均远高于乡村地区，高学历教师比例按“城区—城乡接合区—镇区—镇乡接合区—乡村”依次降低。另一方面，城乡医疗卫生服务能力差异悬殊，呈现出城市相对集中、农村相对匮乏的不均衡状态。每千人卫生技术人员数、执业（助理）医师数、注册护士数以及每千人医疗卫生机构床位数，城乡差距均在 2 倍以上。医疗卫生资源和优质服务均集中分布于城市地区，农村地区医疗条件和服务水平的落后面貌未发生根本改观。

（2）区域发展不平衡。从总体上来看，近年来我国东中西各个区域的农村居民生活得到不断改善，基础设施建设、社会保障、收入增长都在稳步推进与提升。但是，在实际发展过程中，受市场机制作用以及某些政策效应的影响，我国经济资源的配置仍然偏重于东部沿海发达地区。中西部特别是西部地区农村的经济和社会发展水平与东部地区农村相比，还有不小的差距。同时，东北地区农村的经济近年来又出现了增速明显下滑的问题，区域发展不平衡问题亟待解决。第一，东西部地区的农村发展差距较大。2000 年东、中、西部与东北地区 GDP 占全国的比重分别为 53.44%、19.15%、17.51%与 9.90%，2019 年分别为 51.88%、22.20%、20.82%与 5.10%。在这 10 年期间，东部地区占比有所下降但经济总量占全国一半以上的局面没有变化，中部与西部地区的比重略有上升，东北地区占比下滑幅度较大。同时，我国东西部地区的农村收入水平差距仍在扩大。据统计，2020 年我国中部、西部地区农村居民人均可支配收入分别为 1.61 万元和 1.32 万元，远低于东部地区的 2.26 万元，较之 2018 年差距仍有进一步扩大的趋势。第二，南北方地区的农村发展不均衡。近年来，我国北方部分地区的经济增速放缓，而南方地区依然保持较好的发展态势，南北地区差距扩大开始成为引人关注的区域发展新问题。2004—2019 年，南北地区不仅在经济总量上差距逐步扩大，经济增速近几年也呈现较大的差距，2013 年以来南方地区的增速明显超过北方地区。2020 年我国北方地区的农村居民人均可支配收入与南方地区相比存在较大差距。

协调发展应是新时代城乡发展的主旋律，当“城市奇迹”屡创佳话时，促进城乡区域协调发展更应是必然趋势。因此，实现乡村全面振兴，贯彻协调发展理念，坚持城乡间、区域间一盘棋，推动形成新型工农城乡区域关系，是全体人民的美好期盼。

2. 农业农村发展不充分

“农，天下之大业也”。“三农”一直是我国经济社会发展中最重要的领域之一，也是全党全国工作的重中之重。由于历史和现实的原因，我国“三农”工作仍存在一些短板和不足，特别是农业农村发展不充分的问题依然突出。

（1）农业发展不充分。近年来，我国农业现代化发展势头良好，但“靠天吃饭”的局面没有发生改变。劳动生产率、资源利用率低下，集约化、可持续发展进程缓慢。同时，农业产业国际竞争力不足，面临巨大的国际贸易压力。种种压力日积月累，使农业发展面临着“前所未有”的挑战。第一，农业劳动生产率偏低。我国谷物单产目前已接近或达到发达国家平均水平，但农业劳动生产率却远低于发达国家平均水平。劳动生产率低是我国农业现代化的短板，导致农业生产成本居高不下、农业竞争力不强、农民收入水平相对较低。农业劳动生产率的滞后，已严重制约了农业发展、农民增收和农村经济成长。第二，农业资源利用率有待提升。我国农业属于资源高耗低效型，粮食作物的平均光能利用率在0.5%以下，农田灌溉水有效利用率为30%～40%，化肥利用率仅36%，氮肥损失达70%～80%。传统农业低下的资源利用效率进一步加剧了生态环境恶化、人均农业资源短缺，并由此带来更为严峻的农产品质量安全问题。同时，当前我国农业资源废弃物利用效率低下。例如，还存在大量的秸秆不能充分利用，畜牧业产生的大量粪尿和养殖废水难以得到充分利用。第三，农业市场竞争能力不足。目前，尽管我国农业综合生产能力有较大提高，农产品供求总量基本平衡，但我国农业经营主体进入市场的体制和机制还不健全，参与市场竞争的能力还不强。恩格尔系数下降必然导致全社会对农产品消费需求的增速相对下降，投入边际报酬递减和边际产能退出必然导致农业产能提高速度趋于下降，进口替代增加必然导致国产农产品市场空间趋于收窄。在上述三种力量的作用下，我国农业已由高速增长阶段转向中速增长阶段。全国第一产业增加值年均增长速度，1979—2012 年为 4.5%，2013—2019 年为 3.6%。“十四五”时期，随着农民工工资水平的提高和农业劳动力机会成本的增加，农业生产成本还将持续上升，国内外农产品成本和价格倒挂的幅度将会进一步扩大。这将进一步削弱我国农产品国际竞争力、增大进口压力。

（2）农村发展不充分。农村发展不充分是我国经济社会发展过程中长期积累的结果，主要体现在农村地区基础设施、公共服务及社会管理等发展不充分。第一，农村基础设施建设亟待优化。长期以来，我国实行“以农补工、重城轻乡”的二元发展模式，造成政府对农村基础设施建设的资金投入不足，远远滞后于社会经济发展速度。同时，农村基础设施的建设还没有纳入发展统筹规划，随意性突出，乱搭乱建，挤占农用地、公共用地现象比较普遍。第二，农村公共服务供给效率偏低。“十三五”规划实施期间，各级政府不断加大对农村地区特别是贫困地区基本公共服务领域的投入力度，各项基本公共服务的设施水平有了很大提高。但仍值得注意的是，目前农村公共服务供给仍然以

“自上而下”的政府决策为主导，缺乏“自下而上”的公共服务需求表达机制。第三，农村社会管理面临挑战。目前，我国农村地区法治环境、社会信任体系建设不充分。随着全民法治观念的普及和依法治国进程的推进，农村法治环境和依法治理仍需进一步改进和完善。部分地区乡村治理紊乱，农村社会信任、道德伦理问题突出，对乡村的未来发展和社会稳定带来了极大影响。

在新时代，“三农”发展面对的主要矛盾正在发生新的变化，农业农村在不断发展的同时也暴露出诸多“不充分”问题，且还会不断加深。必须换脑子、换频道，适应新形势，开辟新局面。在此背景下，实施乡村振兴战略，有利于从根本上解决农业农村发展不充分问题，更好地满足农民群众对美好生活的需要。

（三）农民的期盼与市民的需求

改革开放 40 年来的快速发展，人们不再简单追求吃饱穿暖，而是希望吃好穿好。随着经济社会的发展和我国社会主要矛盾的变化，无论是城镇居民还是农村居民，对生活质量的要求越来越高。在中国特色社会主义新时代，乡村是一个可以大有作为的广阔天地，迎来了难得的发展机遇。农村居民期盼“三农”问题得到进一步解决，要求农村经济全面繁荣，乡村宜居宜业，生活富裕富足；城镇居民要求农村提供充足、安全的农产品，要求“看得见山，望得见水，记得住乡愁”。实施乡村振兴战略，是满足城乡居民日益增长的美好生活需要的必由之路。

1. 振兴乡村是农村居民的期盼

从农村居民来看，不仅期盼农业生产得到发展，而且期盼农村经济全面繁荣；不仅期盼在农村有稳定的就业和收入，而且期盼有更完善的基础设施、便捷的公共服务、公平的教育机会、可靠的社会保障、丰富的文化活动，期盼过上有尊严的、现代化的生活；不仅要求物质生活上的富足，而且要求生活在好山、好水、好风光之中；不仅要求在经济上保障其物质利益，而且要求在政治上尊重其民主权利。

农民期盼小康，期盼现代化，盼望农业农村全面发展。而只有实现农民的基本诉求和权利，才能以获得感、幸福感满足他们对美好生活的期盼；只有调动他们的积极性、主动性，才能创造乡村振兴的动力。作为新时代解决“三农”问题的总抓手，乡村振兴是全方位的振兴，是回应广大农民对于幸福生活期盼的振兴，是社会经济发展红利向广大农民普惠的方式，是实现全面小康的要求和全面现代化的期盼。

2. 振兴乡村是城镇居民的需求

从城镇居民来看，对农产品数量的需求已基本得到满足，但对农产品多元化、高品质的需求尚未得到很好满足。尽管农业产值在我国国民经济中的比重逐渐下降，但新时代乡村的价值不仅体现在农业本身，除了是农业生产经营的场所外，乡村也是经济主体创业的场所、城乡居民尤其是城镇居民休闲旅游之地。城镇居民不仅要求农村提供充足、安全的农产品，而且要求农村提供清洁的空气、洁净的水源、恬静的田园风光等生态康养产品，以及农耕文化、农事体验、乡愁寄托等精神产品。

随着城市化进程的加快，乡村空心化越来越明显。许多城镇居民心中虽有浓浓的乡愁情结，但因乡村收入不高造成“心向往之而身不能至”。实施乡村振兴战略促进农业高质高效、乡村宜居宜业、生活富裕富足，不仅是农村居民的期盼，也能更好地满足城镇居民不断增长的美好生活的需要。

二、战略目标和重点任务

（一）三个时间节点的主要目标

2018 年中央 1 号文件《中共中央　国务院关于实施乡村振兴战略的意见》，按照党的十九大报告提出的决胜全面建成小康社会、分两阶段实现第二个百年奋斗目标的战略安排，针对未来 30 多年实施乡村振兴战略的历史进程，明确提出了到 2020 年、2035 年和 2050 年三个时间节点的乡村振兴的主要目标。

一是到 2020 年，乡村振兴取得重要进展，制度框架和政策体系基本形成。

农业综合生产能力稳步提升，农业供给体系质量明显提高，农村一二三产业融合发展水平进一步提升；农民增收渠道进一步拓宽，城乡居民生活水平差距持续缩小；现行标准下农村贫困人口实现脱贫，贫困县全部摘帽，解决区域性整体贫困；农村基础设施建设深入推进，农村人居环境明显改善，美丽宜居乡村建设扎实推进；城乡基本公共服务均等化水平进一步提高，城乡融合发展体制机制初步建立；农村对人才吸引力逐步增强；农村生态环境明显好转，农业生态服务能力进一步提高；以党组织为核心的农村基层组织建设进一步加强，乡村治理体系进一步完善；党的农村工作领导体制机制进一步健全；各地区各部门推进乡村振兴的思路举措得以确立。

二是到 2035 年，乡村振兴取得决定性进展，农业农村现代化基本实现。农业结构得到根本性改善，农民就业质量显著提高，相对贫困进一步缓解，共同富裕迈出坚实步伐；城乡基本公共服务均等化基本实现，城乡融合发展体制机制更加完善；乡风文明达到新高度，乡村治理体系更加完善；农村生态环境根本好转，美丽宜居乡村基本实现。

三是到 2050 年，乡村全面振兴，农业强、农村美、农民富全面实现。

（二）实施乡村振兴战略的重点任务

2018 年中央 1 号文件和《乡村振兴战略规划（2018—2022 年）》都对实施乡村振兴战略的重点任务进行了部署安排。概括起来，主要有 5 个方面的重点任务。

1. 产业兴旺

农业兴，百业兴。乡村振兴离不开兴旺发达的产业做支撑，这是乡村现代社会发展的物质基础。产业是农村各项事业得以健康可持续发展的重要保障，只有产业得到良好发展，才能创造出更多的就业机会和岗位，才能让农村成为具有吸引力的地方，让人愿意留在农村，让城镇的人才愿意进入农村，激发乡村发展活力。只有产业振兴，经济发展，才能不断提高农民的收入，实现生活富裕的目标。因此，产业振兴是源头、是基础，有了产业的振兴，乡村振兴才有底气，离开产业的支撑，实施乡村振兴战略就无从谈起。所谓乡村产业兴旺，是指与乡村发展相关的所有产业的共同振兴，既包括农业产业的振兴，也包括乡村二、三产业的振兴，既包括农村传统产业的发展，也包括农村新产业新业态的发展，还包括农村一二三产业的相互融合发展。它要求加快构建现代农业产业体系、生产体系、经营体系，提高农业创新力、竞争力和全要素生产率，努力实现农业和农村更高质量、更高效率、更可持续的发展。

为实现乡村产业兴旺，一是实施“藏粮于地、藏粮于技”战略，在高标准农田建设、农业机械化、农业科技创新、智慧农业等方面迈出新步伐，提升农业生产物质技术装备水平，巩固和提高粮食综合生产能力；二是要推进农业由增产导向转向提质导向，坚持质量兴农、绿色兴农，按照“巩固、增强、提升、畅通”的要求，下足绣花功夫，切实把深化农业供给侧结构性改革往深里做、往细里做，不断提升粮食和整个农业的质量、效益、整体素质；三是大力开发农业多种功能，推进农村一二三产业融合发展，为农村创新创业开辟新天地，为农民就业增收打开新空间；四是促进小农户和现代农业发展有机衔接，加快构建新型农业经营体系，抓好家庭农场和农民合作社两类新型农业经营主体，促进农民合作社规范提升，培育发育家庭农场，完善“农户＋合作社”“农户＋合作社＋工厂或公司”“公司＋农户”的利益联结机制；五是统筹利用好国际国内两个市场、两种资源，构建农业对外开放新格局，实施特色优势农产品出口提升行动，提升农业国际竞争力。

2. 生态宜居

“生态”反映了自然生态与人文生态共生共融的高度耦合关系，“宜居”则是人类生存的基本需求与愉悦居住的有机统一。因此，实现生态宜居这一重点任务不仅包括推进农村生态环境保护的目标要求，也蕴含打造优雅舒适居住环境的美好愿景。人与自然是生命共同体，建设生态文明是中华民族永续发展的千年大计。习近平总书记指出，坚持农业绿色发展是农业发展观的一场深刻变革，坚持人与自然和谐共生是新时代坚持和发展中国特色社会主义的基本方略。绿色发展理念是新发展理念中的重要一环，污染防治也是三大攻坚战中的一个重大战役。长期以来，为解决农产品总量不足的问题，我国一直维持着粗放型的农业生产模式，导致农村生态环境的欠账问题较为突出。习近平总书记强调，“建设好生态宜居的美丽乡村，让广大农民在乡村振兴中有更多获得感、幸福感。”因此，改善农村人居环境，让农村居民望得见山、看得见水、记得住乡愁，也是实现乡村振兴的题中应有之义。

为实现乡村生态宜居，一是统筹山水林田湖草系统治理，实施重要生态系统保护和修复工程，健全耕地、草地、森林、河流、湖泊休养生息制度，继续加大对水土流失区、地下水漏斗区、土壤重金属污染区的治理力度；二是加强农村突出环境问题综合治理，开展农业面源污染防治、农业绿色发展行动，实现投入品减量化、生产清洁化、废弃物资源化、产业模式生态化，加快形成种养结合、生态循环、环境优美的田园生态系统；三是加大农村生态保护和修复力度，遵循生态系统的内在机理和规律，坚持自然恢复为主的方针，因地制宜、分类施策，增强针对性、系统性、长效性，加大农业生态系统保护力度；四是建立健全生态效益补偿机制，落实农业功能区制度，加大重点生态功能区转移支付力度，完善生态保护成效与资金分配挂钩的激励约束机制；五是增加农业生态产品和服务供给，正确处理开发与保护的关系，运用现代科技和管理手段，将乡村生态优势转化为发展生态经济的优势，提供更多更好的绿色生态产品和服务，促进生态和经济良性循环。

3. 乡风文明

乡村振兴既要见物，也要见人。建设社会主义现代化强国必然要求建设一个文明强国，建设现代化农村也必然需要建立一个高度文明的农村。乡风文明是整个社会文明的重要组成部分，乡村文化具有独特魅力，中华优秀传统文化的根基就在乡村。加强乡风文明建设，不仅是乡村振兴的内在要求，也是社会文明达到新高度、国家软实力显著增强、中华文化影响更加广泛深入的要求。

为实现乡风文明，一是加强农村思想道德建设，以社会主义核心价值观为引领，深入挖掘优秀传统农耕文化蕴含的思想观念、人文精神、道德规范；二是传承发展提升农村优秀传统文化，对于传统优秀文化，要在保护传承的基础上，创造性转化、创新性发展，不断赋予时代内涵、丰富表现形式；三是完善农村公共文化服务体系，要按照有标准、有网络、有内容、有人才的要求，着力补短板、填空白，完善农村公共文化服务网络，增加农村公共文化产品和服务供给；四是加强农村移风易俗，旗帜鲜明地反对天价彩礼、反对铺张浪费、反对婚丧大操大办、抵制封建迷信、摒弃陈规陋习，积极培育文明乡风、良好家风、淳朴民风。

4. 治理有效

推进乡村振兴必须切实推进乡村治理，只有乡村治理能力获得提升，国家治理体系和治理能力才能够实现现代化，乡村振兴才能够取得成效。推进乡村治理能力提升，关键是要健全现代乡村治理体系，只有治理体系得到完善，治理能力和治理成效才会体现出来。党的十九大报告明确提出了“加强农村基层基础工作，健全自治、法治、德治相结合的乡村治理体系”的要求。习近平总书记强调“要以党的领导统揽全局，创新村民自治的有效形式，推动社会治理和服务重心向基层下移。”“尽可能把资源、服务、管理放到基层，使基层有职有权有物，更好为群众提供精准有效的服务和管理。”

为实现乡村有效治理，一是要加强农村基层党组织建设，整顿软弱涣散农村基层党组织，解决弱化、虚化、边缘化问题，稳妥有序地开展不合格党员处置工作，着力引导农村党员发挥先锋模范作用；二是要健全自治、法治、德治相结合的乡村治理体系，注重现代治理方式与传统治理资源相结合，在依法治理的基础上，重视综合治理、系统治理、源头治理，法、德、礼并用，以法治定分止争，以德治春风化雨，以礼治消化矛盾，以党的领导统揽全局；三是要加强平安乡村建设，健全完善农村地区人防、物防、技防相结合的立体化社会治安防控体系，加强乡村的治安防控网建设，确保乡村社会充满活力、和谐有序。

5. 生活富裕

习近平总书记指出，消除贫困、改善民生、实现共同富裕，是社会主义的本质要求。建设新时代中国特色社会主义现代化强国，必须坚持以人民为中心的发展思想，不断促进人的全面发展、全体人民共同富裕。实现生活富裕不仅要求促进农民收入持续增加，缩小城乡居民收入差距，还强调在发展中保障和改善民生，包括教育、就业、基础设施、社会保障等一系列农村公共服务，提高农村居民的生活质量。在实现生活富裕的过程中，要充分尊重广大农民意愿，调动广大农民积极性、主动性、创造性，把广大农民对美好生活的向往转化为推动乡村振兴的动力，把维护广大农民根本利益、促进广大农民共同富裕作为出发点和落脚点。

为实现生活富裕，一是需要促进农村劳动力转移就业，提高就业质量，通过促进乡村经济多元化发展，挖掘农业农村内部就业增收潜力；二是需要改善农村基本生产生活条件，围绕农民群众最关心、最直接、最现实的利益问题，一件事情接着一件事情办，一年接着一年干，把乡村建设成为幸福美丽的新家园；三是改善农村人居环境，开展村庄清洁行动，推进农村垃圾污水治理和厕所革命。

（三）实施乡村振兴战略需要把握的重大问题

1. 坚持六个基本原则

根据 2018 年中央 1 号文件的部署和要求，实施乡村振兴战略需要坚持以下 6 个基本原则。

一是坚持党管农村工作。毫不动摇地坚持和加强党对农村工作的领导，健全党管农村工作领导体制机制和党内法规，确保党在农村工作中始终总揽全局、协调各方，为乡村振兴提供坚强有力的政治保障。

二是坚持农业农村优先发展。过去，我国工业和城市的发展都建立在牺牲农业和农村的基础上，引发了城乡发展不平衡、农业农村发展不充分等一系列问题。2019 年中央 1 号文件明确提出，坚持农业农村优先发展是实施乡村振兴战略的总方针，是解决城乡发展不平衡、农村发展不充分的根本出路，是加快推进农业农村现代化的必然选择。着眼乡村的全面振兴，坚持农业农村优先发展，抓好各项硬任务的落实，对建成富强民主文明和谐美丽的社会主义现代化强国意义重大。需要把实现乡村振兴作为全党的共同意志、共同行动，做到认识统一、步调一致，在干部配备上优先考虑，在要素配置上优先满足，在资金投入上优先保障，在公共服务上优先安排，加快补齐农业农村短板。

三是坚持农民主体地位。农民主体地位是指让广大农民成为乡村振兴的主体力量，坚持农民成为乡村振兴实践的参与主体、成果享受主体以及效果评价主体。要充分尊重农民的意愿和经营自主权，切实发挥他们在乡村振兴中的主体作用。切实把维护农民群众的根本利益、促进农民共同富裕作为出发点和落脚点，调动亿万农民的积极性、主动性、创造性，提升农民的获得感、幸福感、安全感。

四是坚持乡村全面振兴。习近平总书记在2020年中央农村工作会议上强调，“脱贫攻坚取得胜利后，要全面推进乡村振兴，这是‘三农’工作重心的历史性转移。”当前，我国已经实现脱贫攻坚战的全面胜利，接下来的发展重点是全面推进乡村振兴。要准确把握乡村振兴的科学内涵，深入挖掘乡村的多种功能和价值，统筹谋划农村经济建设、政治建设、文化建设、社会建设、生态文明建设和党的建设，注重协同性、关联性，整体部署，协调推进。

五是坚持城乡融合发展。改革开放以来，我国在统筹城乡发展、推进新型城镇化方面取得了重大进展，但仍存在城乡要素流通不畅、公共资源配置不合理等问题，影响城乡融合发展的体制机制障碍尚未根本消除。需要坚决破除体制机制弊端，使市场在资源配置中起决定性作用，更好发挥政府作用，推动城乡要素自由流动、平等交换，推动新型工业化、信息化、城镇化、农业现代化同步发展，加快形成工农互促、城乡互补、全面融合、共同繁荣的新型工农城乡关系。

六是坚持因地制宜，循序渐进。我国幅员辽阔，各地乡村经济社会发展水平迥异，要科学把握乡村的差异性和发展走势分化特征，做好顶层设计，注重规划先行、突出重点、分类施策、典型引路。既尽力而为，又量力而行，不搞层层加码，不搞一刀切，不搞形式主义，不追求一步到位。

2. 处理好四个重大关系

在第十九届中央政治局第八次集体学习会上，习近平总书记明确提出了实施乡村振兴战略需要处理好的4个重大关系。

一是长期目标和短期目标的关系。2018年中央1号文件明确提出了我国在几个阶段的乡村振兴的目标任务，其中就包括2020年的短期目标以及2050年的长期目标。2050年的长期目标指引着乡村振兴战略的前进方向，2020年的短期目标关乎农民群众当下的感受和信心。立足当前，着眼长远，必须遵循乡村建设规律，坚持科学规划、注重质量、从容建设，聚焦阶段性任务、找准突破口、排出优先序，一件事情接着一件事情办，一年接着一年干。要有足够的历史耐心，切忌贪大求快、刮风搞运动，防止走弯路、“翻烧饼”。

*二是顶层设计和基层探索的关系。*当前，党中央已经明确了乡村振兴的顶层设计，立下了推进乡村振兴的四梁八柱。然而，我国幅员辽阔，乡村分散且风格迥然，编制村庄建设规划不能够完全照搬城市，更不能按照一个模式发展。要科学把握不同乡村之间的差异性，因地制宜实施符合乡村实际的乡村振兴方案，打造符合乡村特色的现代版“富春山居图”。要充分发挥广大农民群众的主体作用和首创精神，充分调动他们的积极性、主动性和创造性。要善于发现总结基层的实践创造，丰富和完善顶层设计。

*三是充分发挥市场决定性作用和更好发挥政府作用的关系。*乡村振兴是一个具有广阔前景的超级蓝海，为实现乡村振兴目标要求，既要充分发挥市场的决定性作用，也要更好发挥政府的引导作用，两者缺一不可。一方面，政府不能大包大揽、包办代替，要重视市场的决定性作用，利用市场汇集资金、人才、技术等资源要素，推动农业全面升级、农村全面进步、农民全面发展。另一方面，政府要引导优化农村创新创业环境，更好发挥自身在规划引导、政策支持、市场监管、法治保障等方面的积极作用。

*四是增强农民群众获得感和适应发展阶段要求的关系。*中国特色社会主义已经进入新时代，广大农民群众对美好生活有着更高的向往。实现农民群众对美好生活的需求不能够脱离实际，要紧紧围绕农民群众最关心、最直接、最现实的利益问题，加快补齐农村发展和民生短板，让亿万农民有更多实实在在的获得感、幸福感、安全感。政府要科学评估财政收支状况、集体经济实力和群众承受能力，合理确定投资规模、筹资渠道、负债水平，合理设定阶段性目标任务和工作重点，坚持尽力而为、量力而行，形成可持续发展的长效机制。

三、实施路径和重大举措

（一）以习近平“三农”工作重要论述为行动指南

习近平总书记关于“三农”工作的重要论述，坚持辩证唯物主义和历史唯物主义世界观和方法论，蕴含着科学的思想方法和工作方法，是我们党“三农”理论与时俱进的重大创新，不仅是做好新时代“三农”工作的指导思想，更是实施乡村振兴战略的行动指南。

*一是坚持战略思维谋全局。*习近平总书记多次强调要有战略思维，要胸怀大局、把握大势、着眼大事。我国是农业大国，重农固本是安民之基、治国之要。从中华民族伟大复兴战略全局看，民族要复兴，乡村必振兴。从世界百年未有之大变局看，稳住农业基本盘、守好“三农”基础是应变局、开新局的“压舱石”。习近平总书记始终从全局和战略高度看待“三农”问题，把解决好“三农”问题放在巩固党的执政基础、实现“两个一百年”奋斗目标的大局中来谋划推动。习近平总书记多次强调，农业农村农民问题是关系国计民生的根本性问题，必须始终坚持把解决好“三农”问题作为全党工作重中之重；做好“三农”工作对有效应对各种风险挑战、确保经济健康发展和社会大局稳定具有重大意义；农业基础稳固、农村和谐稳定，农民安居乐业，整个大局就有保障，各项工作都会比较主动；没有农业现代化，没有农村繁荣富强，没有农民安居乐业，国家现代化就是不完整、不全面、不牢固的。

*二是坚持辩证思维解难题。*习近平总书记关于“三农”工作的重要论述体现了深刻的辩证思维，是对马克思主义唯物辩证法的科学运用。例如，在面对城镇和乡村发展的问题时，习近平总书记指出我国城镇化率已接近60%，但作为有着960多万平方公里土地、14多亿人口、5 000多年文明史的大国，不管城镇化发展到什么程度，农村人口还会是一个相当大的规模。如果只顾一头、不顾另一头，一边是越来越现代化的城市，一边却是越来越萧条的乡村，也不能算是实现了中华民族伟大复兴。在面对粮食问题时，习近平总书记强调要善于透过现象看本质，在我们这样一个14多亿人口的大国，粮食多了是问

题，少了也是问题，但这是两种不同性质的问题。多了是库存压力、是财政压力，而少了是社会压力、是整个大局的压力。

三是坚持历史思维把方向。党的十八大以来，习近平总书记在多个场合多次讲话中谈到对历史的认识和看法，要认识历史、尊重历史、借鉴历史和学习历史。中国是农业大国，中华民族自古就十分重视农业农村农民问题。“民不贱农，则国安不殆”“民事农则田垦，田垦则粟多，粟多则国富”“农，天下之大业也”“贫生于不足，不足生于不农”“务农重本，国之大纲”。习近平总书记十分重视对历史经验的借鉴和运用，始终运用历史眼光思考谋划农业农村改革发展重大问题，始终把解决好“三农”问题作为全党工作重中之重，长期坚持并毫不动摇地视为我们党执政兴国的重要经验就是最好的诠释。在农村土地制度改革问题上，习近平总书记强调，分散的、粗放的农业经营方式难以建成现代农业，但却是我国农业经营方式的主要特征，改变它需要一个较长的历史过程，需要时间和条件，不可操之过急，要放在历史大进程中审视。在处理农村土地承包关系时，习近平总书记指出，农村土地承包关系要保持稳定，农民的土地不要随便动。农民失去土地，如果在城镇待不住，就容易引发大问题，这在历史上是有过深刻教训的。要有足够的历史耐心，要尊重农民意愿和维护农民权益，把选择权交给农民，由农民选择而不是代替农民选择。

四是坚持创新思维增动力。习近平总书记始终坚持与时俱进、开拓创新，创造性地解决“三农”发展遇到的新问题，多次强调要用好深化改革这个法宝来解决“三农”发展所遇到的各种矛盾和问题。例如在农村基本经营制度改革问题上，习近平总书记亲自部署推动农村承包地“三权分置”改革，使得所有权、承包权、经营权三权分置，放活了经营权，实现了继家庭联产承包责任制后农村改革又一重大制度创新；在农民增收问题上，习近平总书记指出积极发展农民股份合作、赋予集体资产股份权能改革试点的目标方向，是要探索赋予农民更多财产权利，明晰产权归属，完善各项权能，激活农村各类生产要素潜能，建立符合市场经济要求的农村集体经济运营新机制。此外，习近平总书记还多次强调要把发展农业科技放在更加突出的位置，大力推进农业机械化、智能化，给农业现代化插上科技的翅膀。

五是坚持底线思维划边界。习近平总书记坚持底线思维，强调要居安思危、未雨绸缪，凡事从坏处准备、努力争取最好结果，牢牢把握主动权。在粮食安全方面，习近平总书记多次指出我国有 14 多亿人口，粮食安全是头等大事，提出要依靠自己保口粮，集中国内资源保重点，做到谷物基本自给、口粮绝对安全，把饭碗牢牢端在自己手上的战略底线；在农村改革方面，习近平总书记多次强调，不论怎么改，不能把农村土地集体所有制改垮了，不能把耕地改少了，不能把粮食生产能力改弱了，不能把农民利益损害了，这些底线必须坚守，决不能犯颠覆性错误。

六是坚持实事求是定方针。习近平总书记始终立足国情农情观大势、看问题，在解放思想、与时俱进中正确把握不断发展变化着的客观实际。在实施乡村振兴战略时，习近平总书记指出实施乡村振兴战略是一项长期的历史性任务。要科学规划、注重质量、从容建设，不追求速度，更不能刮风搞运动。要坚持以实干促振兴，遵循乡村发展规律；在谈到推进城乡发展一体化问题时，习近平总书记指出要坚持从国情出发，从我国城乡发展不平衡不协调和二元结构的现实出发，从我国的自然禀赋、历史文化传统、制度体制出发，既要遵循普遍规律，又不能墨守成规，既要借鉴国际先进经验，又不能照抄照搬；在面对脱贫攻坚问题时，习近平总书记强调脱贫攻坚要坚持实事求是，不能层层加码，提不切实际的目标。

七是坚持目标导向和问题导向相统一。习近平总书记总是瞄准“三农”现实问题开药方找答案，紧盯发展目标找办法求突破。从解决我国社会主要矛盾出发，立足实现“两个一百年”奋斗目标，坚持把解决好“三农”问题作为全党工作重中之重，作出实施乡村振兴战略、深化农村土地制度改革、打赢脱贫攻坚战等重大决策，强调在制度供给、人才支撑、投入保障等方面采取有力措施，积极推动农业现代化，加快补齐农业农村发展短板，增加农民收入，加强城乡融合，不断缩小城乡差距，让农业成为有奔头的产业，让农民成为有吸引力的职业，让农村成为安居乐业的美丽家园。这是目标导向和问题导向相统一的典范。

（二）走中国特色社会主义乡村振兴道路

实施乡村振兴战略，首先要按规律办事。在我们这样一个拥有 14 多亿人口的大国，实现乡村振兴是前无古人、后无来者的伟大创举，没有现成的、可照抄照搬的经验。我国乡村振兴道路怎么走，只能靠我们自己探索，走中国特色社会主义乡村振兴道路。

一是必须重塑城乡关系，走城乡融合发展之路。我们要看到，同快速推进的工业化、城镇化相比，我国农业农村发展步伐还跟不上，“一条腿长、一条腿短”的问题比较突出。我国发展最大的不平衡是城乡发展不平衡，最大的不充分是农村发展不充分。要坚持以工补农、以城带乡，把公共基础设施建设的重点放在农村，推动农村基础设施建设提档升级，优先发展农村教育事业，促进农村劳动力转移就业和农民增收，加强农村社会保障体系建设，推进健康乡村建设，持续改善农村人居环境，逐步建立健全全民覆盖、普惠共享、城乡一体的基本公共服务体系，让符合条件的农业转移人口在城市落户定居，推动新型工业化、信息化、城镇化、农业现代化同步发展，加快形成工农互促、城乡互补、全面融合、共同繁荣的新型工农城乡关系。

二是必须巩固和完善农村基本经营制度，走共同富裕之路。共同富裕是中国特色社会主义的本质特征和根本要求，也是乡村振兴的必然要求和发展方向，必须坚持农村基本经营制度不动摇，这是实现共同富裕的制度基础。从各地实践看，各种经营主体、各种经营形式，各有特色、各具优势，在不同地区、不同产业、不同环节都有各自的适应性和发展空间，不能只追求一个模式、一个标准。要坚持农村土地集体所有，坚持家庭经营基础性地位，坚持稳定土地承包关系，壮大集体经济，建立符合市场经济要求的集体经济运行机制，确保集体资产保值增值，确保农民受益。

三是必须深化农业供给侧结构性改革，走质量兴农之路。质量就是效益，质量就是竞争力。如今，农业的主要矛盾已经由总量不足转变为结构性矛盾，突出表现为结构性供过于求和供给不足并存，要顺应农业发展主要矛盾变化，深入推进农业供给侧结构性改革。坚持质量兴农、绿色兴农，实施质量兴农战略，加快推进农业由增产导向转向提质导向，夯实农业生产能力基础，确保国家粮食安全，构建农村一二三产业融合发展体系，积极培育新型农业经营主体，促进小农户和现代农业发展有机衔接，推进“互联网＋现代农业”，加快构建现代农业产业体系、生产体系、经营体系，不断提高农业创新力、竞争力和全要素生产率，加快实现由农业大国向农业强国转变。

四是必须坚持人与自然和谐共生，走乡村绿色发展之路。过去，为解决农产品总量不足的矛盾，我们拼资源拼环境拼消耗，过量施用化肥、农药等，采取大水漫灌生产方式，过度开发边际产能，农业农村领域生态环境欠账问题比较突出。如今，必须处理好经济发展和生态环境保护的关系，把该减的减下来、该退出的退出来、该治理的治理到位。良好生态环境是农村最大优势和宝藏，要守住生态保护红线，推动乡村自然资本加快增值，让良好生态环境成为乡村振兴的支撑点。以绿色发展引领生态振兴，统筹山水林田湖草沙系统治理，加强农村突出环境问题综合治理，建立市场化多元化生态补偿机制，增加农业生态产品和服务供给，实现百姓富、生态美的统一。

五是必须传承发展提升农耕文明，走乡村文化兴盛之路。农耕文化是我国农业的宝贵财富，是中华文化的重要组成部分，承载着华夏文明生生不息的基因密码，彰显着中华民族的思想智慧和精神追求，不仅不能丢，而且要不断发扬光大。优秀乡村文化能够提振农村精气神，增强农民凝聚力，孕育社会好风尚。坚持物质文明和精神文明一起抓，弘扬和践行社会主义核心价值观，加强农村思想道德建设，传承发展提升农村优秀传统文化，加强农村公共文化建设，开展移风易俗行动，提升农民精神风貌，培育文明乡风、良好家风、淳朴民风，不断提高乡村社会文明程度。

六是必须创新乡村治理体系，走乡村善治之路。乡村振兴离不开稳定和谐的社会环境，稳定也是广大农民的根本利益。要建立健全党委领导、政府负责、社会协同、公众参与、法治保障的现代乡村社会治理体制，健全自治、法治、德治相结合的乡村治理体系。在依法治理的基础上，重视综合治理、系统治理、源头治理，德、法、礼并用，以法治定分止争、以德治春风化雨、以自治消化矛盾，加强农村基层基础工作和农村基层党组织建设，深化村民自治实践，严肃查处侵犯农民利益的“微腐败”，建设平安乡村，确保乡村社会充满活力、和谐有序。

七是必须打好精准脱贫攻坚战，走中国特色减贫之路。2021 年 2 月 25 日，习近平总书记在全国脱贫攻坚总结表彰大会上庄严宣告，在中国共产党成立 100 周年之际，我国脱贫攻坚战取得了全面胜利！创造了又一个彪炳史册的人间奇迹！但是解决了绝对贫困问题，并不意味着贫困问题在我国就不存在了，相对贫困和返贫问题依旧会长期存在，仍不能掉以轻心。要坚决巩固拓展脱贫攻坚成果，健全防止返贫动态监测和帮扶机制，对易返贫致贫人口实施常态化监测，重点监测收入水平变化和“两不愁三保障”巩固情况，继续精准施策。继续帮扶脱贫地区产业发展，补上技术、设施、营销等短板，促进产业提档升级。强化易地搬迁后续扶持，多渠道促进就业，加强配套基础设施和公共服务，搞好社会管理，确保搬迁群众稳得住、有就业、逐步能致富。对现有帮扶政策逐项分类优化调整，合理把握调整节奏、力度、时限，逐步实现由集中资源支持脱贫攻坚向全面推进乡村振兴平稳过渡。

（三）实施乡村振兴战略的重要举措

一是强化乡村振兴制度供给。实施乡村振兴战略，必须强化制度供给，将制度建设贯穿其中，充分发挥制度的保障作用。要以完善农村产权制度和要素市场化配置为重点，激活主体、激活要素、激活市场，着力增强改革的系统性、整体性、协同性。围绕巩固农村基本经营制度、完善农村土地制度、健全农村集体产权制度、完善农业支持保护制度，深化农业农村“放管服”改革，推进农村体制机制创新，通过全面深化改革促进乡村全面振兴。

二是强化乡村振兴人才支撑。人才是乡村振兴的源头活水，是最活跃的生产力要素。实施乡村振兴战略，必须破解人才瓶颈制约，要把农村人力资本开发放在首要位置，畅通智力、技术、管理下乡通道，造就更多乡土人才，聚天下人才而用之。围绕大力培育高素质农民、加强农村专业人才队伍建设、发挥科技人才支撑作用、鼓励社会各界投身乡村建设、创新乡村人才培育引进使用机制等方面，强化乡村振兴人才和科技支撑。

三是强化乡村振兴投入保障。实施乡村振兴战略，必须解决钱从哪里来的问题。要健全投入保障制度，创新投融资机制，加快形成财政优先保障、金融重点倾斜、社会积极参与的多元投入格局，确保投入力度不断增强、总量持续增加。重点围绕确保财政投入持续增长、拓宽资金筹集渠道、提高金融服务水平、动员社会广泛参与等方面，强化乡村振兴投入保障。

四是强化乡村振兴党的领导。实施乡村振兴战略是党和国家的重大决策部署，要进一步提高对实施乡村振兴战略重大意义的认识，真正把实施乡村振兴战略摆在优先位置，把党管农村工作的要求落到实处。围绕完善农村工作领导体制机制、强化工作落实监督考核机制、加强“三农”工作队伍建设、强化乡村振兴规划引领、强化乡村振兴法治保障、营造乡村振兴良好氛围等方面，坚持和加强党对“三农”工作的全面领导。

第二章

行业支持政策

产业兴旺、生态宜居、乡风文明、治理有效、生活富裕，是实施乡村振兴战略的总要求和重点任务。为落实这一总要求和重点任务，中央及有关部门出台了一系列的政策措施。本章将围绕落实乡村振兴战略总要求和重点任务，对中央及有关部门出台的支持行业发展的政策措施进行全面梳理和系统总结。

一、产业兴旺

乡村振兴，产业兴旺是重点。作为乡村振兴的物质基础，产业兴旺是支撑乡村振兴的源头，更是引领乡村振兴的潮头。为此，必须制定有效措施，大力推动农业高质量发展，全面促进乡村产业融合发展。

（一）推动农业高质量发展

2017年12月召开的中央农村工作会议强调，必须深化农业供给侧结构性改革，走质量兴农之路。为贯彻中央农村工作会议精神，有关部门围绕推动农业高质量发展，先后出台了一系列政策措施（见表2-1）。2019年2月，农业农村部等7部门联合制定了《国家质量兴农战略规划（2018—2022年）》，明确了2018—2022年实施质量兴农战略的总体思路、发展目标和重点任务，为促进农业高质量发展提供了有力的政策支撑。

表 2-1　2017 年以来有关部门发布的关于推动农业高质量发展的政策文件

发布时间	文件名称	发文单位
2017.05	《关于加快构建政策体系培育新型农业经营主体的意见》	中共中央办公厅 国务院办公厅
2018.01	《关于大力实施乡村振兴战略加快推进农业转型升级的意见》	农业部
2018.12	《关于促进农产品精深加工高质量发展若干政策措施的通知》	农业农村部等 15 部门
2019.02	《国家质量兴农战略规划（2018—2022 年）》	农业农村部等 7 部门
2019.02	《关于促进小农户和现代农业发展有机衔接的意见》	中共中央办公厅 国务院办公厅
2019.05	《数字乡村发展战略纲要》	中共中央办公厅 国务院办公厅
2019.09	《关于加快农业保险高质量发展的指导意见》	财政部等 4 部门
2019.11	《关于切实加强高标准农田建设提升国家粮食安全保障能力的意见》	国务院办公厅
2020.02	《关于划定并严守生态保护红线的若干意见》	中共中央办公厅 国务院办公厅
2020.03	《新型农业经营主体和服务主体高质量发展规划（2020—2022 年）》	农业农村部

1. 坚持质量兴农，品牌强农

（1）质量兴农。2018 年 1 月农业部发布的《关于大力实施乡村振兴战略加快推进农业转型升级的意见》指出，要加快制（修）订农业标准进程，加强农业标准宣传推广和使用指导，通过 2～3 年努力，在大城市郊区、“菜篮子”主产县基本实现农业生产标准化、可追溯。加强农产品质量安全执法监管，严格投入品使用监管，建好用好农（兽）药基础数据平台，加快追溯体系建设，全面实施农药生产二维码追溯制度。推进现代种业提档升级，实施现代种业提升工程，建立以企业为主体的商业化育种创新体系，提升农作物、畜禽、水产良种质量，并强化绿色育种导向。

（2）品牌强农。《国家质量兴农战略规划（2018—2022 年）》指出，要实施农业品牌提升行动，培育一批叫得响、过得硬、有影响力的农产品区域公用品牌、企业品牌、农产品品牌。完善品牌发展机制，建立农业品牌目录制度、建立健全农业品牌管理制度、构建农业品牌保护体系、完善农业品牌诚信体系。深入挖掘品牌文化内涵，充分利用农业展会、产销对接会、电商等营销平台，借助互联网、大数据、云计算等现代信息技术创新营销方式、讲好农业品牌故事。

专栏2-1 完善品牌发展机制

建立农业品牌目录制度。组织开展目录标准制定、品牌征集、审核推荐、推选认定、培育保护等工作，发布品牌权威索引，引导社会消费。

建立健全农业品牌管理制度。推行品牌目录动态管理，对进入目录的品牌实行定期审核与退出机制。

构建农业品牌保护体系。全面加强农业品牌监管，强化商标及地理标志商标注册和保护，加大对套牌和滥用品牌行为惩处力度，加强品牌中介机构行为监管。

完善农业品牌诚信体系。构建社会监督体系，将品牌信誉纳入国家诚信体系。

资料来源：《国家质量兴农战略规划（2018—2022年）》。

2. 坚持效益优先，增加收入

（1）培育新型农业经营主体。中共中央办公厅、国务院办公厅先后印发了《关于加快构建政策体系培育新型农业经营主体的意见》和《关于促进小农户和现代农业发展有机衔接的意见》，农业农村部印发了《新型农业经营主体和服务主体高质量发展规划（2020—2022年）》。文件指出，要加快培育发展家庭农场，促进农民合作社规范提升，推动农业社会化服务组织多元融合发展，全面提升新型农业经营主体和服务主体经营者素质，完善对小农户的支持政策，更好促进小农户和现代农业发展有机衔接。

(2)实施农产品加工业提升行动。2018 年 12 月农业农村部等 15 部门发布的《关于促进农产品精深加工高质量发展若干政策措施的通知》要求，优化产业结构，统筹推动农产品精深加工与初加工、综合利用加工协调发展；加快布局调整，农产品精深加工产能要向粮食生产功能区、重要农产品生产保护区、特色农产品优势区、现代农业示范区和现代农业产业园布局；积极培育精深加工企业，支持加工企业向产业链中高端延伸，向研发设计和品牌营销两端延伸，不断提升企业加工转化增值能力。

3. 坚持绿色导向，持续发展

(1)节约高效利用水土资源。中共中央办公厅、国务院办公厅印发的《关于划定并严守生态保护红线的若干意见》强调，严守耕地红线，全面落实永久基本农田特殊保护制度。国务院办公厅印发的《关于切实加强高标准农田建设提升国家粮食安全保障能力的意见》指出，优先在粮食生产功能区、重要农产品生产保护区大规模推进高标准农田建设，统一规划布局、统一建设标准、统一组织实施、统一验收考核、统一上图入库。加强东北黑土地保护利用，持续推进耕地轮作休耕制度试点。实施“华北节水压采、西北节水增效、东北节水增粮、南方节水减排”等规模化高效节水灌溉，加强节水灌溉工程建设和节水改造。

(2)科学使用农业投入品。《关于大力实施乡村振兴战略加快推进农业转型升级的意见》指出，要深入实施化肥、农药使用量零增长行动，加快高效缓释肥料、水溶肥料、低毒低残留农药推广运用。选择 100 个果菜茶生产大县大市开展有机肥替代化肥试点，集中连片、整体推进，积极探索有机肥大面积推广使用的有效途径。选择 150 个县开展果菜茶病虫全程绿色防控试点，推广绿色防控技术，力争主要农作物病虫绿色防控覆盖率提高 2 个百分点左右。

(3)加快推进农业废弃物资源化利用。《关于大力实施乡村振兴战略加快推进农业转型升级的意见》指出，要开展畜牧业绿色发展示范县和现代化示范牧场创建活动，合理布局畜禽养殖，推进种养结合、农牧循环发展。大力推进种养结合型循环农业试点，推动落实沼气发电上网、生物天然气并网政策，推进沼渣沼液有机肥利用，打通种养循环通道。以东北、华北地区为重点，在 150 个县开展秸秆综合利用试点，推广“秸秆农用十大模式”和秸秆打捆直燃集中供热等技术。以西北、西南地区为重点开展农膜回收，建设100个地膜治理示范县，加快推进加厚地膜推广应用，对生产和使用不符合标准的地膜，政策明确不予支持。

专栏2-2　“秸秆农用十大模式”及部分典型案例

一、秸秆农用十大模式

东北高寒区玉米秸秆深翻养地模式、西北干旱区棉秆深翻还田模式、黄淮海地区麦秸覆盖玉米秸秆旋耕还田模式、黄土高原区少免耕秸秆覆盖还田模式、长江流域稻麦秸秆粉碎旋耕还田模式、华南地区秸秆快腐还田模式、秸-饲-肥种养结合模式、秸-沼-肥能源生态模式、秸-菌-肥基质利用模式、秸-炭-肥还田改土模式。

二、部分典型案例介绍

玉米秸秆全量深翻还田技术在吉林省公主岭、榆树、农安与宁江等县（区）进行大面积推广与应用，成效显著。与常规的农民耕种习惯相比，该模式可节约肥料用量10%，肥料利用率提高10.6%；玉米产量较常规耕种平均增加10.1%，每亩增收13.5%。经过4年秸秆深翻还田，土壤耕层（0～20厘米）与亚耕层（20～40厘米）土壤有机质含量分别增加了14.7%和22.2%，有力推动了东北黑土资源的可持续利用，并减少了秸秆焚烧对大气的污染。

河北省以“秸秆中温高浓度发酵制取沼气工艺技术及相关设备开发研究”以及“基于秸秆沼液等含腐殖酸水溶肥料的研制”科技成果为依托，已经实现产业化经营模式工程2处：一处是青县耿官屯2 650米^{3}大型秸秆沼气工程，配套生产秸秆沼渣沼液肥项目，年生产沼肥能力1 000吨；另一处是邯郸市魏县6 000米^{3}秸秆沼气提纯生物天然气工程，配套生产秸秆沼渣沼液肥项目，年生产沼肥能力3 000吨。

资料来源：《农业部办公厅关于推介发布秸秆农用十大模式的通知》。

4. 坚持市场导向，优化结构

(1) 调整优化农业结构。《关于大力实施乡村振兴战略加快推进农业转型升级的意见》指出，要以控水稻、增大豆、粮改饲为重点推进种植业结构调整。巩固玉米调减成果，适当调减水稻面积，继续扩大粮豆轮作试点，粮改饲面积扩大到1 200万亩[①]。以调生猪、提奶业为重点推进畜牧业结构调整。继续推进生猪规模化标准化养殖，优化生产布局。实施振兴奶业苜蓿发展行动，通过优化养殖方式、乳品结构、养加关系，打造一批优质奶源基地。以提质减量、改善养殖生态环境为重点推进渔业结构调整。加快实施绿色水产养殖行动，优化养殖区域布局，编制发布养殖水域滩涂规划。

(2) 推进数字乡村建设。《数字乡村发展战略纲要》指出，要加快乡村信息基础设施建设，加快农村宽带通信网、移动互联网、数字电视网和下一代互联网发展。鼓励开发适应"三农"特点的信息终端、移动互联网应用（App）软件。创新农村流通服务体系，实施"互联网+"农产品出村进城工程，加强农产品加工、包装、冷链、仓储等设施建设。鼓励大型电商集团进入农村带动新型经营主体开展网络销售，积极发展新产业新业态。

专栏2-3　建设数字乡村

夯实数字农业基础。完善自然资源遥感监测"一张图"和综合监管平台，对永久基本农田实行动态监测。建设农业农村遥感卫星等天基设施，大力推进北斗卫星导航系统、高分辨率对地观测系统在农业生产中的应用。推进农业农村大数据中心和重要农产品全产业链大数据建设，推动农业农村基础数据整合共享。

① 亩为非法定计量单位，1亩等于1/15公顷。——编者注

高效农业机械化技术装备及设施集成应用。加快突破农业机械化发展瓶颈，提升农业全面机械化水平，到2022年，农作物耕种收获综合机械化率达到71%。引入物联网、人工智能等现代信息技术，改善设施农业生产环境，到2022年，新增5 000万亩高效设施农业。

数字农业工程。发展数字田园、智慧养殖、智慧农机，着力促进数字技术与现代农业的深度融合，建设航空无人机、田间观测“天空地”一体化的农业遥感应用体系，到2022年，在大田种植、园艺设施、规模养殖等领域率先推广应用数字技术装备，数字技术应用主体劳动生产率提高20%以上。

创新农村流通服务体系。实施“互联网+”农产品出村进城工程，加强农产品加工、包装、冷链、仓储等设施建设。深化乡村邮政和快递网点普及，加快建成一批智慧物流配送中心。深化电子商务进农村综合示范，培育农村电商产品品牌。建设绿色供应链，推广绿色物流。推动人工智能、大数据赋能农村实体店，促进线上线下渠道融合发展。

积极发展乡村新业态。推动互联网与特色农业深度融合，发展创意农业、认养农业、观光农业、都市农业等新业态，促进游憩休闲、健康养生、创意民宿等新产业发展，规范有序发展乡村共享经济。

资料来源：《国家质量兴农战略规划（2018—2022年）》《数字乡村发展战略纲要》。

5. 坚持改革创新，培育动能

（1）完善农村土地管理制度。《关于大力实施乡村振兴战略加快推进农业转型升级的意见》指出，要全面完成农村承包地确权登记颁证，加快国家级确权登记数据库和农村土地承包经营权信息应用平台建设，实现平台试运行。推进确权成果应用，为适度规模经营、发放涉农补贴、土地经营权抵押贷款等提供支撑。完善农村承包地“三权分置”制度，在依法保护集体土地所有权和农户承包权前提下，平等保护土地经营权。

（2）完善农业支持保护制度。《关于大力实施乡村振兴战略加快推进农业转型升级的意见》指出，要加快建立以绿色生态为导向的农业补贴制度，推动完善玉米、大豆生产者补贴制度和主产区利益补偿机制。健全全国农业信贷担保体系，加大对新型农业经营主体的支持力度。加快农业保险高质量发展，财政部等 4 部门印发的《关于加快农业保险高质量发展的指导意见》要求，深入实施农业大灾保险试点，启动制种保险试点。

截至 2020 年 6 月底，已认证绿色食品 38 545 个、有机农产品 4 548 个、地理标志农产品 3 090 个和无公害农产品 71 185 个，实现了质量兴农和品牌强农。从 2012 年开始，在全国组织开展“百万农民科学安全用药培训”活动，仅 2019 年就培训农民 300 万人次，农民科学安全用药意识得到大幅提升，保障了粮食安全和农产品质量安全。截至 2020 年，布局建成 206 个国家农作物改良中心和分中心，为推动种质创新与育种技术体系建设、创制新种质和育种新材料、培育超高产优质抗逆高效新品种奠定了基础。我国农业科技进步贡献率超过 60%，农作物良种覆盖率超过 96%，自主选育品种面积占比超过 95%，农作物耕种收机械化率达到 71%。全国 1 239 个县（市、区）、18 731 个乡镇建立起农村土地经营权流转服务中心，推动了传统农业向现代农业转变。

（二）促进乡村产业融合发展

2016 年 1 月国务院办公厅印发的《关于推进农村一二三产业融合发展的指导意见》指出，到 2020 年要基本形成产业链条完整、功能多样、业态丰富、利益联结紧密、产城融合更加协调的新格局。2016 年 11 月农业部印发的《全国农产品加工业与农村一二三产业融合发展规划（2016—2020 年）》明确了乡村产业融合发展的总体要求和主要任务。2019 年 6 月，国务院印发《关于促进乡村产业振兴的指导意见》，对乡村产业融合发展中的产业门类不全、产业链条较短、要素活力不足和质量效益不高等问题提出了指导意见。在上述有关文件精神的指导下，围绕促进乡村产业融合发展，有关部门还制定出台了专门性的政策措施（见表 2 - 2）。

表 2-2　2016 年以来相关部门发布的关于促进乡村产业融合发展的政策文件

发布时间	文件名称	发文单位
2016.01	《关于推进农村一二三产业融合发展的指导意见》	国务院办公厅
2016.11	《全国农产品加工业与农村一二三产业融合发展规划（2016—2020 年）》	农业部
2018.10	《促进乡村旅游发展提质升级行动方案（2018 年—2020 年）》	国家发展和改革委员会等 13 部门
2018.11	《关于促进乡村旅游可持续发展的指导意见》	文化和旅游部等 17 部门
2019.05	《关于加强村庄规划促进乡村振兴的通知》	自然资源部
2019.06	《关于促进乡村产业振兴的指导意见》	国务院
2019.09	《关于金融支持全国乡村旅游重点村建设的通知》	文化和旅游部办公厅 中国农业银行办公室
2019.12	《关于实施“互联网＋”农产品出村进城工程的指导意见》	农业农村部等 4 部门
2021.05	《关于加强金融支持乡村休闲旅游业发展的通知》	农业农村部 中国农业银行
2021.05	《关于加快农业全产业链培育发展的指导意见》	农业农村部

1. 培育多元化产业融合主体

国务院办公厅印发的《关于推进农村一二三产业融合发展的指导意见》指出，要强化家庭农场、农民合作社的基础作用，鼓励农民合作社发展农产品加工、销售，拓展合作领域和服务内容，鼓励家庭农场开展农产品直销。培育壮大农业产业化龙头企业，引导其发挥引领示范作用，重点发展农产品加工流通、电子商务和农业社会化服务，带动农户和农民合作社发展适度规模经营。发挥供销合作社综合服务优势，推动供销合作社与新型农业经营主体有效对接，培育大型农产品加工、流通企业。积极发展行业协会和产业联盟，鼓励龙头企业、农民合作社、涉农院校和科研院所成立产业联盟，支持联盟成员通过共同研发、科技成果产业化、融资拆借、共有品牌、统一营销等方式实现信息互通、优势互补。鼓励各类社会资本投向农业农村，发展适合企业化经营的现代种养业，充分利用农村“四荒”（荒山、荒沟、荒丘、荒滩）资源。

2. 发展多类型产业融合方式

国务院办公厅印发的《关于推进农村一二三产业融合发展的指导意见》指出，着力推进新型城镇化，将农村产业融合发展与新型城镇化建设有机结合，引导农村二、三产业向县城、重点乡镇及产业园区等集中。加快农业结构调整，以农牧结合、农林结合、循环发展为导向，调整优化农业种植、养殖结构，加快发展绿色农业。延伸农业产业链，发展代耕代种代收、大田托管等农业生产性服务业。农业农村部等4部门印发的《关于实施“互联网+”农产品出村进城工程的指导意见》要求，加强产地基础设施建设，加强农产品物流体系建设，完善农产品网络营销体系。文化和旅游部等17部门印发的《关于促进乡村旅游可持续发展的指导意见》指出，拓展农业多种功能，推进农业与旅游深度融合。自然资源部印发的《关于加强村庄规划促进乡村振兴的通知》要求，引导产业集聚发展，统筹城乡产业发展，优化城乡产业用地布局，引导工业向城镇产业空间集聚，合理保障农村新产业新业态发展用地。

专栏2-4 “龙头企业+合作社+农户”典型案例

六盘水市农投公司，同25家民营企业及合作社共同合股组建了六盘水凉都猕猴桃产业股份有限公司，与合作社和农户签订“三变”合同6 704份，涉及农户27 800人，贫困户2 299户，贫困人口8 410人，通过“龙头企业+合作社+农户”的组织方式，带动全市发展猕猴桃18.18万亩，直控优质猕猴桃基地面积8万余亩，基本涵盖了水城县、六枝特区、钟山区。2018年，红心猕猴桃鲜果远销我国台湾地区以及泰国、加拿大、俄罗斯等地，其中仅销售俄罗斯就达540吨，成为贵州销往俄罗斯的“第一金果”。

资料来源：新时代学习大讲堂公众号。

3. 建立多形式利益联结机制

《全国农产品加工业与农村一二三产业融合发展规划（2016—2020年）》指出，要创新发展订单农业，引导龙头企业与农户、家庭农场、农民合作社签订农产品购销合同，形成稳定购销关系，鼓励农产品产销合作，建立技术开发、生产标准和质量追溯体系。鼓励发展股份合作，探索形成以农户承包土地经营权入股的股份合作社、股份合作制企业利润分配机制，切实保障土地经营权入股部分的收益。强化企业社会责任，鼓励从事农村产业融合发展的工商企业优先聘用流转出土地的农民，为其提供技能培训、就业岗位和社会保障。健全风险防范机制，稳定土地流转关系、规范工商资本租赁农地行为、引导各地建立土地流转和订单农业等风险保障金制度。

4. 开展产业融合试点示范

“十三五”期间，国家通过实施产业融合试点示范工程，总结推广了一批产业融合典型模式，推动形成一批产业融合新型业态，鼓励和支持农业产业化龙头企业、农民合作社等多种产业融合模式的试点示范，完善利益联结机制，让农民从产业链增值中获取更多利益，合理分享初级产品进入加工销售领域后的增值利润。

专栏2－5　产业融合试点示范工程

实施产业融合百县千乡万村试点工程。配合有关部门共同推进试点工程实施，建设100个示范县、1 000个示范乡、10 000个示范村，实现各类规模种养区、加工区、物流区、流通区无缝对接融合，农业综合效益明显高于一般地区。

创建产业融合先导区。结合实施产业融合百县千乡万村试点工程和新型城镇化，依托农产品加工业园区、休闲农业园区、现代农业示范区和农业产业化示范基地等平台，示范创建一批产业融合先导区。鼓励和支持产业融合先导区开展宅基地入股等试点，改革集体经济经营管理体制，大力发展特色种养业、农产品加工业、农村服务业，形成一村一品、一乡（县）一业，积极利用“大数据”和“互联网+”等先进信息技术，大力发展网络营销、在线租赁托管、食品短链、社区支农、电子商务、体验经济等多种新型业态。

支持优势特色产区和贫困地区产业融合发展。采用先建后补、以奖代补、贷款贴息和产业基金等方式，以能够让农民分享增值收益的新型经营主体为扶持对象，重点支持鼓励主产区和贫困地区农民合作社兴办加工流通、加工流通企业与农民股份合作建设标准化原料基地、休闲农业公共设施建设、电子商务企业建设配送体系等。

资料来源：《全国农产品加工业与农村一二三产业融合发展规划（2016—2020年）》。

专栏2-6　国家农村产业融合发展示范园发展历程

为充分发挥示范引领作用，加快推进农村一二三产业融合发展，国家决定开展农村产业融合发展示范园创建工作，要求各地结合实际，充分挖掘地区特色，围绕农业内部融合、产业链延伸、功能拓展、新技术渗透、产城融合、多业态复合等6种类型，有针对性地创建农村产业融合发展示范园。

第一批发展情况。2017年12月30日，在各地自愿申报、省级评审推荐的基础上，经国家农村产业融合发展部门协同推进机制各成员单位研究，同意北京市房山区窦店镇窦店村农村产业融合发展示范园等148个单位创建首批国家农村产业融合发展示范园。

第二批发展情况。2019年6月19日，经国家农村产业融合发展部门协同推进机制各成员单位共同研究，同意北京市密云区巨各庄镇蔡家洼村农村产业融合发展示范园等110个单位创建第二批国家农村产业融合发展示范园。

第三批发展情况。2021 年 3 月 24 日，国家发展改革委办公厅等 7 部门联合发布《关于印发第三批国家农村产业融合发展示范园创建名单的通知》。同意天津市滨海新区小王庄镇农村产业融合发展示范园等 116 个单位创建第三批国家农村产业融合发展示范园。

资料来源：《关于印发首批国家农村产业融合发展示范园创建名单的通知》《关于印发第二批国家农村产业融合发展示范园创建名单的通知》《关于印发第三批国家农村产业融合发展示范园创建名单的通知》。

经过几年的努力，促进乡村产业融合发展取得了初步成效。截至 2020 年年底，全国家庭农场数量近 60 万家，农民合作社达到 220 万家，从事农业生产托管的社会化服务组织数量达到 90 万个，各类新型经营主体达到 300 多万家，产业融合主体日益多元、融合方式日渐丰富、农户利益联结日益紧密。2020 年，全国返乡入乡创业创新人员预计突破1 000 万人，带动农村新增就业岗位超过 1 000 万个，农村新产业、新业态蓬勃兴起，有力推动农民收入持续增长。全国现有 9 万家农业产业化龙头企业，811 个农业产业强镇，1 600 多个农产品加工园，企业加工转化增值能力不断提升。2020 年，我国农产品加工业营业收入预计超过 23.5 万亿元。各地文化和旅游部门组织编制了 2 000 多个乡村旅游规划，连续 6 年举办 36 期乡村旅游村干部和带头人培训班，培训乡村旅游和脱贫攻坚村8 000 名村干部和带头人，乡村休闲旅游业吸纳就业增收能力显著提升，直接带动吸纳就业人数 1 200 万人，受益农户达 800 多万户。

二、生态宜居

2018 年中央 1 号文件《中共中央　国务院关于实施乡村振兴战略的意见》指出，乡村振兴，生态宜居是关键。良好生态环境是农村最大优势和宝贵财富。必须尊重自然、顺应自然、保护自然，推动乡村自然资本加快增值，实现百姓富、生态美的统一。生态宜居是乡村生态与乡村宜居的有机统一。“生态”

反映的是人与自然和谐共生的理念，要求乡村生产生活方式绿色发展；"宜居"强调打造美好的居住环境、保障农民愉悦生活，要求搞好农村人居环境综合整治，推进污水、垃圾、厕所治理，改善村容村貌[①]。

（一）促进生产生活方式绿色转型

改革开放以来，我国农业主要依靠高资源消耗的粗放方式进行生产经营，农业面源污染和生态退化的趋势严重。为有效遏制以资源耗竭为代价的农业发展方式、推进农业绿色发展，2017 年 9 月，中共中央办公厅、国务院办公厅印发的《关于创新体制机制推进农业绿色发展的意见》指出，在生产领域，推行畜禽粪污资源化利用、有机肥替代化肥、秸秆综合利用、农膜回收、水生生物保护，以及投入品绿色生产、加工流通绿色循环、营销包装低耗低碳等绿色生产方式。在消费领域，从国民教育、新闻宣传、科学普及、思想文化等方面入手，持续开展"光盘行动"，推动形成厉行节约、反对浪费、抵制奢侈、低碳循环等绿色生活方式。2018 年 6 月，中共中央、国务院印发的《关于全面加强生态环境保护　坚决打好污染防治攻坚战的意见》提出，打好农业农村污染治理攻坚战、引导公众绿色生活。2020 年 3 月，农业农村部办公厅印发的《2020 年农业农村绿色发展工作要点》，对农业农村绿色发展工作做出具体指导（见表 2－3）。

表 2－3　2015 年以来相关部门发布的关于推进生产生活方式绿色转型的政策文件

发布时间	文件名称	发文单位
2015.02	《到 2020 年化肥使用量零增长行动方案》和《到 2020 年农药使用量零增长行动方案》	农业部
2016.11	《耕地草原河湖休养生息规划（2016—2030 年）》	国家发展改革委等 8 部门
2016.12	《全国草原保护建设利用"十三五"规划》	农业部

① 孔祥智，卢洋啸．建设生态宜居美丽乡村的五大模式及对策建议——来自 5 省 20 村调研的启示 [J]. 经济纵横，2019 (1)：19－28.

（续）

发布时间	文件名称	发文单位
2017.05	《农膜回收行动方案》	农业部
2017.09	《关于创新体制机制促进农业绿色发展的意见》	中共中央办公厅 国务院办公厅
2018.06	《关于全面加强生态环境保护　坚决打好污染防治攻坚战的意见》	中共中央办公厅 国务院办公厅
2019.01	《关于做好农作物秸秆资源台账建设工作的通知》	农业农村部
2019.05	《关于加快推进农用地膜污染防治的意见》	农业农村部等 6 部门
2019.12	《关于促进畜禽粪污还田利用依法加强养殖污染治理的指导意见》	农业农村部办公厅 生态环境部办公厅
2020.03	《2020 年农业农村绿色发展工作要点》	农业农村部办公厅
2020.03	《“中国渔政亮剑 2020”系列专项执法行动方案》	农业农村部
2020.04	《农用薄膜管理办法》	农业农村部等 4 部门

1. 推动绿色循环低碳生产发展

（1）优化种植业生产结构。2017 年 9 月，中共中央办公厅、国务院办公厅发布的《关于创新体制机制促进农业绿色发展的意见》要求，推动用地与养地相结合，在确保国家粮食安全和农民收入稳定增长的前提下，对土壤污染严重、区域生态功能退化、可利用水资源匮乏等不宜连续耕作的农田实行轮作休耕。降低耕地利用强度，落实东北黑土地保护制度，管控西北内陆、沿海滩涂等区域开垦耕地行为。在华北、西北等地下水过度利用区适度压减高耗水作物，在东北地区严格控制旱改水，选育推广节肥、节水、抗病新品种。

（2）实施草原禁牧休牧轮牧。2016 年 12 月，农业部制定《全国草原保护建设利用“十三五”规划》，对严重退化、沙化、盐碱化、石漠化的草原，生态脆弱区的草原和重要水源涵养区的草原实行禁牧、休牧制度。继续实施草原生态保护补助奖励政策，对纳入政策范围的草原给予禁牧补助和草畜平衡奖励，实行禁牧、划区轮牧或轮刈等措施，防止过度利用，切实减轻天然草原承载压力，实现草原休养生息和永续利用。

(3) 推行水产业健康养殖。2017 年 9 月，中共中央办公厅、国务院办公厅发布的《关于创新体制机制促进农业绿色发展的意见》指出，科学划定江河湖海限捕、禁捕区域，健全海洋伏季休渔和长江、黄河、珠江等重点河流禁渔期制度，率先在长江流域水生生物保护区实现全面禁捕。实施海洋渔业资源总量管理制度，完善渔船管理制度，建立幼鱼资源保护机制，开展捕捞限额试点。合理确定湖泊、水库、滩涂、近岸海域等养殖规模和养殖密度，逐步减少河流湖库、近岸海域投饵网箱养殖，防控水产养殖污染。2020 年 3 月，农业农村部制定的《“中国渔政亮剑 2020”系列专项执法行动方案》要求，继续坚持“最严格的伏休制度”和“最严格的伏休管理”，确保渔船按照规定休渔，促进渔业绿色发展。

专栏 2－7　四川省南江县“四专工作法”推进打击长江流域非法捕捞工作

(一) 组建“专班”强力推进，高位运行提升工作合力。成立长江流域重点水域禁捕工作专班，由农业农村（渔政）部门牵头，公安、市场监管、交通运输（海事）等部门分别抽调 2 名工作人员与原单位脱钩脱产，集中合署办公。

(二) 突出“专业”力量优势，严厉打击涉渔违法犯罪。专班成员部门充分发挥专业优势，确保“严打有声威、整治无盲区”。截至 2020 年年底，累计出动执法人员 2 500 余人次，开展联合执法检查 18 次，检查水生生物保护区 110 余次，水上巡查 100 余公里，查处涉渔违法行政案件 23 件、清理违规捕鱼网具 292 张和“三无”船舶 10 艘。

(三) 加强“专群”队伍建设，全力确保禁捕护渔到位。针对当地地域广、河道长、范围大、监管难等问题，创新成立一支由原“捕鱼人”“钓鱼人”组成的“护渔人”渔业管护队伍，协助政府部门开展禁捕护渔工作。

（四）健全“专奖”激励机制，充分激发公众参与动力。建立健全激励工作机制，设立专门奖励基金，对向执法部门举报案件线索的群众进行物质奖励。运用传统及新型媒体广泛宣传长江流域禁捕工作的重大意义、法律政策及典型案例的同时，公布举报电话，为群众举报畅通渠道。

资料来源：巴中市农业农村局网站。

2. 加强产地环境保护与治理

（1）促进农业化学投入品减量化使用。2015 年 2 月农业部发布的《到 2020 年化肥使用量零增长行动方案》和《到 2020 年农药使用量零增长行动方案》以及 2020 年 3 月农业农村部发布的《2020 年农业农村绿色发展工作要点》均指出，实施化肥减量增效行动，推广有机肥替代化肥、测土配方施肥，持续推进测土配方施肥农企合作，科学制定大配方，推进配方肥落地。强化病虫害统防统治和全程绿色防控，构建资源节约型、环境友好型病虫害可持续治理技术体系，推广生态控制、生物防治等绿色技术和新型植保机械，推行专业化统防统治。加强农药安全使用监督检查，加大违规使用农药问题的查处力度。

（2）实现秸秆和畜禽粪污等资源化利用。2017 年 9 月，中共中央办公厅、国务院办公厅发布的《关于创新体制机制推进农业绿色发展的意见》要求，严格依法落实秸秆禁烧制度，整县推进秸秆全量化综合利用，优先开展就地还田，推进秸秆发电并网运行和全额保障性收购，开展秸秆高值化、产业化利用。以沼气和生物天然气为主要处理方向，以农用有机肥和农村能源为主要利用方向，强化畜禽粪污资源化利用，依法落实规模养殖环境评价准入制度。2019 年 1 月，农业农村部印发的《关于做好农作物秸秆资源台账建设工作的通知》指出，要建立全国秸秆资源台账，探索搭建国家、省、市、县四级秸秆资源数据共享平台，为实现秸秆利用精准监测、科学决策提供依据。2019 年 12 月，农业农村部办公厅、生态环境部办公厅印发的《关于促进畜禽粪污还田利用依法加强养殖污染治理的指导意见》指出，要把畜禽粪肥作为替代化肥的重要肥料来源，着力扩大堆（沤）肥、液态粪肥利用，多种形式利用粪污养分资源，服务种植业提质增效。

专栏 2-8　促进畜禽粪污还田利用

（1）规模养殖场应通过租赁协议等方式，依据粪污养分产生量和农作物养分需求量落实用肥土地，为畜禽粪肥就地就近还田利用提供有利条件。

（2）对无法足量配套用肥土地的养殖场（户），鼓励通过粪肥经纪公司、经纪人等社会化服务主体，与种植主体有效衔接。对无法就地就近利用的畜禽粪污，鼓励生产商品有机肥，扩大还田利用半径。

（3）鼓励种植大户、合作社、家庭农场、农业企业配套建设液态粪肥田间贮存池、输送管网等设施，实现场内粪污贮存发酵与田间粪肥贮存利用设施相配套。

资料来源：《关于促进畜禽粪污还田利用依法加强养殖污染治理的指导意见》。

（3）加快废旧地膜回收处理。 2017 年 5 月，农业部出台的《农膜回收行动方案》要求，加快地膜回收机具的推广应用，加大地膜回收机具补贴力度。在有条件的地区，将地膜回收作为生产全程机械化的必需环节，推动组建地膜回收作业专业组织，全面推进机械化回收。2017 年 9 月，中共中央办公厅、国务院办公厅发布的《关于创新体制机制促进农业绿色发展的意见》，建议加快出台地膜新国标，依法强制生产、销售和使用符合标准的加厚地膜，以县为单位开展地膜使用全回收、消除土壤残留等试验试点。农业农村部等部门先后于 2019 年 5 月和 2020 年 4 月制定的《关于加快推进农用地膜污染防治的意见》和《农用薄膜管理办法》强调，应研究制定农田地膜残留调查技术规范和回收率、残留量等测算方法，建立农田地膜残留监测点，健全农用薄膜残留监测制度。

经过几年的发展，促进生产生活方式绿色转型工作取得了初步成效。截至

2020年年底，我国化肥农药减量增效已顺利实现预期目标，2020年我国有机肥施用面积超过5.5亿亩次，比2015年增加约50%，配方肥施用量占三大粮食作物肥料施用总量的60%以上；病虫害绿色防控面积近10亿亩，主要农作物病虫害绿色防控覆盖率达41.5%，比2015年提高18.5个百分点。我国废弃物资源化利用进程迅速，畜禽粪污综合利用率达到75%，秸秆综合利用率达到86%。农膜回收行动实施以来，西北重点地区农膜回收率稳定在80%以上，"白色污染"得到有效治理。此外，渔船渔民退捕基本完成，沿海11个省（自治区、直辖市）已全部开展限额捕捞管理试点工作。

专栏2-9　国家农业绿色发展先行区建设

为推进农业绿色发展，按照《国民经济和社会发展第十三个五年规划纲要》《全国农业可持续发展规划（2015—2030年）》和中共中央办公厅、国务院办公厅印发的《关于创新体制机制推进农业绿色发展的意见》要求，农业农村部等8部门联合确定了两批国家农业绿色发展先行区。

2017年，农业部等8部门联合印发《关于启动第一批国家农业可持续发展试验示范区建设　开展农业绿色发展先行先试工作的通知》（以下简称《通知》），公布了浙江省、江苏省徐州市、福建省漳州市等第一批40个国家农业绿色发展试点先行区。《通知》指出，要通过3年左右的努力，农业绿色发展理念深入人心，因地制宜总结一批农业绿色发展模式和技术集成，提炼推广一批农业绿色发展制度，努力形成农业绿色生产方式和绿色生活方式。在生产方式上，基本形成与资源环境承载力相匹配、生产生活生态相协调的农业发展格局，耕地利用强度和方式合理，水资源使用高效节约，化肥农药、饲料添加剂、兽用抗菌药物等农业投入品减量使用，秸秆、农膜、畜禽粪污等废弃物全部资源化利用，农田生态、草原生态、水生生态良好，乡村美丽宜居。在生活方式上，宣传、普及简约适度、绿色低碳的生活方式，反对奢侈浪费和不合理消费，"光盘行动"、绿色家庭和绿色学校等行动持续开展。

2019 年，农业农村部等 8 部门联合印发《关于公布第二批国家农业绿色发展先行区名单的通知》，公布了海南省、北京市大兴区等第二批 41 个国家农业绿色发展先行区。要求各先行区立足当地资源禀赋、区域特点和突出问题，着力创新和提炼形成以绿色技术体系为核心、绿色标准体系为基础、绿色产业体系为关键、绿色经营体系为支撑、绿色政策体系为保障、绿色数字体系为引领的区域农业绿色发展典型模式，将先行区建设成为绿色技术试验区、绿色制度创新区、绿色发展观测点，为面上农业的绿色发展转型升级发挥引领作用。

资料来源：《关于启动第一批国家农业可持续发展试验示范区建设　开展农业绿色发展先行先试工作的通知》《关于公布第二批国家农业绿色发展先行区名单的通知》。

（二）搞好农村人居环境综合整治

为加快推进农村人居环境整治，2018 年 2 月，中共中央办公厅、国务院办公厅印发的《农村人居环境整治三年行动方案》，对农村人居环境改善、美丽宜居乡村建设等进行了顶层设计。2018 年 6 月，中共中央、国务院印发的《关于全面加强生态环境保护　坚决打好污染防治攻坚战的意见》再次提出，以建设美丽宜居村庄为导向，持续开展农村人居环境整治行动，实现全国行政村环境整治全覆盖。2018 年 12 月，中央农村工作领导小组办公室等 18 部门印发的《农村人居环境整治村庄清洁行动方案》要求，实施“三清一改”工作。2019 年 3 月，中共中央办公厅、国务院办公厅转发的《中央农办等 3 部门关于深入学习浙江“千村示范、万村整治”工程经验扎实推进农村人居环境整治工作的报告》为全国农村人居环境整治提供了模式借鉴。2020 年 3 月，农业农村部办公厅印发的《2020 年农业农村绿色发展工作要点》要求，持续推进农村人居环境整治，不断改善村容村貌。此外，相关部门针对农村人居环境整治颁布了一些专项政策。围绕搞好农村人居环境综合整治，有关部门还印发了有关政策文件（见表 2－4）。

表 2－4　2018 年以来相关部门发布的关于加强农村人居环境整治的政策文件

发布时间	文件名称	发文单位
2018.02	《农村人居环境整治三年行动方案》	中共中央办公厅 国务院办公厅
2018.06	《关于全面加强生态环境保护　坚决打好污染防治攻坚战的意见》	中共中央办公厅 国务院办公厅
2018.12	《农村人居环境整治村庄清洁行动方案》	中央农办等 18 部门
2018.12	《推进农村“厕所革命”专项行动的指导意见》	中央农办等 8 部门
2019.02	《关于统筹推进村庄规划工作的意见》	中央农办等 5 部门
2019.03	《中央农办等 3 部门关于深入学习浙江“千村示范、万村整治”工程经验扎实推进农村人居环境整治工作的报告》	中共中央办公厅 国务院办公厅
2019.07	《关于切实提高农村改厕工作质量的通知》	中央农办等 7 部门
2019.07	《关于推进农村生活污水治理的指导意见》	中央农办等 9 部门
2019.07	《关于推动“四好农村路”高质量发展的指导意见》	交通运输部等 8 部门
2019.09	《县域农村生活污水治理专项规划编制指南（试行）》	生态环境部
2019.10	《关于建立健全农村生活垃圾收集、转运和处置体系的指导意见》	住房和城乡建设部
2019.10	《关于深化农村公共基础设施管护体制改革的指导意见》	国家发展改革委 财政部
2020.03	《2020 年农业农村绿色发展工作要点》	农业农村部办公厅
2020.06	《关于进一步提高农村改厕工作实效的通知》	农业农村部等 3 部门
2020.07	《农村厕所粪污无害化处理与资源化利用指南》和《农村厕所粪污处理及资源化利用典型模式》	农业农村部等 3 部门

1. 规范生活污水排放

（1）污水治理梯次推进。2019 年 7 月，中央农办等 7 部门发布的《关于推进农村生活污水治理的指导意见》要求，顺应村庄演变趋势，把集聚提升类、特色保护类、城郊融合类村庄作为治理重点。优先治理南水北调东线中线水源地及其输水沿线、京津冀、长江经济带、珠三角地区、环渤海区域及水质需改善的控制单位范围内的村庄。

（2）技术模式生态高效。2019 年 7 月，中央农办等 9 部门发布的《关于推进农村生活污水治理的指导意见》提出，因地制宜采用污染治理与资源利用相结合、工程措施与生态措施相结合、集中与分散相结合的建设模式和处理工艺。有条件的地区推进城镇污水处理设施和服务向城镇近郊的农村延伸，离城镇生活污水管网较远、人口密集且不具备利用条件的村庄，可建设集中处理设施实现达标排放。人口较少的村庄，以卫生厕所改造为重点推进农村生活污水治理，在杜绝化粪池出水直排基础上，就地就近实现农田利用。重点生态功能区、饮用水水源保护区严禁农村生活污水未经处理直接排放。积极推广低成本、低能耗、易维护、高效率的污水处理技术，鼓励具备条件的地区采用以渔净水、人工湿地、氧化塘等生态处理模式。

（3）河塘沟渠清澈无异味。2019 年 7 月，中央农办等 9 部门发布的《关于推进农村生活污水治理的指导意见》指出，按照分级管理、分类治理、分期推进的思路，采取控源截污、垃圾清理、清淤疏浚、水体净化等综合措施恢复水生态。2018 年 12 月，中央农办等 18 部门印发的《农村人居环境整治村庄清洁行动方案》指出，实施农村清洁河道行动，建设生态清洁型小流域，以房前屋后河塘沟渠、排水沟为重点清理水域漂浮物。有条件的地方实施清淤疏浚，采取综合措施恢复水生态，如通过栽植水生植物和建设植物隔离带，对农田沟渠、塘堰等灌排系统进行生态化改造，逐步消除农村黑臭水体。将农村水环境治理纳入河长制、湖长制管理。

（4）治理机制长效运行。2019 年 7 月，中央农办等 9 部门发布的《关于推进农村生活污水治理的指导意见》指出，农村生活污水治理设施建设由政府主导，采取地方财政补助、村集体负担、村民适当缴费或出工出力等方式建立长效管护机制。通过政府和社会资本合作（PPP）等方式，吸引社会资本参与农村生活污水治理。推动环保监管力量进一步下沉到农村，做到城乡全覆盖，严禁未经达标处理的城镇污水进入农业农村。建立群众和社会监督机制，对群众反映强烈的重点问题，开展实地调查，分析原因，督促整改。2019 年 9 月，生态环境部印发的《县域农村生活污水治理专项规划编制指南（试行）》，推动以县级行政区域为单位，实行农村生活污水处理统一规划、统一建设、统一运行、统一管理。

2. 健全垃圾处置体系

（1）推动垃圾分类减量先行。2019 年 10 月，住房和城乡建设部印发的《关于建立健全农村生活垃圾收集、转运和处置体系的指导意见》指出，推行适合农村特点的垃圾就地分类和资源化利用方式，推动易腐烂垃圾就地就近堆肥处理，灰渣土、碎砖旧瓦等惰性垃圾在村内铺路填坑或就近掩埋，可回收垃圾纳入资源回收利用体系，有毒有害垃圾单独收集、妥善处理，有效减少需外运处置的农村生活垃圾量和外运频次。

（2）加强收运处置设施建设。2019 年 10 月，住房和城乡建设部印发的《关于建立健全农村生活垃圾收集、转运和处置体系的指导意见》强调，按照实现自然村组全覆盖的目标，建设或配置村庄垃圾收集房（点、站），配置收集车辆，尽量做到密闭、卫生。每个乡镇均应具备转运农村生活垃圾的能力。补齐终端处置设施短板，不断提高无害化处理水平，每个县（市、区、旗）均应具备农村生活垃圾无害化处置设施或能力。新建或改建乡镇垃圾转运站，有条件的要建设压缩式转运站，普及密闭运输车辆，选择符合环保要求、成熟可靠的处置工艺。禁止露天焚烧或利用耕地、山谷、河塘沟渠等直接堆放或填埋农村生活垃圾，坚决防止生活垃圾污染“大转移”。

专栏 2-10　农村生活垃圾资源化利用第三方运维模式

浙江省衢州市衢江区引入国家高新企业，整合行业市场资源，在全国率先实施全县域农村生活垃圾资源化利用第三方市场化运维模式。

（一）推进源头分类精细化。每户建立文明风尚信息管理牌，通过扫码溯源手段，对各户家庭每日生活垃圾分类投放率、准确率进行“一户一码”扫码评分，最终形成完整的垃圾分类家庭档案。

（二）实现全程管控智能化。运用移动互联网、GPS 定位追踪等技术，对垃圾资源化各节点全程追溯。中控台实时滚动更新各乡镇运维情况，对运维区域内的车、人、物、事件实现全视角、全数据监管。从作业轨迹、作业效率、出勤上岗等多维度考核，对保洁员实行红、黄、绿“三色管理”。

（三）突出末端处理资源化。由政府推动，企业具体负责实施，科研开发同步跟进，针对易腐垃圾处理处置现状，以“适度集中、共建共享”为原则，选用“智能化、减量化、无害化”的设施设备，构建环境流、物质流、价值流、信息流等“四流畅通”的垃圾资源化模式。

（四）确保运维管理规范化。全面实行县域农村生活垃圾资源化处理站点站长责任制，形成“政—村—企”联动考核、评价制度。推行站长“星级考评”和“标兵标杆”激励机制，强化对站点人员专项技能与安全作业的培训考核与激励。开展职业技能、职业素养、安全教育等培训，提升站点操作人员和管理人员的专业能力和管理水平。

资料来源：浙江农业信息网。

3. 推进厕所粪污治理

（1）选择适宜的厕所改革模式。《关于切实提高农村改厕工作质量的通知》《关于进一步提高农村改厕工作实效的通知》等要求，要坚持宜水则水、宜旱则旱，科学选择适合本地区的改厕技术模式，不能简单照搬照抄，不能把改厕简单当作改水冲式厕所。对于特殊自然条件地区农村改厕，如寒冷地区、干旱地区、偏远贫困地区、农户居住分散地区也可推行使用卫生旱厕。要建立健全省、市、县三级农村厕所革命技术支撑服务体系，组建专家技术服务队伍，通过线上互动、线下指导等方式解决基层改厕难题。

（2）同步推进厕所粪污治理。2019 年 7 月，中央农办等 7 部门印发的《关于切实提高农村改厕工作质量的通知》要求，明确粪污抽取、转运、贮存的责任主体，落实粪污收集资金。在粪污无害化处理基础上，以农牧循环、就近消纳、综合利用为主线，与农村庭院经济和农业绿色发展相结合，推行污水无动力处理、沼气发酵、堆肥和有机肥生产等方式，积极探索多种形式的粪污资源化利用模式。对不能就近就地及时利用处理的，可以村（组）为单位建立贮粪池进行集中处理，严禁随意倾倒粪污。2018 年 12 月，中央农办等 8 部门印发的《推进农村“厕所革命”专项行动的指导意见》要求，因地制宜推进厕所粪污分散处理、集中处理或接入污水管网统一处理，实行“分户改造、集中处理”与单户分散处理相结合，鼓励联户、联村、村镇一体治理。

(3) 完善建设管护运行机制。 2019 年 7 月，中央农办等 7 部门印发的《关于切实提高农村改厕工作质量的通知》提出，坚持建管并重，树立“三分建设、七分管护”的理念，明确厕所设备管护机制，配套建立相应的维修服务体系。2018 年 12 月，中央农办等 8 部门印发的《推进农村“厕所革命”专项行动的指导意见》指出，充分发挥村级组织和农民主体作用，鼓励采取政府购买服务等方式，建立政府引导与市场运作相结合的后续管护机制。运用市场经济手段，鼓励各地探索推广“以商建厕、以商养厕”等模式，创新机制，确保建设和管理到位。

专栏 2-11　小厕所，大民生——农村厕所革命典型范例

为进一步发挥典型引路作用，2019 年农业农村部、国家卫生健康委员会面向全国征集农村厕所革命典型范例，最终从管护运行、群众发动、工作组织等方面遴选出 9 个典型范例。具体如下：

(1) 山东省泰安市新泰市、浙江省衢州市常山县、河南省安阳市汤阴县等范例坚持建管并重，合理确定运行管护方式，推进投融资体制机制和建设管护机制创新，确保农村厕所建成并长期使用。

(2) 四川省成都市彭州市、湖北省黄冈市黄州区、江苏省扬州市高邮市等范例充分尊重农民意愿，发挥爱国卫生运动委员会等组织作用，注重宣传动员。

(3) 河北省石家庄市井陉矿区、广东省珠海市斗门区、江西省九江市彭泽县等范例按照五级书记抓乡村振兴的要求，强化党委和政府责任，把农村厕所革命等农村人居环境整治工作列入重要议事日程，因地制宜、分类指导，与各项重点任务统筹推进。

《农业农村部办公厅　国家卫生健康委办公厅关于推介农村厕所革命典型范例的通知》指出，上述范例各具特色、各有侧重，是农村厕所革命不同方面的典型，具有较强的针对性和可操作性，可供各地学习借鉴。

资料来源：《农业农村部办公厅　国家卫生健康委办公厅关于推介农村厕所革命典型范例的通知》。

4. 改善农村村容村貌

（1）加强乡村基础设施建设，改善居民生活条件。《农村人居环境整治村庄清洁行动方案》《关于统筹推进村庄规划工作的意见》等要求，按照硬化、绿化、亮化、美化要求，全面改善农村水电路气房讯等设施条件，如完善村庄公共照明设施，支持5G、物联网等新基建向农村覆盖延伸，加快推进通村组道路、入户道路建设，基本解决村内道路泥泞、村民出行不便等问题。2019年7月，交通运输部等8部门发布的《关于推动"四好农村路"高质量发展的指导意见》要求，强化路域环境治理，持续推进"路田分家""路宅分家"，打造"畅、安、舒、美"出行环境。2019年10月，国家发展改革委、财政部印发的《关于深化农村公共基础设施管护体制改革的指导意见》提出，梯次推进公共基础设施城乡一体化管护，将城市公共基础设施管护资源、模式和手段逐步向农村延伸。

（2）优化村容村貌，创建美丽乡村。2018年12月，中央农办等18部门印发的《农村人居环境整治村庄清洁行动方案》指出，大力提升农村建筑风貌，突出乡土特色和地域民族特点。加大传统村落民居和历史文化名村名镇保护力度，弘扬传统农耕文化，提升田园风光品质。推进村庄绿化，充分利用闲置土地组织开展植树造林、湿地恢复等活动，建设绿色生态村庄。2020年4月，农业农村部办公厅印发的《2020年农业农村绿色发展工作要点》提出，积极开发绿色生态产品和服务产品，大力发展休闲采摘、观光旅游等新产业新业态，提供观光农业、游憩休闲、生态教育等服务，打造特色突出、主题鲜明的休闲农业和乡村旅游精品，将生态优势转化为经济优势。

专栏 2-12　美景如画助发展——甘肃省陇南市康县

“内外兼修，形神兼备”。康县在建设中坚持“保护建筑、保存风貌、保全文化、保有生活”，充分利用当地特色建筑和自然景观，把油坊、醋坊、酒坊、豆腐坊、水磨坊等传统生产经营场所保留下来；利用当地石头石片、树枝藤蔓、石碾瓦片等材料，建起别具特色的茶园、菜园、竹园；朱家沟的千年麻柳、花桥村的千年菩提都得到很好保护，成为乡村旅游的网红“打卡地”。

生态出“钱景”，美丽生“财富”。康县坚持“生态建设产业化、产业发展生态化”，放大生态优势、做足山水文章，创新推进全域美丽乡村、全域环境绿美净、全域电子商务、全域旅游景区“四个全域工程”，做精做优特色产业，真正让大自然赋予的绿水青山变成群众致富的金山银山。

康县美丽乡村建设不仅给农村创造了一个干净整洁优美的生活环境，而且通过发展全域乡村旅游和特色富民产业，让老百姓的腰杆挺直了、脸上有光了，过好日子的底气也更足了。

资料来源：新华社客户端甘肃频道。

党的十八大以来，农村人居环境整治行动取得重要成果，扭转了农村长期存在的脏乱差局面，基本实现干净整洁有序。农村卫生厕所普及率超过65%，2018 年以来累计新改造农村户厕超过 3 500 万户。生活垃圾收运处置体系覆盖 90%以上的行政村，近 30%农户生活污水得到有效管控，95%以上的村庄开展了清洁行动。在基础设施方面，具备条件的建制村通硬化路率、通客车率分别达到 100%、99.8%；农村自来水普及率达到 83%；全国行政村通光纤、通 4G 网络比例均超过 98%。农村生态建设得到加强，村容村貌明显改善。

三、乡风文明

2018年9月，中共中央、国务院印发的《乡村振兴战略规划（2018—2022年）》，强调“乡村振兴，乡风文明是保障”，提出全面推行移风易俗、破除丧葬陋习、加强村规民约建设等内容。2019年6月，中共中央办公厅、国务院办公厅印发的《关于加强和改进乡村治理的指导意见》提出，要“实施乡风文明培育行动”“加强农村文化引领”。2019年9月，中央农办等11个部门联合印发《关于进一步推进移风易俗　建设文明乡风的指导意见》，从加强党的领导、坚持依靠群众、坚持依法依规、加强教育引导、坚持因地制宜等方面为开展移风易俗行动指明了方向，明确了培育文明乡风的路线图。2019年12月，中共中央宣传部等17个部门联合出台《推进乡村文化振兴工作方案的通知》，为推进乡村文化振兴提出具体实施措施（见表2-5）。

表2-5　2018年以来相关部门发布的建设文明乡风的政策文件

发布时间	文件名称	发文单位
2018.09	《乡村振兴战略规划（2018—2022年）》	中共中央 国务院
2019.06	《关于加强和改进乡村治理的指导意见》	中共中央办公厅 国务院办公厅
2019.09	《关于进一步推进移风易俗　建设文明乡风的指导意见》	中央农办等11个部门
2019.12	《推进乡村文化振兴工作方案的通知》	中共中央宣传部等17个部门

（一）培育农村文明风尚

1. 发挥村民自治作用

（1）加强村规民约建设。《关于加强和改进乡村治理的指导意见》《关于进一步推进移风易俗　建设文明乡风的指导意见》指出，县、乡两级党委和政府要指导制定或修订村规民约，实现村规民约行政村全覆盖。依靠群众因地制宜制定村规民约，充实移风易俗内容。以法律法规为依据规范完善村规民约，完整履行村民自治等程序，确保制定过程、条文内容合法合规。在村党组织统一领导下，引导和鼓励村民委员会依据村规民约出台具体约束性措施，对不文明乡风进行治理。建立健全村规民约监督和奖惩机制，注重运用舆论和道德力量，通过教育、规劝、奖惩等措施，引导村民遵守相关规定，对违背村规民约的，在符合法律法规前提下运用自治组织的方式进行合情合理的规劝、约束。

（2）发挥农村基层群众组织作用。《关于进一步推进移风易俗　建设文明乡风的指导意见》指出，规范壮大村内红白理事会、老年人协会、村民议事会、道德评议会等群众组织，完善组织章程和各项制度，广泛开展议事协商，积极组织开展婚丧嫁娶服务、邻里互助和道德评议等活动。在推选农村基层群众组织负责人时，要邀请婚事丧事操办人、敬老爱老机构人员和敬老爱老模范等人员参与。

2. 开展道德诚信教育

（1）加强舆论引导。《关于进一步推进移风易俗　建设文明乡风的指导意见》指出，各级各类新闻媒体要广泛深入报道婚事新办、丧事简办、孝亲敬老的事迹，积极引导树立正确婚丧观，弘扬中华孝道。充分利用县乡电视广播系统、乡镇政务场所、农村集市、村务公开栏、村大喇叭、村文化墙等直接面向农民群众的宣传阵地，用身边事教育身边人。有针对性地开展舆论监督，坚决抵制不良社会风气。

（2）广泛开展道德诚信教育。《乡村振兴战略规划（2018—2022 年）》强调，深入实施公民道德建设工程，推进社会公德、职业道德、家庭美德、个人品德建设。深入挖掘乡村熟人社会蕴含的道德规范，与时俱进进行创新，强调道德教化作用。建立道德激励约束机制，引导农民自我管理、自我教育、自我服务、自我提高。推进诚信建设，强化农民的社会责任意识、规则意识、集体意识和主人翁意识。建立健全农村信用体系，完善守信激励和失信惩戒机制。

（3）弘扬劳动光荣观念和中华孝道，强化孝敬父母、尊敬长辈的社会风尚。《关于进一步推进移风易俗　建设文明乡风的指导意见》指出，把道德教育作为新时代文明实践中心的重要工作，引导农民爱党爱国、向上向善、孝老爱亲、重义守信、勤俭持家。推进道德宣讲团等道德文化阵地建设。充分发挥共青团、妇联等群团组织作用，强化家庭、学校主体责任，让良好道德观贯穿始终。广泛开展好媳妇、最美乡村教师等表彰选树活动，深入宣传道德模范、身边好人的典型事迹，建立健全先进模范发挥作用的长效机制。

专栏 2-13 鹤溪街道“四德”宣传教育助力乡风文明建设

浙江景宁畲族自治县鹤溪街道注重社会公德、职业道德、家庭美德和个人品德宣传教育，践行社会主义核心价值观，全面推进乡风文明建设。

社会公德宣传教育，让社会全民树立乡风文明。以“善”字为核心，引导群众常怀善心，常行善举，以善为乐，以创建文明县城为契机，文明礼貌待人、助人为乐；以爱护公物、保护环境为抓手，建设“幸福畲乡、和美景宁”；以遵纪守法为基本公德，守住底线，打造平安景宁。

职业道德宣传教育，让职业人员奉献文明精神。以“诚”字为核心，引导群众以诚立身，诚挚待人，以诚兴业；从本职工作出发，培养和提高干部职工忠于职守、爱岗敬业的职业理念，以各级文化建设为抓手，提高干部职工团结诚信，追求卓越的职业素养，以党风廉政建设为动力，推进干部职工职业道德建设的不断深入、以勇于担当、甘于奉献的精神，从每个岗位做起，全面推进社会文明新风。

家庭美德宣传教育，让千家万户参与乡风文明。以“孝”字为核心，引导群众以孝为本，勤俭持家，孝俭养德；倡导科学、文明、健康的生活方式，结合“双学双比”鼓励科技致富，结合“巾帼建功”引导家庭成员树立终身学习的理念；结合“春蕾计划”让贫困家庭的孩子感受到社会的关怀；结合维护妇女儿童权益，重视解决如性别歧视、家庭暴力、抚养赡养等问题，以家庭的文明，为构建文明和谐幸福景宁营造良好的社会氛围。

个人品德宣传教育，让广大群众践行乡风文明。以“强”字为核心，引导群众自强不息，奋进不止，争先创优。只有个人具备优良品德修养才能由己及人，才能由己及家庭、集体和社会，树立个人榜样，带头执行移风易俗新风，引导人们正确处理个人与社会、竞争与协作、先富与共富、经济效益与社会效益等关系，提倡尊重人、理解人、关心人，发扬社会主义人道主义精神，为人民为社会多做好事，形成促进社会主义市场经济健康有序发展的良好道德风尚。

资料来源：景宁畲族自治县人民政府网站。

（4）发挥文化传承和浸润作用。《关于进一步推进移风易俗　建设文明乡风的指导意见》指出，丰富农村地区公共文化产品和服务供给，加强对文明乡风题材文艺作品的规划和扶持，繁荣相关文艺作品创作。支持以树立正确婚丧观和弘扬中华孝道为主要内容的各类演出、文化活动，规范文艺演出参与婚庆和丧事活动。把弘扬正确婚丧观和中华孝道列为文化下乡活动重要内容，采取群众喜闻乐见、具有地方特色的形式，培育熏染农民群众道德情操。加强对历史遗迹等历史文化遗产的保护，努力保存文化传承的载体和环境。

3. 注重核心价值引领

（1）培育践行社会主义核心价值观。《乡村振兴战略规划（2018—2022年）》《关于加强和改进乡村治理的指导意见》《关于进一步推进移风易俗　建设文明乡风的指导意见》等指出，要坚持教育引导、实践养成、制度保障三管齐下，通过符合农村特点的方式方法和载体，推动社会主义核心价值观融入文明公约、村规民约、家规家训。通过新时代文明实践中心、农民夜校等渠道，组织农民学习习近平新时代中国特色社会主义思想，深化中国特色社会主义和中国梦宣传教育，大力弘扬民族精神和时代精神。加强爱国主义、集体主义、社会主义教育，深化民族团结进步教育。注重典型示范，深入实施时代新人培育工程，推出一批新时代农民的先进模范人物。结合农村实际，推动中国特色社会主义文化融入农村社会思想道德教育、文化知识教育和社会实践各环节。加强农村未成年人思想道德建设。

专栏 2-14　黄学锋带富了一方人

在宁夏青铜峡市青铜峡镇三趟墩村，提及 57 岁的黄学锋，村民们个个点赞。三趟墩村周边，苹果种植历史悠久，其中临近的广武村有“苹果之乡”的美誉。2007 年前，由于市场原因，苹果滞销，收入下滑，挫伤了果农，黄学锋看着心里着急。

2008 年，黄学锋成立青铜峡市学锋林果专业合作社，注册了“宁林”牌商标，组建技术服务队，动员周边果农入社，向规模化、规范化、信息化、品牌化、集约化方向发展。引进富士套袋、贴字技术和 7 大系列 40 多个品种，打造苹果套袋示范园；邀请专家田间地头对果农进行轮训，手把手教最新的果树种植管理技术；推广使用农家肥、复合有机肥以及测土配方施肥技术；组织合作社社员赴陕西洛川、甘肃天水等地学习取经……通过传、帮、带、教、学，果农不断学习新技术、创新新产品，当地苹果销路逐步向好。

2015 年，黄学锋通过阿里巴巴、农村淘宝建立网络电商平台，与 30 多家外地商户开展网上交易，合作社的苹果畅销全国各地，并远销尼泊尔、俄罗斯等国，实现年网上交易近 2 400 万元，当地果农实现年人均收入 2 万余元。

重情谊、讲诚信、有魄力，黄学锋牵头成立林果专业合作社、创立高酸苹果协会、建立渔业合作社，走“合作社＋协会＋基地＋农户”的经营模式，带动当地及周边市（县）农户近 2 653 户，每年增收 1 600 余万元；组建劳务输出合作社，为周边 46 名贫困户提供就业岗位，年劳务收入达 120 万元。黄学锋坚信以诚心换人心，每年苹果收购季节，客商上门收购苹果，他免费提供住宿；果农购买种子、肥料、农药时资金周转紧张，他主动出面担保赊购。

2021 年 1 月，全国优秀农民工和农民工工作先进集体表彰大会在北京召开，黄学锋荣获“全国优秀农民工”称号。

资料来源：宁夏新闻网。

（2）巩固农村思想文化阵地。《乡村振兴战略规划（2018—2022 年）》指出，推动基层党组织、基层单位、农村社区有针对性地加强农村群众性思想政治工作。广泛开展文明村镇、星级文明户、文明家庭等精神文明创建活动。深入开展“扫黄打非”进基层。重视发挥社区教育作用，做好家庭教育，传承良好家风家训。完善文化科技卫生“三下乡”长效机制。《山东省推动乡村文化振兴工作方案》强调，加强对社会思潮的辨析引导，正本清源，扶正祛邪，帮助农民群众划清是非界限、澄清模糊认识，巩固和壮大乡村意识形态阵地。发挥新时代文明实践中心等各类阵地作用，推动乡村党的理论和社科知识普及，用中国特色社会主义文化、社会主义思想道德占领农村思想文化阵地。运用各类新闻媒体和宣传文化阵地，推动民生政策宣讲，深入解读宣传党的“三农”政策和强农惠农富农举措，让党和政府的政策深入人心。

专栏 2-15　关于建设新时代文明实践中心试点工作的指导意见

试点工作以全县域为整体，以县、乡镇、村三级为单元，以志愿服务为基本形式，打通城乡公共文化服务体系的运行机制、文化科技卫生“三下乡”的工作机制、群众性精神文明创建活动的引导机制，整合人员队伍、资金资源、平台载体、项目活动，推动基层宣传思想文化工作和精神文明建设改革创新，实现更富活力、更有成效、更可持续的发展。

1. **三级设置**。在县一级成立新时代文明实践中心，由县（市、区）党委书记或专职副书记担任中心主任，中心办公室设在县（市、区）党委宣传部，宣传部部长担任办公室主任。在乡镇一级成立新时代文明实践所，由乡镇党委主要负责同志担任所长。在行政村设新时代文明实践站，由村党组织主要负责同志担任站长。

2. **盘活资源**。整合现有基层公共服务阵地资源，打造理论宣讲平台、教育服务平台、文化服务平台、科技与科普服务平台、健身体育服务平台，统筹使用，协同运行。打通党校（行政学院）、党员电教中心、党员活动室、道德大讲堂、村级组织活动场所和综合服务中心等，建立理论宣讲平台；打通普通中学、职业学校、小学、青少年宫、青少年校外活动场所、儿童活动中心、乡村学校等，建立教育服务平台；打通基层文联组织、乡镇文化站、文化馆、群艺馆、图书馆、博物馆、影剧院以及歌舞团、戏剧团等，建立文化服务平台；打通科技示范基地、农村科技创新室、科技信息站、益农信息社、科普中国乡村e站、科普大篷车、科普活动室、农家书屋等，建立科技与科普服务平台；建好用好县级体育场馆、农村健身广场、农村文化活动广场，推动中小学体育设施对外开放，建立健身体育服务平台。涉及各平台的机构、人员、资源设施等权属不变，根据文明实践工作需要统一调配使用。

3. **建立队伍**。新时代文明实践中心（所、站）的主体力量是志愿者，主要活动方式是志愿服务。县级新时代文明实践中心组织和引导志愿者组建新时代文明实践志愿服务总队，由县（市、区）党政主要负责同志担任总队长。有条件的乡镇、行政村也可以组建新时代文明实践志愿服务队伍。志愿服务队伍的组成主要来自两个方面：一是党政机关、国有企事业单位特别是涉农部门、宣传部门、教育部门、文化和旅游部门、住房城乡建设部门以及学校、党校（行政学院）的在职人员，志愿者所在单位要创造必要条件支持志愿者开展活动；二是乡土文化人才、科技能人、科技特派员、律师、“五老”人员、退休文化工作者、先进人物、文艺志愿者、大学生志愿者、创业返乡人员等。

4. **明确职责**。县级新时代文明实践中心负责文明实践工作的统筹协调和组织实施，指导乡镇、村开展工作，研究制定工作规划，对主要内容、培训教材、人员队伍、活动项目等作出计划并具体实施，做好志愿者的组织引导、登记注册、表彰嘉许、权益保障工作，依托各种平台组织志愿者开展文明实践活动。乡镇新时代文明实践所发挥承上启下作用，按照统一规划部署，结合实际抓好落实，推动村新时代文明实践站常态化开展活动。村新时代文明实践站结合农村群众的生产劳动和实际需要，运用本地资源优势，用农村群众喜闻乐见的形式开展活动。

5. **加强保障**。县（市、区）党政主要负责同志要亲自抓、带头做，层层压实责任，推动资源整合和工作落实。县（市、区）党委宣传部要充分发挥指导、协调作用，做好文明实践内容的审核把关，统筹调配各种资源和力量，加强对活动开展情况的督促检查。文明实践工作的基本经费原则上由县级财政提供，上级财政视情予以必要支持。同时，统筹协调精神文明建设指导委员会成员单位尽职尽责，各展所长，积极参与，鼓励引导社会力量通过多种方式支持文明实践工作。

6. **总结经验**。试点地方要围绕加强组织领导、组建志愿服务队伍、整合资源平台、开展文明实践活动、建立运行机制、政策支持保障等，积极探索、勇于创新，努力积累，及时总结行之有效的好经验好做法。

资料来源：《关于建设新时代文明实践中心试点工作的指导意见》。

4. 健全完善长效机制

（1）强化法纪约束。《关于进一步推进移风易俗　建设文明乡风的指导意见》指出，推动在相关法律法规修订中增加文明乡风相关内容。加强对农村婚介机构和农村“媒婆”的管理。教育引导农民自觉承担责任、树立良好家风，巩固家庭养老基础地位。对孝道式微等现象加强批评教育，对不赡养、虐待父母等行为加大惩处力度。基层司法执法部门要重点整治利用婚丧嫁娶敛财等违法犯罪行为。鼓励地方对农村党员干部等行使公权力的人员建立婚丧事宜报备制度，加强纪律约束。

（2）健全监督机制。《关于进一步推进移风易俗　建设文明乡风的指导意见》指出，落实地方党政一把手责任，将推进农村移风易俗相关情况纳入对地方党政领导班子和有关领导干部的综合考核、评先树优工作。对文明乡风建设工作成效显著的予以奖励，对工作不力的严肃问责。发挥组织监督和群众监督作用，对违反移风易俗相关规定的党员干部进行相应处理。

(3) 完善激励机制。《关于进一步推进移风易俗　建设文明乡风的指导意见》指出，对于文明乡风建设方面的模范家庭和先进个人，相关部门和地方可以在精神和物质方面给予相应奖励。支持村级组织通过互评亮榜等方式宣传正确婚丧观和孝道典型。推广总结“乡村道德银行”“文明积分”等奖励模式。《乡村振兴战略规划（2018—2022 年）》中指出，要广泛开展好儿媳等评选表彰和寻找最美乡村教师等选树活动。

（二）传承乡村优秀文化

1. 提升农村优秀传统文化

2018 年 8 月，山东省委、省政府印发的《山东省推动乡村文化振兴工作方案》和同年 9 月中共中央、国务院印发的《乡村振兴战略规划（2018—2022 年）》指出，实施农耕文化传承保护工程，切实保护好优秀农耕文化遗产，推动优秀农耕文化遗产合理适度利用。深入挖掘农耕文化蕴含的优秀思想观念、人文精神、道德规范，充分发挥其在凝聚人心、教化群众、淳化民风中的重要作用。划定乡村建设的历史文化保护线，保护好文物古迹、传统村落、民族村寨、传统建筑、农业遗迹、灌溉工程遗产。把乡村文化保护传承与乡村建设相结合，使历史记忆、地域特色、民族特点融入乡村建设与维护。整理保护有地方特色的物质文化遗产，支持农村地区优秀戏曲曲艺、少数民族文化、民间文化等传承发展，完善非物质文化遗产保护制度，实施非物质文化遗产传承发展工程，培育乡村“非遗”文化传承人。实施乡村经济社会变迁物证征藏工程，鼓励乡村史志修编。

2. 加强农村公共文化体系建设

(1) 健全乡村公共文化服务体系。《山东省推动乡村文化振兴工作方案》要求，整合基层宣传文化、党员教育、科学普及、体育健身等设施，统筹建设各类活动场所。建设数字文化广场、无线网络等新兴文化设施，建设农村老年人文化活动场所。实施农家书屋网络化建设工程。建设农民群众欢迎、实用性强的农村文化广场设施网络，建立可持续发展的广场文化活动运行机制。推进乡村公共文化网络载体建设。加大文化扶贫力度。《乡村振兴战略规划（2018—2022年）》指出，推动县级图书馆、文化馆总分馆制，发挥县级公共文化机构辐射作用，加强基层综合性文化服务中心建设，实现乡村两级公共文化服务全覆盖，提升服务效能。完善农村新闻出版广播电视公共服务覆盖体系，推进数字广播电视户户通，探索农村电影放映的新方法新模式，推进农家书屋延伸服务和提质增效。继续实施公共数字文化工程，积极发挥新媒体作用，使农民群众能共享城乡优质数字文化资源。完善乡村公共体育服务体系，推动村健身设施全覆盖。

（2）加强乡村公共文化产品和服务供给。《乡村振兴战略规划（2018—2022年）》指出，深入推进文化惠民，为农村地区提供更多更好的公共文化产品和服务。建立农民群众文化需求反馈机制，推动政府向社会购买公共文化服务，开展“菜单式”“订单式”服务。加强公共文化服务品牌建设，推动形成具有鲜明特色和社会影响力的农村公共文化服务项目。培育挖掘乡土文化本土人才，开展文化结对帮扶，引导企业家、文化工作者、退休人员、文化志愿者等投身乡村文化建设。加强“三农”题材文艺创作的规划和扶持，鼓励文艺工作者推出反映农民生产生活尤其是乡村振兴实践的优秀文艺作品，充分展示新时代农村农民的精神面貌。加强农村科普工作，推动全民阅读进家庭、进农村，提高农民科学文化素养。《山东省推动乡村文化振兴工作方案》提出鼓励乡村题材网络文艺作品创作。

专栏 2－16　四川省乐至县乡村文化事业发展实践

四川省乐至县把大力推动乡村文化振兴作为实施乡村振兴战略的重要内容，与决胜全面小康、决战脱贫攻坚相结合，繁荣发展乡村文化事业和文化产业，不断提高乡村社会文明程度。

人才培育方面。乐至县创新自主培育和人才引进相结合的工作机制，不断为乡村文化振兴注入活力。端正用人导向，建立有效保障机制，配齐建强基层宣传委员和文化专干，让更多文化人才向贫困地区和农村流动。强化素质提升，构建多层次的文化人才教育培训体系，推广“师带徒”等行之有效的方式，培养和造就一批贴近百姓、热心文化工作、长期扎根农村的文化能人，提升其致力乡村文化振兴的综合素养。汇聚社会力量，支持民间文艺团体、艺人等兴办农村书社、艺术团，开展文化活动；探索村企合作共建，吸引优秀文化人才到乡村发展文化事业、参与文化志愿活动，推动形成文化设施共建、文化活动联办、文化生活共享的局面。

文艺创作方面。乐至县实施精品化创作，组织动员文艺工作者深入农村、走进脱贫攻坚一线采风，创作推出和展演展映一批反映脱贫攻坚奋斗历程、民族文化特色的原创文艺精品，提振贫困群众致富奔小康的信心和决心。

资料来源：搜狐网。

(3) 广泛开展群众文化活动。《乡村振兴战略规划（2018—2022 年）》指出，完善群众文艺扶持机制，鼓励农村地区自办文化。培育挖掘乡土文化本土人才，支持乡村文化能人。加强基层文化队伍培训，培养一支懂文艺爱农村爱农民、专兼职相结合的农村文化工作队伍。因地制宜广泛开展形式多样的农民群众性体育活动，传承和发展民族民间传统体育。鼓励开展花会、灯会、庙会等群众性节日民俗活动。发展壮大文化志愿者队伍，支持文化志愿者深入农村开展丰富多彩的文化志愿服务活动。活跃繁荣农村文化市场，丰富农村文化业态，推动农村文化市场转型升级，加强农村文化市场监管。《山东省推动乡村文化振兴工作方案》提出，利用文化科技卫生“三下乡”等机制，把更多优秀的文化活动送到农民中间，鼓励各级文艺组织深入农村地区开展惠民演出活动。

3. 培育发展农村特色文化产业

《乡村振兴战略规划（2018—2022年）》指出，加强规划引导、典型示范，挖掘培养乡土文化本土人才，建设特色鲜明、优势突出的农耕文化产业展示区，打造特色文化产业乡镇、文化产业特色村和文化产业群。紧密结合特色小镇、美丽乡村建设，深入挖掘乡村特色文化符号，盘活地方和民族特色文化资源，走特色化、差异化发展之路。推动农村地区实施传统工艺振兴计划，培育形成具有民族和地域特色的传统工艺产品，提高品质、形成品牌、带动就业。积极开发传统节日文化用品和武术、戏曲、舞龙、舞狮、锣鼓等民间艺术、民俗表演项目，促进文化资源与现代消费需求有效对接。推动文化、旅游与其他产业深度融合、创新发展。《山东省推动乡村文化振兴工作方案》指出，实行乡村文化产业精品工程、休闲农业和乡村旅游精品工程，培育一批乡村特色文化品牌。利用乡土文化、传统节日等科学筹划节会活动，打造节会品牌。

专栏2-17　农业农村部推介246个2020年中国美丽休闲乡村

9月17日，农业农村部在北京市顺义区举办2020年中国美丽休闲乡村旅游精品景点线路推介活动，现场推介246个2020年中国美丽休闲乡村。农业农村部副部长刘焕鑫、北京市副市长卢彦出席活动并致辞。

活动提出，休闲是心灵的体验，旅游是对美的感受，美丽休闲乡村成为城乡居民新的“打卡地”。要深入落实党中央、国务院决策部署，统筹疫情防控和产业发展，推进休闲农业和乡村旅游全面复市复业、全面提升游客流量、全面贯通产业链条，强化理念创新、推进融合发展、打造精品工程、提升服务水平，促进休闲农业和乡村旅游高质量发展。

据了解，农业农村部已累计推介了1 216个产业引领、生态宜居、风貌美丽、人文和谐、业新民富的中国美丽休闲乡村。同时，农业农村部根据不同时节和主题，举办“春观花”“夏纳凉”“秋采摘”“冬农趣”系列活动，累计推出精品旅游线路1 000条，也在此次活动中现场展示。

活动期间，农业农村部乡村产业发展司发布“乡游”小程序，供消费者线上查询、分享、收藏上述中国美丽休闲乡村旅游精品景点线路。

资料来源：农业农村部网站。

专栏2-18　曲阜培育50余个文化产业特色村

依托孔子故里、儒家圣地这一优势，曲阜将文化注入到乡村产业发展、生态旅游等方面，“文化”的新路径为乡村振兴注入了文化力量。

印石篆刻、碑帖、楷雕、拓片等是林前社区祖祖辈辈赖以生存的传统特色产品，但因其市场流通量小、消费群体有限等原因，这些民间工艺在传承上一度面临困境。2006年，社区集中整顿了景区周边的各类小摊位，经营渐渐规范起来。摆摊儿卖印刻的生计成了历史，取而代之的是以“孔府印阁”等为代表的文化产业基地的兴起。“孔府印阁”在短短几年间创造了石印产品网上销量全国第一的业绩，2018年全年销售额达到1.7亿元。从“零、小、散”到产业化，从“线下”到“线上”，社区发展思路的转变，带来的不仅是古老手艺的重焕光彩，更成就了林前社区居民的致富梦。

同时，以历史文化资源为轴，通过“文化+旅游”丰富乡村内涵，带动发展乡村文旅产业，打造生态旅游乡村，而葫芦套村就是其中极具代表性的民俗旅游村。葫芦套村历史文化悠久，民风民俗独特，葫芦套以“福、禄”而闻名，然而空守着资源优势，不加以挖掘利用，葫芦套村渐渐荒芜衰败。

从2008年开始，葫芦套村党支部书记徐宏带领村民从试点葫芦种植到大面积种植，从修复部分农家院落到实施“优宿”建设项目，发展农家乐24家。村里充分发挥山村传统民俗传承保留完整的优势，建起了乐和家园、儒学讲堂等特色民俗体验小院，以儒家经典、葫芦文化为主题建设文化景点，独特的儒韵乡风让游客流连忘返。葫芦套村的乡村旅游度假模式渐渐成型，并成为曲阜文化国际慢城重要景区，村民们也享受到了“福禄”文化带来的福利，增加了收入。

目前，曲阜市已培育各类文化产业特色村50余个。

资料来源：大众网。

2016年，山东省被中央精神文明建设指导委员会办公室确定为移风易俗试点省，以移风易俗为切入点，积极推行喜事新办、厚养薄葬、丧事简办，大力加强乡风民风建设。其中，沂水县殡葬改革受到广泛关注。2017年5月起，沂水县推出殡葬改革政策，对具有当地户口、在沂水去世的居民，其遗体运输费、火化费、骨灰盒费等费用全部免除。截至2019年年底，沂水县共有2万多户逝者家庭享受到“殡葬全免费”政策，新逝人员100%进公墓安葬，共举办“追思会”1万多场，85%以上的逝者家庭自觉自愿采用了新的丧礼模式。2年多的殡葬改革使沂水县居民户均减负3万元左右，为群众直接和间接节省丧葬费用5亿多元，而财政投入仅为2 000万元。在环境保护、土地节约等方面也产生了直观效益，节约土地600多亩、节地率90%以上，节省木材2万多米^3。沂水县殡葬改革对移风易俗、树立良好乡风发挥了重要作用，经验也得到中央重视和推广。

山东省努力打造文化振兴“齐鲁样板”，加快推进文化振兴，并取得了初步成效。截至2020年，山东省已建成新时代文明实践中心全国试点县29个，数量居全国首位；181个村镇入选全国文明村镇，2019年全省文明达标村覆盖率达到83.77%；全省乡镇（街道）综合文化站建成率达到99.6%，行政村（社区）基本建成综合性文化服务中心。山东省通过新时代文明实践中心建设，倡树文明新风，开展移风易俗，着力打通服务基层群众“最后一公里”，建成新时代文明实践中心176个、实践所1 749个、实践站4.7万余个。山东省大力弘扬优秀传统文化，设立乡村儒学讲堂2.2万个。山东省坚持重心下移、资源下移、服务下移，为农民朋友多送“文化大餐”。持续开展“一村一年一场戏”免费送戏，行政村覆盖率达97.8%，并逐步实现由“政府端菜”到“群众点菜”的转变。山东省让乡村文化活起来，将具有重要价值的古遗址、古民居纳入文物保护范围，加强传统村落保护，2018年以来仅省级以上就投入资金2.7亿元，保护项目215个。除了大力发展乡村旅游，山东省还实施“非遗助力脱贫、推动乡村振兴”工程，让“指尖技艺”成为“指尖经济”，培育了一批木雕、木版年画、剪纸、刺绣等专业乡、专业村。全省建成国家级和省级非遗生产性保护示范基地71个，带动23万人就业。

四、治理有效

2017年2月，中共中央办公厅、国务院办公厅印发的《关于加强乡镇政府服务能力建设的意见》提出，加快乡镇政府职能转变，强化服务功能，健全服务机制，创新服务手段，增强服务意识，提升服务效能，进一步推进乡镇治理体系和治理能力现代化。2018年中央1号文件《中共中央　国务院关于实施乡村振兴战略的意见》明确指出，建立健全党委领导、政府负责、社会协同、公众参与、法治保障的现代乡村治理体制。围绕加强乡村治理，有关部门陆续出台了一系列政策（见表2-6）。

表2-6　2017年以来相关部门发布的关于加强乡村治理的政策文件

发布时间	文件名称	发文单位
2017.02	《关于加强乡镇政府服务能力建设的意见》	中共中央办公厅 国务院办公厅
2018.01	《关于实施乡村振兴战略的意见》	中共中央 国务院
2018.09	《乡村振兴战略规划（2018—2022年）》	中共中央 国务院
2018.12	《中华人民共和国村民委员会组织法》	全国人大常委会
2019.01	《中国共产党农村基层组织工作条例》	中共中央

（续）

发布时间	文件名称	发文单位
2019.06	《关于加强和改进乡村治理的指导意见》	中共中央办公厅 国务院办公厅
2019.09	《中国共产党农村工作条例》	中共中央
2020.03	《关于加强法治乡村建设的意见》	中央全面依法治国委员会
2021.04	《关于加强基层治理体系和治理能力现代化建设的意见》	中共中央 国务院
2021.05	《关于向重点乡村持续选派驻村第一书记和工作队的意见》	中共中央办公厅

（一）创新乡村治理体系

为确保乡村治理有效，我国构建了由基层党组织领导、基层政府主导的多方参与、共同治理的现代治理体制。在基层党组织的全面领导下，基层政府、人民群众及社会组织等共同努力，形成独具中国特色的治理模式，为乡村振兴的实现提供了重要组织保障。

1. 加强基层党组织建设

（1）加强和改进基层党组织对各类组织和各项工作的领导。中共中央办公厅、国务院办公厅印发的《关于加强和改进乡村治理的指导意见》和中共中央印发的《中国共产党农村工作条例》等文件指出，要横向创新组织设置方式，建立以基层党组织为领导、村民自治组织和村务监督组织为基础、集体经济组织和农民合作组织为纽带、其他经济社会组织为补充的村级组织体系，并由村党组织书记通过法定程序担任村民委员会主任和村级集体经济组织、合作经济组织负责人，推行村“两委”班子成员交叉任职。纵向持续推进基层党组织与各类经济与服务组织共建互补，扩大党建工作覆盖范围。加强党对农村经济建设、社会主义民主政治建设、精神文明建设、社会建设、生态文明建设工作的领导，健全村级重要事项、重大问题由村党组织研究讨论机制，全面落实“四议两公开”。

（2）严格各级基层干部和领导班子成员选拔、管理与监督工作。中共中央办公厅、国务院办公厅印发的《关于加强和改进乡村治理的指导意见》指出，要坚决防止和查处影响、控制换届选举工作的不正当手段，严厉打击农村基层黑恶势力、宗族势力。实施村党组织带头人整体优化提升行动，持续整顿软弱涣散村党组织。全面推进从严治党，加强农村党风廉政建设，建立健全小微权力监督制度，加大基层小微权力腐败惩处力度。

（3）加强乡村党员队伍建设，发挥党员在乡村治理中的先锋模范作用。中共中央、国务院印发的《乡村振兴战略规划（2018—2022年）》和中共中央办公厅、国务院办公厅印发的《关于加强和改进乡村治理的指导意见》指出，要推进“两学一做”学习教育常态化制度化，全面落实“三会一课”、主题党日、民主评议党员等制度。推动党员在乡村治理中宣传党的主张，执行党组织决定，密切党员联系群众，加强对贫困人口、留守儿童和妇女等特殊人群的关爱服务，引导农民群众自觉听党话、感党恩、跟党走。

（4）坚持抓乡促村，落实县乡党委抓农村基层党组织建设和乡村治理的主体责任。中共中央办公厅、国务院办公厅印发的《关于加强和改进乡村治理的指导意见》提出，落实乡镇党委直接责任，及时发现并研究解决农村基层党组织建设、乡村治理和群众生产生活等问题。

2. 加强基层政权组织建设

（1）加快政府职能转变步伐，强化乡镇政府服务功能。中共中央办公厅、国务院办公厅印发的《关于加强乡镇政府服务能力建设的意见》指出，乡镇政府应做好提供教育、就业、医疗、卫生等符合当地实际和人民群众需求的各项公共服务工作，制定公共服务事项目录清单。推行行政执法重心下移，扩大乡镇政府服务管理权限。

（2）优化乡镇基本公共服务资源配置。中共中央办公厅、国务院办公厅印发的《关于加强乡镇政府服务能力建设的意见》提出，要打破城乡界限，统筹基本公共服务设施的空间布局，加快城乡公共服务一体化发展进程，实现基本公共服务全覆盖。县级以上地方各级政府支持乡镇基础设施建设、公共服务项目和社会事业发展，并提倡和鼓励乡镇间的共建共享。

（3）创新乡镇公共服务供给方式。中共中央办公厅、国务院办公厅印发的《关于加强乡镇政府服务能力建设的意见》指出，政府要建立公共服务多元供给机制，组织社会工作专业人才、农民合作组织、公益性机构等各类主体支持乡镇公共服务发展，并做好统筹协调和监管。加大乡村政府购买服务平台建设，尽量交由社会力量承担公共服务项目。构建一体化在线公共服务体系和线上线下相结合的乡村便民服务体系，为农民提供“一门式办理”“一站式服务”，提高群众办事便捷程度。

（4）规范村级组织工作事务。中共中央办公厅、国务院办公厅印发的《关于加强和改进乡村治理的指导意见》指出，要集中清理整顿上级对村级组织考核评比多、创建达标多、检查督查多等突出问题，各种政府机构不得以行政命令要求村级承担有关行政性事务，交由村级组织承接或协作，应考虑村级组织承接能力，减轻村级组织负担。

3. 开展社会协同治理

（1）加强工会、妇联、共青团、残协等群团组织建设。中共中央办公厅、国务院办公厅印发的《关于加强和改进乡村治理的指导意见》和中共中央印发的《中国共产党农村工作条例》指出，要充分发挥妇联、共青团等社会组织联系群众、团结群众、组织群众参与民主管理和民主监督的作用。

（2）加强农村社会工作专业人才队伍建设。中共中央办公厅、国务院办公厅印发的《关于加强和改进乡村治理的指导意见》提出，要坚持专业化、职业化、规范化，完善培养选拔机制，拓宽农村社工人才来源，着力做好老年人、残疾人、青少年、特殊困难群体等重点对象服务工作。

（3）探索以政府购买服务等方式，支持农村社会工作和志愿服务发展。中共中央办公厅、国务院办公厅印发的《关于加强乡镇政府服务能力建设的意见》强调，鼓励和引导具备法人资格的农村集体经济组织、农民专业合作组织、社会组织、公益性服务机构，以及其他经济组织和个体工商户等承接政府购买服务项目，扶持社会力量为民服务。

（4）推进基本公共服务均等化。中共中央办公厅、国务院办公厅印发的

《关于加强乡镇政府服务能力建设的意见》指出，县级以上地方各级政府要支持乡镇基础设施建设、公共服务项目和社会事业发展，引导信贷资金投向农村和小城镇。推进乡镇现有公共服务资源的优化整合，推动城市优质公共服务资源向农村延伸。

专栏 2-19　社会力量协同参与乡村治理的典型案例

广东省佛山市三水白坭是著名的侨乡和发达的工商业区，村民中有为数不少的华侨、企业家和社会活动家。在村党组织的领导下，三水白坭为每个村及村民小组孵化了家乡建设委员会和乡贤慈善会。家乡建设委员会是村（小组）居民参与和实施家乡建设的社会组织，其主要职责是为政府制订和调整建设规划提供咨询意见。而乡贤慈善会则依托其成员的经济实力、社会声望、关系网络以及社会动员能力，负责对议事会决议寻找社会资源。

海南省定安县龙湖镇高林村，是清代科举考试高中一甲第三名探花的张岳崧及其子孙后代的成长之地。村子中逐渐形成了崇文重教、耕读传家的文化精神。2003 年，为了形成良好的学习氛围，防止村子里贫困家庭的孩子辍学，张岳崧教育基金会成立。基金会不断拓展资金的来源渠道，每年从村里的土地租金中抽出 10%作为补充基金，同时得到了社会各界热心人士和机构的捐助。高林村的 48 户人家出了 90 多名大学生。

位于浙江省舟山市定海区金塘镇的老来福居家养老服务中心，通过志愿者走访、发布问卷调查的方式对当地农村老年人的切实需求进行深入了解。从家政服务、代办代购、精神慰藉以及老年人饮食送餐需求等问题入手，制定最贴近老年人需求的服务方案。在 2018 年的推进幸福社区建设，建设“幸福舟山”活动中，市妇联发起了“暖暖的新家”公益项目，对贫困家庭的儿童房实施家庭环境改造，打造学习生活的温馨空间。同年，在舟山市 8 个幸福社区建设推进工作中开展“阿拉娘家人”服务品牌建设，通过整合职能，梳理出 5 类 10 个方面的服务项目。舟山市老来福居家养老服务中心，以及市妇联通过与政府及社会组织联动的方式不仅为舟山市内农村留守老人带去了贴心的居家养老服务，同时也提供了细致的精神文明服务，发挥了社会组织在乡村振兴中提供公共服务的功能。

资料来源：1. 李伟．社会资本重构下乡村多元协同治理机制研究［D］. 广州：华南理工大学，2017.

2. 钟旎，魏垚，刘仕刚．社会力量参与乡村振兴的实践路径研究：以海南省定安县高林村为例［J］. 海南师范大学学报（社会科学版），2020，33（6）：86－94.

3. 杨茼泽．社会组织在乡村振兴中发挥的功能及其实现路径研究［D］. 舟山：浙江海洋大学，2020.

4. 动员公众积极参与

（1）进一步加强自治组织规范化建设，拓展村民参与村级公共事务平台，发展壮大治保会等群防群治力量。中共中央办公厅、国务院办公厅印发的《关于加强和改进乡村治理的指导意见》指出，要充分发挥村民委员会、群防群治力量在公共事务和公益事业办理、民间纠纷调解、治安维护协助、社情民意通达等方面的作用。

（2）鼓励社会人才投身乡村治理。中共中央、国务院印发的《乡村振兴战略规划（2018—2022 年）》指出，要建立健全激励机制，研究制定完善相关政策措施和管理办法，继续实施“三区”（边远贫困地区、边疆民族地区和革命老区）人才支持计划，深入推进大学生村官工作，因地制宜实施“三支一扶”、高校毕业生基层成长等计划，开展乡村振兴“巾帼行动”、青春建功行动。

（3）发挥新乡贤作用。中共中央、国务院印发的《乡村振兴战略规划（2018—2022 年）》指出，要以乡情乡愁为纽带，引导和支持企业家、党政干部、专家学者、医生教师、规划师、建筑师、律师、技能人才等，通过下乡担任志愿者、投资兴业、行医办学、捐资捐物、法律服务等方式为农服务，允许符合要求的公职人员回乡任职。

专栏 2-20　新乡贤积极参与乡村治理的典型案例

广东河源新乡贤作为参与乡村治理的嵌入力量，在促进乡村自治、实现法治方面发挥了重要作用。一方面，新乡贤通过加入村民委员会、协商议事会等机构，直接参与乡村治理，进一步提高村民自治能力和水平。如曾在外创业的新乡贤吴林新，回到忠信镇司前村担任村主任后，带领村委大力培育家训文化，通过开展道德模范评选表彰活动、建立内容广泛的村规民约、成立村民自治组织等举措，积极营造传承家训文化、崇尚道德模范的氛围，成为把家训文化融入乡村治理的积极践行者。另一方面，新乡贤通过积极参与乡村公共建设、支持乡村公益活动等，协助基层政府改善乡村基础设施。如新乡贤罗佑文，热心家乡公益事业，捐资 1 亿元用于紫金县人民医院新院建设，并经常捐资助学、扶贫济困。在协同乡村治理方面，河源的新乡贤正发挥着越来越重要的作用。

由于新乡贤常年身在“民间”，能够及时掌握村民所思所想的同时，也能将惠民政策准确无误地传达至村民，因此，在现代乡村治理中，新乡贤理应成为乡里和谐的“调和剂”。广东省韶关市仁化县长江镇里周村的新乡贤，在 2018 年新屋组新农村建设文化广场、粮仓、文化室工程时，因涉及使用村民土地，他们积极发挥示范带动作用，并充分利用新乡贤在亲缘、人缘、地缘等方面的优势作用，多次参与协调。不仅对有疑问、意见的村民积极协调，村民出现矛盾纠纷时参与调解，还积极协助村委会做好寨脚下的新农村建设、新屋组河堤建设等工作，在里周村新农村建设中及时化解矛盾纠纷，为乡村治理、乡村振兴作出了贡献。

资料来源：1. 肖小爱，张小苑，丘伟生，等. 关于新乡贤推动农村发展的实践与探讨:以广东河源为例 [J]. 北京农业职业学院学报，2021，35 (1)：71-76.

2. 田千山. 新乡贤参与乡村治理：可为、难为与何为：基于广东韶关农村的研究 [J]. 南方农村，2020，36 (6)：38-44.

5. 强化法律法规保障

（1）完善法律法规，稳定涉农工作。中央全面依法治国委员会印发的《关于加强法治乡村建设的意见》指出，以维护农民权益、农业支持保护、农村生态环境治理等为立足点，健全完善涉农法律法规，充分发挥法律的引领、规范、保障和推动作用。开展涉农法律法规规章的立法后评估工作，促进相关法律法规规章有效实施。结合相关法律法规规章施行情况，制定出台配套制度措施。及时修改或废止不适应改革要求的法律法规规章。

（2）完善法律法规，指导多方共治。村民参与乡村治理是由《中华人民共和国宪法》和《中华人民共和国村民委员会组织法》等一系列法律文件共同确定的。村民通过自治组织依法参与与其利益相关的公共事务，实现了自我管理、自我教育、自我服务。《中国共产党农村基层组织工作条例》等法规的出台，加强了我国基层党组织在乡村中的核心地位，并且对于加强自身队伍建设提出要求，进一步保证了乡村治理有效性。《中华人民共和国政府信息公开条例》等法规的出台，明确了政府权力行使的法律依据、运行范围和程序步骤等内容，织密农村基层权力运行“廉政防护网”的同时有助于基层政府在乡村治理中发挥主导作用。

（3）完善法律法规，建设平安乡村。由于较为封闭、落后的生活环境，乡村时常成为违法犯罪人员的“腹地”。我国制定了《中华人民共和国禁毒法》《宗教事务条例》等一系列法律法规，深入推进扫黑除恶专项斗争，依法打击整治毒品违法犯罪活动。加大对农村非法宗教活动、邪教活动打击力度，为建设稳定、和谐的平安乡村提供法律保障。

专栏 2－21　我国开展首批乡村治理体系建设试点示范

为贯彻落实党的十九届四中全会、中央经济工作会议、中央农村工作会议精神，推进乡村治理体系和治理能力现代化，中央农办、农业农村部牵头，会同中共中央组织部、中共中央宣传部、民政部、司法部在全国确定了115个县（市、区）开展乡村治理体系建设试点示范。

试点示范工作以习近平总书记关于乡村治理的重要论述为指引，全面贯彻落实中央有关决策部署，坚持党的领导、农民主体、“三治结合”、多方协同、突出重点的原则，主要内容包括探索共建共治共享的治理体制、乡村治理与经济社会协同发展的机制、乡村治理的组织体系、党组织领导自治法治德治相结合的路径，完善基层治理方式、村级权力监管机制，创新村民议事协商形式、现代乡村治理手段。通过试点示范，积极探索一批路径方法、健全一批政策制度、打造一批典型示范、形成一批工作抓手，为走中国特色社会主义乡村善治之路探索新路子、创造新模式。

2019年12月24日，6部门召开会议，中央农办副主任、农业农村部副部长韩俊出席会议并对全国乡村治理体系建设试点示范工作作出全面部署。江苏省、福建省、四川省农业农村厅，以及上海市宝山区、浙江省桐乡市、江西省鹰潭市余江区在会上作了典型发言。

资料来源：农业农村部网站。

（二）创新乡村治理方式

党的十九大报告指出：“加强农村基层基础工作，健全自治、法治、德治相结合的乡村治理体系。”具有新时代中国特色的“三治融合”治理模式是我国在乡村治理中的有益探索，实现自治、法治和德治的整体融合、协同发力是具有系统性、整体性的解决方案，能够达到理想的治理效果，发挥乡村治理在乡村振兴中的重要作用。

1. 以自治激发活力

（1）健全党组织领导的村民自治机制。中共中央办公厅、国务院办公厅印发的《关于加强和改进乡村治理的指导意见》指出，要推进民主选举、民主协商、民主决策、民主管理、民主监督实践，支持和保障村民依法开展自治活动。

（2）规范村民委员会等自治组织的选举办法。新修订的《中华人民共和国村民委员会组织法》指出，民主选举要充分体现村民集体意志，保障村民公平、公正、公开发表意见，参与乡村治理。

（3）健全村级议事协商制度。中共中央办公厅、国务院办公厅印发的《关于加强和改进乡村治理的指导意见》强调，要创新协商议事形式和活动载体，鼓励村民依托村民会议、村民代表会议等对村级重大事项进行民主协商。

（4）全面实施村级事务阳光工程，规范乡村小微权力运行。中共中央办公厅、国务院办公厅印发的《关于加强和改进乡村治理的指导意见》指出，要完善党务、村务、财务“三公开”制度，梳理村级事务公开清单，形成群众监督、村务监督委员会监督和上级部门监督等全程实时、多方联网的监督体系，建立“村民微信群”“乡村公众号”等监督平台，推进村级事务即时公开，加强群众对村级权力的有效监督。

（5）充分发挥村规民约在乡村治理中的独特作用。中共中央办公厅、国务院办公厅印发的《关于加强和改进乡村治理的指导意见》强调，要以法律法规为依据制定村规民约，并强化基层党组织的领导与把关，健全监督和奖惩机制，实现村规民约的全面覆盖和有效实施。

专栏2－22　陕西米脂：完善“三公开”制度，治理基层“微腐败”

陕西省米脂县纪委监委在各街镇全面推行“阳光米脂”微信小程序，为村级“三务公开”插上科技的翅膀，实现线上线下同步公开、村里村外共同监督。

“阳光米脂”旨在推动县、镇、村三级联动监督，设置有党务公开、村务公开、财务公开以及政策宣传、在线举报和民生服务六大板块内容。主要包含党组织基本情况、党组织议事决策等制度建设情况；村委会任期规划、任期目标和年度工作计划等情况；村民代表会议通过的年度财务收支情况，各级对村集体资产、资金审计情况等；省市县镇各级的惠民政策，各级各部门职责权限、办事依据等群众关心事项。同时，“阳光米脂”设有监督举报平台，群众可以将监督村级“三务公开”工作中发现的违纪违规问题，以直通车的方式进行举报。

该微信小程序是在印斗镇微信小程序先行试点、成效明显的基础上开展的。据统计，印斗镇开展试点以来，已经公开各类党务、村务、财务信息 299 条，现有注册会员 85 160 人。“试点以来，我镇信访量同比下降了 70%。”印斗镇纪委书记李鹏介绍，公开涉及群众利益的重大事项更有效及时，“既是给群众一个明白，也是还干部一个清白。”

资料来源：中央纪委国家监委网站。

2. 以法治强化保障

（1）提高村民法治素养。中共中央办公厅、国务院办公厅印发的《关于加强和改进乡村治理的指导意见》指出，要大力开展“民主法治示范村”创建，深入开展“法律进乡村”活动，实施农村“法律明白人”培养工程，培育一批以村干部、人民调解员为重点的“法治带头人”，引导干部群众尊法学法守法用法，使法治观念在乡村自治中得以体现。

（2）深入推进综合行政执法改革向基层延伸。中共中央办公厅、国务院办公厅印发的《关于加强和改进乡村治理的指导意见》明确提出，要规范农村基层行政执法程序，加强乡镇行政执法人员业务培训，严格按照法定职责和权限执法，把政府各项涉农工作纳入法治化轨道。

（3）坚持发展新时代“枫桥经验”，做到“小事不出村、大事不出乡”。中共中央办公厅、国务院办公厅印发的《关于加强和改进乡村治理的指导意见》要求，要健全人民调解员队伍，加强人民调解工作。建立健全有机衔接、相互协调的多元化纠纷解决机制。

（4）加强农村法律服务供给。中共中央办公厅、国务院办公厅印发的《关于加强和改进乡村治理的指导意见》提出，要充分发挥人民法庭在乡村治理中的职能作用，加强乡镇司法所建设。完善政府购买服务机制，整合法学专家、律师、政法干警及基层法律服务工作者等资源，健全乡村基本公共法律服务体系，为基层政府、村级组织提供公共法律服务，以法律法规为基础制定村规民约，促进乡村依法治理。

（5）严厉打击违法犯罪行为。中共中央办公厅、国务院办公厅印发的《关于加强和改进乡村治理的指导意见》提出，要推进农村社会治安防控体系建设，深入推进扫黑除恶专项斗争，依法打击毒品违法犯罪活动，加大对农村非法宗教、邪教活动打击力度，制止其干预乡村公共事务。

专栏 2－23　司法部、民政部共命名八批 4 380 个“全国民主法治示范村（社区）”

近年来，各地坚持以习近平新时代中国特色社会主义思想为指导，按照全面依法治国和乡村振兴战略部署，认真贯彻落实中共中央、国务院转发的“七五”普法规划和中央全面依法治国委员会印发的《关于加强法治乡村建设的意见》，扎实开展民主法治示范村（社区）创建活动，健全党组织领导的自治、法治、德治相结合的乡村治理体系，基层治理法治化水平不断提高，涌现出一大批先进单位。自 2004 年以来，司法部、民政部共命名表彰了八批 4 380 个“全国民主法治示范村（社区）”。

相关通知要求，被命名的全国民主法治示范村（社区）要珍惜荣誉、再接再厉，切实发挥榜样表率作用。各地要深入学习贯彻党的十九大和十九届二中、三中、四中、五中全会精神，深入学习宣传贯彻习近平法治思想，增强“四个意识”、坚定“四个自信”、做到“两个维护”，加强党的全面领导，推进法治乡村建设，教育引导农村干部群众办事依法、遇事找法、解决问题用法、化解矛盾靠法，为全面依法治国奠定坚实基础，为全面实施乡村振兴战略提供良好法治环境。

资料来源：司法部网站。

专栏 2-24　新时代“枫桥经验”推动乡村治理现代化

浙江省的枫桥镇是著名的“枫桥经验”发源地。在历经乡村治理 4 个时期后，枫桥镇形成了既包含历史逻辑又具有时代特点的可推广、可复制的“枫桥经验”。新时期，枫桥镇又在乡村治理方面进行了新的探索。

一是党建引领组织整合。在枫桥镇社会治安综合治理组织机构中，由镇党委和政府领导与负责，下设司法所、调解委、派出所和法庭等部分，除派出所外，建成 24 小时自动服务区（点）68 个以及其他维护治安的队伍，全方位深入人民群众中。各部分负责人定期召开会议对枫桥镇的社会治安进行报告与分析，在党委领导下推动治安工作的开展。

二是创新发展群众路线。动员群众参与公共事务治理与治理程序的民主化上，在维护治安和矛盾调解中形成群防群治的局面，“枫桥大妈”、邻里村民在乡村治理中发挥了重要的作用。同时推行“三上三下”的民主决策机制，并在此基础上，增加了测评情况、实施方案和表决结果三公开，认真落实村级重大事项“五议两公开”决策程序，切实规范村级小微权力的运行。

三是注重信息化应用。充分利用信息化技术手段，积极探索新时代“网上枫桥经验”的创新发展模式。在“枫桥经验”的核心内涵下，“网上枫桥经验”的概念内涵则是善于运用网络了解社情民意，推动矛盾纠纷的解决。如“党建＋互联网”深化对党员与党务的监督，“平安建设＋互联网”建设高清数字视频监控专网并建立在线矛盾纠纷化解平台等。充分运用“掌上办”“网上办”的工作模式，打造“平台＋中心＋矩阵”模式，实现关于矛盾纠纷调解、重点人员跟踪和舆情监测的精准防控，及时解决村民群众的办事需求。

资料来源：王琳．乡村振兴战略下乡村治理现代化的发展趋向：结合浙江省枫桥镇治理样本分析 [J]. 沈阳农业大学学报（社会科学版），2020，22（5）：588-594.

3. 以德治弘扬正气

（1）积极培育和践行社会主义核心价值观。中共中央办公厅、国务院办公厅印发的《关于加强和改进乡村治理的指导意见》提出，要坚持教育引导、实践养成和制度保障相结合，用中国特色社会主义文化和社会主义思想牢牢占领农村思想文化阵地，武装头脑。

（2）实施乡风文明培育行动。中共中央、国务院印发的《乡村振兴战略规划（2018—2022年）》和中共中央办公厅、国务院办公厅印发的《关于加强和改进乡村治理的指导意见》指出，要弘扬传统美德，全面推行移风易俗，破除农村不良习俗，培育淳朴民风和良好家风，引导村民向上向善、孝老爱亲，重义守信、勤俭持家。

（3）发挥村规民约的强大作用。中共中央办公厅、国务院办公厅印发的《关于加强和改进乡村治理的指导意见》指出，要以法律法规为依据，规范完善村规民约，并建立健全村规民约监督和奖惩机制，引导农民实现自我管理、自我教育、自我服务、自我提高，实现家庭和睦、邻里和谐、干群融洽。

（4）发挥标杆示范作用。中共中央办公厅、国务院办公厅印发的《关于加强和改进乡村治理的指导意见》指出，要大力开展文明村镇、农村文明家庭等创建活动，广泛开展农村道德模范、最美邻里、身边好人等选树活动，加强社会公德、职业道德、家庭美德和个人品德教育。

（5）加强农村文化引领。中共中央办公厅、国务院办公厅印发的《关于加强和改进乡村治理的指导意见》指出，要加强基层文化产品供给、文化阵地建设、文化活动开展和文化人才培养，传承发扬优秀传统文化，因地制宜、因时制宜广泛开展乡村文化活动，营造健康向上的文化环境。

政策实施以来，农村基层党组织建设不断完善，并在乡村治理中发挥着引领作用。截至2019年年底，全国8 636个城市街道、31 062个乡镇、533 824个行政村已建立党组织，覆盖率均超过99%[①]。基层党组织作为党在农村工作和战斗力的基础，已基本实现对乡镇、村各项工作的领导。党的十八大以来，“全国7.7

① 中共中央组织部.2019年中国共产党党内统计公报［N］.光明日报，2020-07-01（3）.

万个软弱涣散村（社区）党组织中，已有97.1%的村和96.5%的社区得到了不同程度的转化提升”[①]。以县为单位对涣散村党组织持续开展整顿活动，成果显著。

服务型政府建设持续推进，增强为民服务能力。党的十八大以来，政府改革从行政审批改革切入，大力推进“放管服”改革，有效化解了一批结构性矛盾，在诸多领域实现了系统性重塑、整体性重构。例如，全国各地产生了诸如“一站式服务”“一窗受理，集成服务”“最多跑一次”等制度或实践。上海、浙江、广东、贵州等地深化一体化在线政务服务体系，围绕企业群众眼中“一件事”为企业群众提供集成“套餐”服务。浙江、江西两省联合推进跨区域数据共享，实现身份证等11本证照跨省互认[②]。“十三五”期间，政府大力实施农村危房改造。2020年，经住房和城乡建设部核验，全国2 341.6万户建档立卡贫困户均已实现住房安全有保障。除此之外，5年来，国家还支持242.4万户农村低保户、分散供养特困人员、贫困残疾人家庭等贫困群众改造危房，人民群众的获得感、幸福感、满意度不断增强。

自治、法治、德治的有机融合创造了稳定、和谐的乡村环境。在“三治融合”治理模式下，基层干部与村民学法、用法，化解矛盾纠纷，保障了乡村的稳定与和谐。2019年司法部大力推进法治乡村建设，制定“全国民主法治示范村”建设指导标准和命名管理办法，完成对300多个已命名示范村的复核工作并公开通报。开展全国民主法治示范村“两委”一把手法治培训，提升基层干部运用法治思维解决问题的能力。坚持发展“枫桥经验”，实现矛盾不上交三年行动。司法行政系统全年共排查矛盾纠纷405万次，调解矛盾纠纷931.5万件。各地共建立商会人民调解组织1 100余个、个人调解工作室6 780个、人民调解中心953个。

五、生活富裕

2018年中央1号文件《关于实施乡村振兴战略的意见》指出，坚持农民

① 吴储岐．软弱涣散党组织如何“跟上趟”[N]．人民日报，2017-09-12（18）．

② 吴志刚，崔雪峰，周亮．我国数字政府建设现状及发展趋势探析［J］．现代工业经济和信息化，2020，10（7）：6-9．

主体地位；切实发挥农民在乡村振兴中的主体作用，把维护农民群众根本利益、促进农民共同富裕作为出发点和落脚点；促进农民持续增收，不断提升农民的获得感、幸福感、安全感。助推农民全面发展，保障农民收入持续增长，全面消除贫困，改善农村民生，提高农民生活幸福感，是党和政府的一贯主张。有关部门围绕促进农民生活富裕，先后出台了一系列政策措施（见表2-7）。

表2-7　2015年以来有关部门发布的促进农民生活富裕的政策文件

发布时间	文件名称	发文单位
2015.03	《关于加强农民创新创业服务工作促进农民就业增收的意见》	农业部办公厅
2015.06	《关于支持农民工等人员返乡创业的意见》	国务院办公厅
2015.08	《关于全面实施城乡居民大病保险的意见》	国务院办公厅
2016.01	《关于整合城乡居民基本医疗保险制度的意见》	国务院办公厅
2016.11	《关于支持返乡下乡人员创业创新促进农村一二三产业融合发展的意见》	国务院办公厅
2016.12	《关于完善支持政策促进农民持续增收的若干意见》	国务院办公厅
2017.02	《关于加强乡镇政府服务能力建设的意见》	中共中央办公厅 国务院办公厅
2018.01	《关于实施乡村振兴战略的意见》	中共中央 国务院
2018.05	《关于全面加强乡村小规模学校和乡镇寄宿制学校建设的指导意见》	国务院办公厅
2019.05	《数字乡村发展战略纲要》	中共中央办公厅 国务院办公厅
2019.12	《关于进一步做好稳就业工作的意见》	国务院办公厅
2019.12	《关于进一步推动返乡入乡创业工作的意见》	人力资源和社会保障部等3部门
2020.01	《关于抓好“三农”领域重点工作确保如期实现全面小康的意见》	中共中央 国务院
2020.03	《关于扩大返乡留乡农民工就地就近就业规模实施方案》	农业农村部办公厅 人力资源和社会保障部办公厅

（续）

发布时间	文件名称	发文单位
2020.03	《关于应对新冠肺炎疫情影响强化稳就业举措的实施意见》	国务院办公厅
2021.01	《关于全面推进乡村振兴加快农业农村现代化的意见》	中共中央 国务院

（一）促进农民就业增收

随着大众创业、万众创新的深入推进，越来越多的农民投入到农村创新创业大潮中。农民创业创新是带动农民就近增收的有效途径，是推进农业供给侧结构性改革、活跃农村经济的有效方式。相关政策的出台进一步营造良好的农民创新创业环境，有利于激发农民创新活力和创业潜力，激活各类城乡生产资源要素，促进农民就业增收。外出务工的工资性收入是农民收入的重要来源之一，然而工资性收入深受外部环境的影响，为有效稳定农民工工资性收入，稳就业措施对外出务工农民至关重要。

1. 促进农民创新创业

（1）确保政策落实到位。2015 年 6 月，国务院办公厅印发的《关于支持农民工等人员返乡创业的意见》提出，各级财政、税务、人力资源和社会保障部门要密切配合，严格按照相关规定，切实抓好工作落实，确保优惠政策落地并落实到位。2020 年 3 月，农业农村部办公厅、人力资源和社会保障部办公厅印发的《关于扩大返乡留乡农民工就地就近就业规模实施方案》强调了落实吸纳农民工就业的财政、税收、信贷等援企稳岗政策。

（2）加大财政支持力度。2015 年 6 月，国务院办公厅印发的《关于支持农民工等人员返乡创业的意见》提出，对符合就业困难人员条件，从事灵活就业的农民工给予一定的社会保险补贴。2016 年 11 月，国务院办公厅印发的《关于支持返乡下乡人员创业创新促进农村一二三产业融合发展的意见》强调，将符合条件的返乡下乡人员纳入扶持范围，采取以奖代补、先建后补、政府购买服务等方式予以积极支持。2020 年 3 月，农业农村部等部门印发的《关于扩大返乡留乡农民工就地就近就业规模实施方案》提出，要落实吸纳农民工就业的财政、税收、信贷等援企稳岗政策，按照稳就业和返乡入乡创业工作要求，对首次、正常经营 1 年以上的返乡留乡创业农民工，给予一次性创业补贴。

(3) 降低返乡创业门槛。2015 年 6 月，国务院办公厅印发的《关于支持农民工等人员返乡创业的意见》表明，要降低返乡创业门槛，优化返乡创业登记方式、简化创业住所登记手续、推动“一址多照”。2016 年 11 月，国务院印发的《关于支持返乡下乡人员创业创新促进农村一二三产业融合发展的意见》明确，落实用地用电支持措施，支持返乡下乡人员按照相关用地政策，开展设施农业建设和经营。

专栏 2－25　全国新农民新业态创业创新大会

2020 年 9 月 22 日至 24 日，全国新农民新业态创业创新大会在南京市举行，大会由农业农村部农村社会事业发展中心、江苏省农业农村厅共同主办，全国新农民新业态创业创新大会理事会、江苏南京国家农业高新技术产业示范区承办。是我国农村“双创”领域层次最高、规模最大、阵容最强的展会。大会以“激情创新创业　梦圆乡村振兴”为主题，其间举办了全国农村创新创业项目创意大赛总决赛、全国农村创新创业成果展、“923”全球农产品直播电商节等丰富活动，全面展示“三农”领域的新变化、新成果。

资料来源：农业农村部网站，新华网。

2. 多渠道增加农民收入

(1) 更新培训模式。《关于加强农民创新创业服务工作促进农民就业增收的意见》提出，联合大专院校探索实行“理论学习＋实践教学”的分段培养模式。《关于支持返乡下乡人员创业创新促进农村一二三产业融合发展的意见》提出，建议采取线上学习与线下培训、自主学习与教师传授相结合的方式，开辟培训新渠道。人力资源和社会保障部等3部门联合印发的《关于进一步推动返乡入乡创业工作的意见》要求，开发一批特色专业和示范性培训课程。实施培训下乡“直通车”、农民夜校、远程培训、网络培训，推动优质培训资源城乡共享。

专栏2-26　吉林：计划培训100万农技人员和农民

2020—2021年度吉林省冬春农业科技培训工作将围绕农业绿色发展、率先实现农业现代化和乡村振兴战略的总体部署和要求，以新型经营主体带头人和农技人员为重点，计划培训农技人员和农民100万人。此次培训组织优秀师资，采取参与式、互动式、菜单式、点餐式等灵活多变的培训方式，采用送教下乡、送技上门、办小班、讲精品等培训形式，组织好各级各类培训工作。

资料来源：新华网。

（2）组建专家团队。《关于加强农民创新创业服务工作促进农民就业增收的意见》提出，开展农民创新创业指导师、农民创新创业辅导员培训，建设一支专家导师（须为大专院校、科研院所专家）、企业家导师（须为企业生产经营管理人员）为主体的农民创新创业指导人员队伍。

（3）扩大培训规模。《关于支持返乡下乡人员创业创新促进农村一二三产业融合发展的意见》建议，实施农民工等人员返乡创业培训五年行动计划和新型职业农民培育工程、农村青年创业致富“领头雁”计划、贫困村创业致富带头人培训工程，开展农村妇女创业创新培训，让有创业和培训意愿的返乡下乡人员都能接受培训。《关于进一步推动返乡入乡创业工作的意见》提出，将有培训需求的返乡入乡创业人员全部纳入创业培训范围。

专栏2－27　山东评选976名新型职业农民发挥乡村振兴“领头雁”作用

2018年，山东在东营市试点建立新型职业农民职称评定制度，2019年将试点范围扩大到14个市，2020年已在全省全面推开。在新型职业农民评审对象上，既可以是“土专家”“田秀才”，也可以是返乡大学生，还可以是有技术有项目的创业者。在评审标准上，对学历、论文等不做硬性要求，坚持能力、业绩导向，重点考察参评人的技术水平和示范带动作用。

资料来源：新华社。

（4）完善公共服务。《关于加强农民创新创业服务工作促进农民就业增收的意见》指出，各级农产品加工业、休闲农业、乡镇企业主管部门要分别制定工作方案加以实施，要加强与相关部门的工作协调，研究加强农民创新创业服务工作的政策措施。《关于进一步推动返乡入乡创业工作的意见》强调，依托县乡政务服务中心办事大厅设立创业服务专门窗口，为返乡入乡创业人员就地就近提供政策申请、社保接续等服务。

（5）推进就业服务全覆盖。《关于完善支持政策促进农民增收的若干意见》提出，在劳动年龄内且拥有劳动能力，有就业要求且处于失业状态的乡镇劳动者可在常住地进行失业登记，申请享受基本公共就业服务。《关于扩大返乡留乡农民工就地就近就业规模实施方案》要求，加强返乡留乡农民工定期联系和分级分类服务。在县乡行政服务大厅设立服务窗口，为返乡留乡农民工就业创业提供“一站式”服务。

（6）引导农民从事特色产业。《关于支持返乡下乡人员创业创新促进农村一二三产业融合发展的意见》强调，要鼓励和引导返乡下乡人员结合自身优势和特长，根据市场需求和当地资源禀赋发展优势特色产业。《关于应对新冠肺炎疫情影响强化稳就业举措的实施意见》要求，提出的政策措施包含组织暂时无法外出的农民投入春耕备耕，从事特色养殖、精深加工、生态旅游等行业。

专栏 2－28　促进返乡留乡农民工就地就近就业创业

2020 年 9 月 21 日，农业农村部召开全国促进返乡留乡农民工就地就近就业视频调度会议。会议强调，扩大返乡留乡农民工就地就近就业，事关亿万农民生计和福祉，事关全面小康、脱贫攻坚和社会稳定大局。截至 2020 年 12 月初，返乡留乡农民工已有 1 800 多万人实现就地就近就业，其他农民工也通过公益岗位兜底或打零工实现就业。

资料来源：农业农村部网站，《人民日报》。

专栏 2－29　多措并举促进农民增收

“十三五”期间农民收入年均实际增长 6%，比城镇居民收入增速高 1.24 个百分点，增速已连续 11 年跑赢城镇居民。城乡居民收入比由 2010 年的 2.99∶1 缩小到 2020 年的 2.56∶1。

2019 年农村居民人均可支配收入达到 16 021 元，提前 1 年实现比 2010 年翻一番目标。2020 年面对新冠肺炎疫情冲击，各地着力稳就业、促创业、兴产业，农民收入逐季好转，全年实际增长 3.8%，收入达到 17 131 元，较 2015 年增加 5 709 元。特别是贫困地区农民收入增长较快，“十三五”期间年均增长 7.87%，高于全国农村平均水平 1.87 个百分点，与全国人民一道同步实现小康目标。

收入结构更加优化。从经营收入看，农产品增值空间不断拓展，新产业新业态蓬勃发展，家庭经营净收入由 2015 年的 4 504 元增加到 2020 年的 6 077 元。从务工收入看，农民工数量稳步增加，工资水平不断提高，工资性收入 2020 年达到 6 974 元，对农民增收贡献最大。从财产收入看，农村改革红利持续释放，带动财产净收入快速增长，2020 年比 2015 年增加66.3%，成为农民增收的新亮点。从转移收入看，农村居民医疗、养老保障体系进一步健全，转移性收入2020年达到3 661元，占比达到21.4%，比2015年提高3.3个百分点。

资料来源：中国政府网，《经济日报》。

3. 决战决胜脱贫攻坚

改革开放以来，举全党全社会之力，我国成功解决了几亿农村贫困人口的温饱问题，成为世界上减贫人口最多的国家。2020年是全面建成小康社会目标实现之年，是全面打赢脱贫攻坚战收官之年。所谓“其作始也简，其将毕也必巨”，带着坚定必胜的信心，脱贫攻坚工作是一场必须打赢打好的硬仗。增加贫困农民收入是脱离贫困的第一要素，必须要完成的脱贫攻坚任务之一是保障农民生活富足，消除贫困和生活富裕相辅相成。

2015年11月，中共中央、国务院印发的《关于打赢脱贫攻坚战的决定》提出，总体目标为2020年让7 000多万农村贫困人口摆脱贫困，实现贫困人口不愁吃、不愁穿，义务教育、基本医疗和住房安全有保障。

2016年4月，中共中央、国务院办公厅印发的《关于建立贫困退出机制的意见》指出，为提高扶贫工作的针对性、有效性，对贫困退出的标准和机制进行了有关规定（相关规定见专栏2-30）。同年12月国务院印发的《关于“十三五”脱贫攻坚规划的通知》阐明，“十三五”时期国家脱贫攻坚总体思路、基本目标、主要任务和重大举措，是指导各地脱贫攻坚工作的行动指南，是各有关方面制定相关扶贫专项规划的重要依据。

专栏2-30 贫困退出标准和程序

（一）贫困人口退出

贫困人口退出以户为单位，主要衡量标准是该户年人均纯收入稳定超过国家扶贫标准且吃穿不愁，义务教育、基本医疗、住房安全有保障。

由村“两委”组织民主评议后提出，经村“两委”和驻村工作队核实、拟退出贫困户认可，在村内公示无异议后，公告退出，并在建档立卡贫困人口中销号。

（二）贫困村的退出

贫困村退出以贫困发生率为主要衡量标准，统筹考虑村内基础设施、基本公共服务、产业发展、集体经济收入等综合因素。

原则上贫困村贫困发生率降至2%以下（西部地区降至3%以下），在乡镇内公示无异议后，公告退出。

（三）贫困县的退出

贫困县包括国家扶贫开发工作重点县和集中连片特困地区县。贫困县退出以贫困发生率为主要衡量标准。

原则上贫困县贫困发生率降至2%以下（西部地区降至3%以下），由县级扶贫开发领导小组提出退出，市级扶贫开发领导小组初审，省级扶贫开发领导小组核查，确定退出名单后向社会公示征求意见。公示无异议的，由各省（自治区、直辖市）扶贫开发领导小组审定后向国务院扶贫开发领导小组报告。

资料来源：《关于建立贫困退出机制的意见》。

2018年8月印发的《中共中央　国务院关于打赢脱贫攻坚战三年行动的指导意见》指出，针对脱贫攻坚战的进展和实践中存在的突出问题，完善其顶层设计，强化其政策措施，为推动脱贫攻坚工作更加有效开展而制定相关意见。意见中强调为全力推进就业扶贫，应提高劳务组织化程度以及在就业脱贫覆盖贫困地区发展生态友好型劳动密集型产业，以吸纳贫困家庭劳动力就近就业。

2019年1月，国务院办公厅印发的《关于深入开展消费扶贫助力打赢脱贫攻坚战的指导意见》提出，应大力推动消费扶贫，以促进贫困人口稳定脱贫和贫困地区产业继续发展，具体措施包括扩宽贫困地区农产品流通和销售渠道；提升贫困地区农产品供给水平和质量；促进贫困地区休闲农业和乡村旅游提质升级。

《中共中央关于制定国民经济和社会发展第十四个五年规划和二〇三五年远景目标的建议》肯定了当前的脱贫攻坚成果，并明确指出 5 575 万农村贫困人口实现脱贫。

2021 年 2 月，中共中央总书记、国家主席、中央军委主席习近平出席全国脱贫攻坚总结表彰大会并发表重要讲话，他宣布在现行标准下 9 899 万农村贫困人口全部脱贫，区域性整体贫困得到解决。习近平还强调，要接续推进全面脱贫与乡村振兴有效衔接，要坚持激发欠发达地区与农村低收入人口发展的内生动力，以逐步实现共同富裕。

（二）提升农村公共服务水平

农村公共基础设施包括农村水电路气信以及公共人居环境、公共管理、公共服务等设施，是促进农村经济社会持续健康发展的重要支撑，是提高农民生活质量的基础保障，强化基础设施建设有利于增强广大农民群众的获得感、幸福感和安全感。以《中共中央　国务院关于实施乡村振兴战略的意见》中为提高农村民生保障水平提出的要求为样板，总结涉及的扶持政策，以便清晰观察相关政策的演变（见图 2－1）。

1. 发展农村教育事业

（1）重视发展农村义务教育。2018 年 5 月，国务院办公厅印发的《关于全面加强乡村小规模学校和乡镇寄宿制学校建设的指导意见》中指出，实施科教兴国战略是实现乡村振兴战略、推进城乡基本公共服务均等化的基本要求，并制定主要目标为 2020 年基本补齐乡村小规模学校和乡镇寄宿制学校短板，基本实现县域内城乡义务教育一体化发展。

（2）改善学校基本办学条件。《关于全面加强乡村小规模学校和乡镇寄宿制学校建设的指导意见》建议，从完善办学标准和加快标准化建设两个方面对办学条件进行提高，对于小规模学校，提出要保障信息化、音体美设施设备和教学仪器、图书配备，设置必要的功能教室，改善生活卫生条件。对于寄宿制学校，提出要在保障基本教育教学条件基础上，进一步明确床铺、食堂、饮用

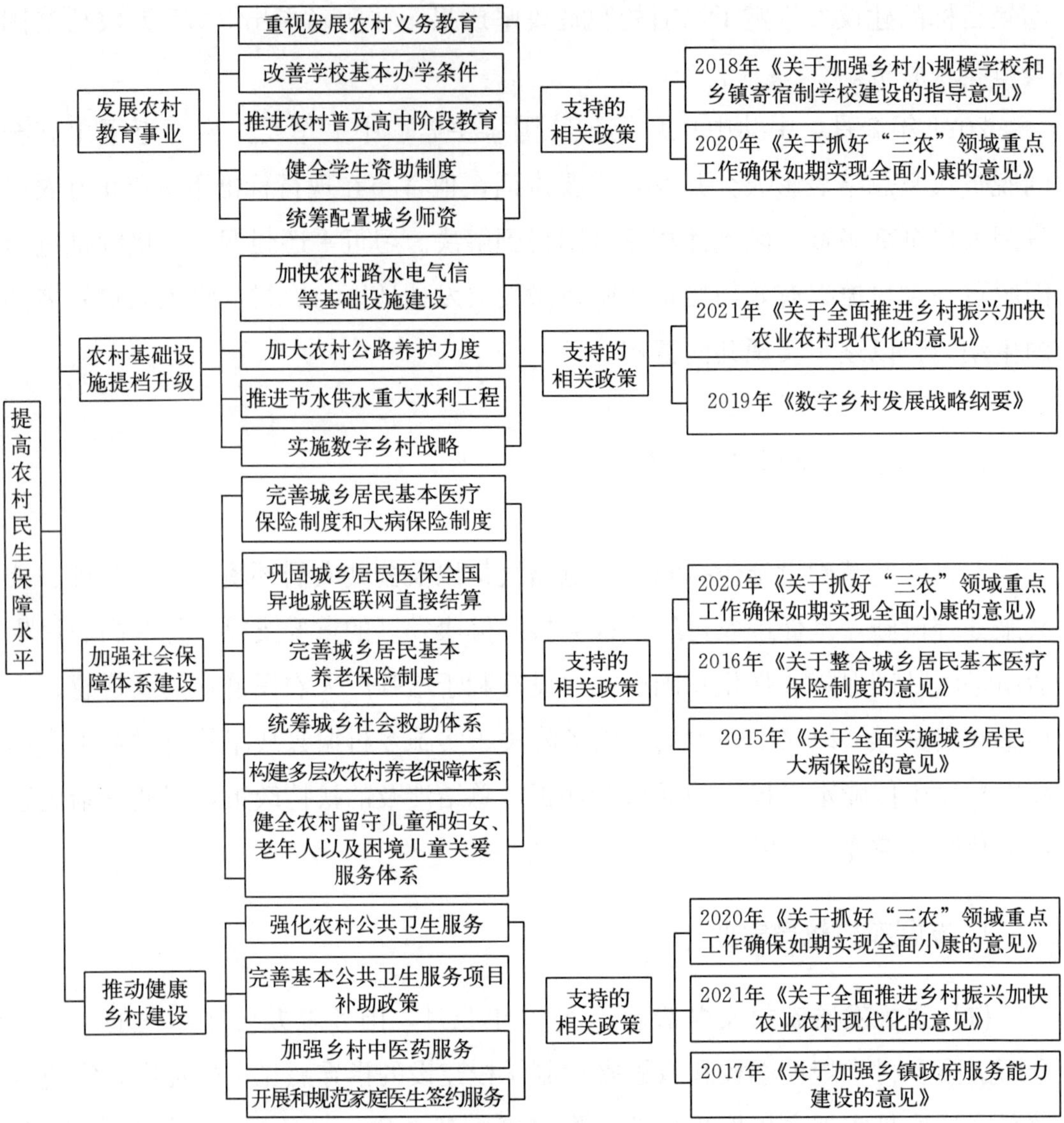

图 2-1　提高农村民生保障水平政策梳理

水、厕所、浴室等基本生活条件标准。按照实际情况实事求是制定实施计划，使各地两类学校办学条件达到本省份确定的基本办学标准。

（3）提高农村教育质量。《中共中央　国务院关于抓好"三农"领域重点工作确保如期实现全面小康的意见》强调，加强乡村教师队伍建设，注重培养一批具有强责任心、高水平、广知识的乡村教师。全面推行义务教育阶段教师"县管校聘"，有计划安排县城学校教师到乡村支教。

2. 加强农村基础设施建设

（1）加快农村水电路气网建设。2021年中央1号文件《关于全面推进乡村振兴加快农业农村现代化的意见》表明，继续把公共基础设施的重点放在农村，加强农村资源路、产业路、旅游路和村内主干道建设；实施农村供水保障工程；加大农村电网建设力度，全面巩固提升农村电力保障水平；推进燃气下乡；推动农村千兆光网、第五代移动通信（5G）、移动物联网与城市同步规划建设。

（2）实施数字乡村发展战略。2019年5月，中共中央办公厅、国务院办公厅印发的《数字乡村发展战略纲要》指出，要加快乡村信息基础设施建设；发展农村数字经济；强化农业农村科技创新供给；建设智慧绿色乡村；繁荣发展乡村网络文化；推进乡村治理能力现代化；深化信息惠民服务。

专栏2-31　7部门启动金融科技赋能乡村振兴示范工程

中国人民银行会同农业农村部、工业和信息化部、人力资源社会保障部、交通运输部、商务部、国家卫生健康委，在江苏省、安徽省、福建省、江西省、山东省、河南省、重庆市、四川省、陕西省启动金融科技赋能乡村振兴示范工程。

一是加快金融服务渠道融合化发展。推动构建“线上线下打通、跨金融机构互通、金融与公共领域融通”的新型服务渠道，建立“一点多能、一网多用”的惠农综合服务平台，推出“惠农版”“大字版”“民族语言版”等智慧金融App，提升农村居民金融服务普惠水平。

二是加大供应链金融服务供给力度。将物联网、区块链等新技术嵌入种子与农产品生产、交易、加工、物流、仓储等环节，充分发挥数据要素倍增作用赋能农业供应链资金流、商流、物流深度融合，实现金融服务对农业重点领域和关键环节的“精准滴灌”。

三是加快金融与民生系统互通。推动建立更加人性化、有温度的无障碍公共服务体系，增强农村居民就近办、线上办服务能力，推动社保、医疗、交通、缴费等农村公共服务便利化发展。

四是建立健全农村金融标准规则体系和风险联防联控机制。全面提升“三农”资金与信息安全水平，有序推动金融科技在农村居民生活场景的数字化应用，助力数字乡村建设。

资料来源：中国政府网，中国人民银行网站。

3. 提升农村社会保障水平

(1) 完善医疗保险制度。《关于整合城乡居民基本医疗保险制度的意见》就整合城乡居民医保制度政策明确提出了“六统一”的要求：一是要统一覆盖范围；二是要统一筹资政策；三是要统一保障待遇；四是要统一医保目录；五是要统一定点管理；六是要统一基金管理。2020 年 1 月《关于抓好“三农”领域重点工作确保如期实现全面小康的意见》提出，适当提高城乡居民基本医疗保险财政补助和个人缴费标准，并提高城乡居民基本医保服务水平。

(2) 构建多层次养老保险体系。《关于实施乡村振兴战略的意见》要求，构建多层次农村养老保障体系，创新多元化照料服务模式；健全农村老年人以及困境儿童关爱服务体系；完善城乡居民基本养老保险制度，建立城乡居民基本养老保险待遇确定和基础养老金标准正常调整机制。

专栏 2-32 贵州遵义赤水：持续提升“三保障”，稳定实现“两不愁”

2019 年，赤水市农村基本养老保险参保率达 98%，建档立卡贫困户参保率达 100%，及时兑现 60 岁以上贫困待遇，建成乡镇敬老院 14 个。

实现新农合医疗参保率达99.07%，贫困户参保率达100%，建档立卡贫困人口基本医保、大病保险、医疗救助全覆盖，实行“一站式”服务，建档立卡贫困人口在基层新农合定点医疗机构就诊，门诊不设起付线，县内住院和经转诊到省内新农合定点医疗机构住院的，起付线50%纳入报销，报销比例提高5个百分点，起付线不高于3 000元。

资料来源：多彩贵州网。

4. 推动健康乡村建设

（1）强化农村公共卫生服务。2021年1月中央1号文件《关于全面推进乡村振兴加快农业农村现代化的意见》要求，全面推进健康乡村建设，提升村卫生室标准化建设和健康管理水平，推动乡村医生向执业（助理）医师转变，采取派驻、巡诊等方式提高基层卫生服务水平，并强调要提升乡镇卫生院医疗服务能力，选建一批中心卫生院，以及加强县级医院建设，持续提升县级疾控机构应对重大疫情及突发公共卫生事件能力。

（2）农民生活质量明显改善。据《人民日报》报道，为支持贫困地区公路基础设施建设，2016年至2020年，中央财政共安排9 538.75亿元补助资金，其中用于“三区三州”等深度贫困地区2 745.62亿元。另外，2016年至2019年，全国一般公共预算中教育支出从28 056亿元增加到34 913亿元。“十三五”以来，中央财政共安排700亿元支持乡村教师队伍建设，安排1 292.68亿元用于现代职业教育质量提升计划。与此同时，各级财政大力支持公共就业创业服务信息化建设以及边远贫困地区、边疆民族地区和革命老区人才培养。农民增收是全面小康的基本要求，加大基础设施建设力度，是确保农民增收的基础支撑。

第三章

综合支持政策

自党的十九大提出实施乡村振兴战略以来，党中央、国务院和有关部门围绕强化乡村振兴人才和科技支撑、资金投入保障、基础设施建设、农村公共服务等方面相继出台了一系列政策文件，为深入实施乡村振兴战略提供了有力的政策支撑。本章旨在梳理与乡村振兴有关的综合支持政策，为地方政府和有关部门等提供推进乡村振兴战略落实落地的行动指南。

一、强化乡村振兴人才支撑

乡村振兴，人才是关键。2018 年中央 1 号文件《关于实施乡村振兴战略的意见》提出，“实施乡村振兴战略，必须破除人才瓶颈制约。要把人力资本开发放在首要位置，畅通智力、技术、管理下乡通道，造就更多乡土人才，聚天下人才而用之。”习近平总书记强调：“人才振兴是乡村振兴的基础，要创新乡村人才工作体制机制，充分激发乡村现有人才活力，把更多城市人才引向乡村创新创业。”[①] 为贯彻落实中央 1 号文件精神和习近平总书记重要指示，党中央、国务院及有关部门先后出台了一系列的政策文件，提出了强化乡村人才支撑的重要政策措施（见表 3－1）。

---

① 习近平．把乡村振兴战略作为新时代“三农”工作总抓手［J］．求是，2019（11）．

表 3-1　2018 年以来有关部门发布的关于支持乡村人才振兴的政策文件

发布时间	文件名称	发文单位
2018.01	《关于实施乡村振兴战略的意见》	中共中央 国务院
2018.03	《2018 年农业农村部人才工作要点》	农业农村部办公厅
2018.05	《关于进一步激励广大干部新时代新担当新作为的意见》	中共中央办公厅
2018.09	《乡村振兴战略规划（2018—2022 年）》	中共中央 国务院
2018.12	《高等学校乡村振兴科技创新行动计划（2018—2022 年）》	教育部
2019.02	《关于坚持农业农村优先发展 做好“三农”工作的若干意见》	中共中央 国务院
2019.03	《2019 年农业农村部人才工作要点》	农业农村部办公厅
2019.05	《高职扩招专项工作实施方案》	教育部等 6 部门
2019.06	《关于促进乡村产业振兴的指导意见》	国务院
2019.06	《关于职业院校专业人才培养方案制订与实施工作的指导意见》	教育部
2019.08	《关于支持做好新型农业经营主体培育的通知》	农业农村部 财政部
2019.08	《中国共产党农村工作条例》	中共中央
2019.11	《关于深化农业技术人员职称制度改革的指导意见》	人力资源社会保障部 农业农村部
2020.01	《关于抓好“三农”领域重点工作确保如期实现全面小康的意见》	中共中央 国务院
2020.01	《关于进一步做好返乡入乡创业工作的意见》	人力资源社会保障部 等 3 部门
2020.02	《关于推动返乡入乡创业高质量发展的意见》	国家发展改革委 等 19 部门
2020.03	《2020 年农业农村部人才工作要点》	农业农村部办公厅
2020.03	《新型农业经营主体和服务主体高质量发展规划（2020—2022 年）》	农业农村部
2020.06	《关于深入实施农村创新创业带头人培育行动的意见》	农业农村部等 9 部门
2020.07	《关于提升大众创业万众创新示范基地带动作用进一步促改革稳就业强动能的实施意见》	国务院办公厅

（续）

发布时间	文件名称	发文单位
2020.09	《高素质农民培训规范（试行）》	农业农村部
2020.11	《关于推进返乡入乡创业园建设提升农村创业创新水平的意见》	农业农村部等7部门
2020.12	《关于推介乡村振兴人才培养优质校的通知》	农业农村部办公厅 教育部办公厅
2021.01	《关于全面推进乡村振兴加快农业农村现代化的意见》	中共中央 国务院
2021.02	《关于加快推进乡村人才振兴的意见》	中共中央办公厅 国务院办公厅

（一）加强“三农”工作队伍建设

党的十九大报告指出，要“培养造就一支懂农业、爱农村、爱农民的‘三农’工作队伍”。《中国共产党农村工作条例》提出，要“把懂农业、爱农村、爱农民作为基本要求，加强农村工作队伍建设”。

1. 拓宽“三农”干部来源渠道

（1）坚持干部“到基层一线培养、在基层一线成长、从基层一线选拔”的政策导向。选派优秀干部到县乡挂职任职、到村担任第一书记，把到农村一线工作锻炼、干事创业作为培养干部的重要途径，注重提拔使用实绩优秀的农村工作干部，形成人才向农村基层一线流动的用人导向。

（2）把村党支部队伍建设作为乡村振兴的奠基工程，不断完善乡土人才选拔机制。建立村党支部书记后备人才库，大力引导和动员创业有成、有奉献精神的党员民营企业家、致富能手、回乡知识青年、复员退伍军人、务工经商人员、大学生村官参加村“两委”选举，切实把那些政治素质好、领富能力强、协调本领强的优秀人才选拔到班子中来。有序推进农村干部梯队优化升级、新老交替。

2. 提升“三农”干部队伍素养

一是各级党委和政府主要领导干部要懂“三农”工作、会抓“三农”工作，分管领导要真正成为“三农”工作行家里手。制定并实施培训计划，全面提升“三农”干部队伍能力和水平。

二是农村工作干部应当增强做群众工作的本领，改进工作作风，深入基层，认真倾听农民群众呼声，不断增进与农民群众的感情，坚决反对“四风”特别是形式主义、官僚主义。建立激励机制，鼓励干部敢于担当作为、勇于改革创新、乐于奉献为民。

党的十八大以来，按照中央的部署和要求，中共中央组织部、民政部拓宽选人视野，严格人选标准，注重从退伍军人、致富带头人、返乡创业大学生、返乡务工人员中发现人才，选优配强村“两委”干部。各地也组织开展了内容丰富的培训计划，提升了乡村振兴“头雁方阵”的能力与素养。

（二）培养造就乡土人才

《中国共产党农村工作条例》提出，要“培养一支有文化、懂技术、善经营、会管理的高素质农民队伍，造就更多乡土人才”。习近平总书记强调，乡村振兴“要发挥好本土人才的作用，他们长期扎根农村，特别是在改革开放初期，一大批本身能力强的基层党组织带头人敬业爱乡、造福一方，带动了本地发展，做出了巨大贡献”。针对农村缺少适用人才的问题，要善于挖潜乡土社会“土专家”“田秀才”，积极培育高素质农民和农村专业人才。

1. 培育高素质农民

中共中央、国务院印发的《乡村振兴战略规划（2018—2022年）》指出，“全面建立职业农民制度，培养新一代爱农业、懂技术、善经营的新型职业农民，优化农业从业者结构。”2019年，农业农村部联合教育部启动“百万高素质农民学历提升行动计划”，广泛动员涉农院校创新人才培养方式，加大人才培养力度，利用5年时间培养100万名具有较高学历的乡村振兴带头人，打造100所左右乡村振兴人才培养优质校，全面提升农业农村人才培养质量。农业农村部研究制订了《高素质农民培训规范（试行）》，重点面向种养大户、家庭农场主、农民合作社和农业社会化服务组织骨干以及返乡下乡创新创业者，开展农业全产业链培训，促进农民创业兴业，助力乡村人才振兴。教育部等 6 部门联合印发《高职扩招专项工作实施方案》，将新型职业农民列入扩招的重要群体，采取弹性学制和灵活多元的人才培养模式。

截至 2020 年 8 月，中央财政累计安排 113.9 亿元支持高素质农民培育工作，培育高素质农民 1 600 万人[①]。全国设置农业类高职专业点达 592 个，完成高职扩招录取高素质农民 3.5 万人。全国开设高等学历继续教育涉农学科专业的院校共 230 所，开设 47 个相关专业，专业点 852 个。教育部、财政部启动实施中国特色高水平高职学校和专业建设计划，支持一批优质高职学校和专业群率先发展，已公示 197 个拟建设单位，其中农业类高水平高职学校建设单位 4 所，农业类高水平专业群建设单位 10 所。教育部会同有关部门分 5 批共确定 261 个创建合格的国家级农村职业教育和成人教育示范县（市、区），持续发挥示范引领作用，有效推进农村职业教育和成人教育发展，强化了农业农村人才支撑[②]。

2. 加强农村专业人才队伍建设

（1）健全农技人员招聘管理机制。农业农村部会同地方各级农业农村部门大力推行公开招聘、竞争上岗、合同聘用等激励制度，强化基层农技推广队伍培养和激励。人力资源社会保障部依托专业技术人才知识更新工程，每年支持有关部门和地区根据乡村振兴实际需要，开展乡村振兴战略相关国家级高级研修项目。教育部制定高等职业学校农村经营管理、设施农业与装备、休闲农业等专业教学标准，印发《关于职业院校专业人才培养方案制订与实施工作的指导意见》，大力培育农业科技、科普人才。通过分层分类培训、持续提升学历、补充高素质人才、强化激励约束等措施，将基层农技推广队伍打造成“一懂两爱”、高效服务乡村振兴的骨干力量。

（2）强化指导服务业绩考评激励，完善以工作实绩和服务对象满意度为主要内容的评价机制。实施农技推广服务特聘计划。为调动农技推广人员积极

---

① 农业农村部：对十三届全国人大三次会议第 2 523 号建议的答复（农办议〔2020〕240 号）。

② 农业农村部：关于政协十三届全国委员会第三次会议第 3 650 号（农业水利类 287 号）提案答复的函（农办案〔2020〕137 号）。

性，近年来农业农村部还设立了全国农牧渔业丰收奖、全国十佳农技推广标兵资助项目，组织开展了“寻找最美农技员”活动、互联网＋农技推广标兵评选表彰等，对业务能力强、常年深入生产一线开展服务的优秀农技人员给予表彰和奖励，提升他们的使命感和荣誉感。

近年来，农业农村部同中共中央组织部大力开展农村实用人才带头人和大学生村官示范培训，探索形成了“村庄是教室、村官是教师、现场是教材”的特色培训模式。截至2020年10月，累计举办培训班1 400余期，培训14万余人，为农村培养一大批留得住、用得上、干得好的带头人。2020年计划培训2万余人。利用全国农业远程教育平台举办农科讲堂，大规模开展农业科技人员知识更新培训，2020年计划开展12期培训，提升农业科技人员开展科研和推广工作的能力水平①。

（三）鼓励吸引城市人才下乡

中共中央、国务院《关于实施乡村振兴战略的意见》提出，要“以乡情乡愁为纽带，吸引支持企业家、党政干部、专家学者、医生教师、规划师、建筑师、律师、技能人才等，通过下乡担任志愿者、投资兴业、包村包项目、行医办学、捐资捐物、法律服务等方式服务乡村振兴事业，允许符合要求的公职人员回乡任职。落实和完善融资贷款、配套设施建设补助、税费减免等扶持政策，引导工商资本积极投入乡村振兴事业。继续实施‘三区’（边远贫困地区、边疆民族地区和革命老区）人才支持计划，深入推进大学生村官工作，因地制宜实施‘三支一扶’、高校毕业生基层成长等计划，开展乡村振兴‘巾帼行动’、青春建功行动。建立城乡、区域、校地之间人才培养合作与交流机制。全面建立城市医生教师、科技文化人员等定期服务乡村机制。”

1. 完善返乡入乡创新创业政策

近年来，围绕农村创新创业，国家出台了一系列财政税收、金融保险、用

① 农业农村部：对十三届全国人大三次会议第6 621号建议的答复摘要（农办议〔2020〕468号）。

地用电、科技创新、人才保障等扶持政策，吸引更多农民工等返乡下乡人员在乡村投资兴业。2019年国务院印发的《关于促进乡村产业振兴的指导意见》，提出了一系列用地、信贷、人才等方面的政策，引导各类人才返乡入乡创业。农业农村部会同国家发展改革委等19部门印发的《关于推动返乡入乡创业高质量发展的意见》，会同国家发展改革委等9部门印发的《关于深入实施农村创新创业带头人培育行动的意见》，进一步完善政策体系，优化返乡入乡环境。

2. 搭建返乡入乡创新创业平台

2020年，国务院办公厅印发的《关于提升大众创业万众创新示范基地带动作用 进一步促改革稳就业强动能的实施意见》，要求着力提升双创示范基地带动作用。农业农村部等7部门出台的《关于推进返乡入乡创业园建设提升农村创业创新水平的意见》提出，“到2025年，在全国县域建设1 500个功能全、服务优、覆盖面广、承载力强、孵化率高的返乡入乡创业园。”完善全国农村创新创业园区和孵化实训基地设施条件，为返乡创业人员提供见习、实习、实训、演练场所和机会，提高创业技能。

3. 强化返乡入乡创新创业服务

人力资源社会保障部、财政部、农业农村部印发的《关于进一步推动返乡入乡创业工作的意见》，在资金支持、创业培训、人才聘用等方面，为返乡入乡创业者送上政策“礼包”。农业农村部联合国家发展改革委等9部门印发的《关于深入实施农村创新创业带头人培育行动的意见》指出，深入实施农村创新创业带头人培育行动，壮大农村创新创业人才队伍，提升农村创新创业层次水平。推动“放管服”改革，让各类人才在乡村投资兴业更加便捷、更加舒心。加强全国农村创新创业导师库建设，开展“一带一”“师带徒”“一带多”等精准服务。

农村创新创业的持续推进，预计2020年返乡入乡创业创新人员1 010万人，“田秀才”“土专家”等在乡创业创新人员达3 150万人，成为乡村振兴的重要力量[①]。农业农村部持续举办全国新农民新技术创新创业博览会，搭建政策宣讲平台、成果展示舞台、励志故事讲台、创意比拼擂台。持续举办全国农村创新创业大赛，开展全国农村创新创业优秀带头人典型案例推介活动，截至2020年，共遴选出476个优秀带头人典型案例。

（四）创新人才培育与使用机制

实施人才振兴发展战略，必须创新人才工作机制，破解乡村人才瓶颈制约，调动各种乡村人才投身乡村建设。

1. 创新人才培育与引进机制

根据中共中央、国务院《关于实施乡村振兴战略的意见》，建立自主培养与人才引进相结合的乡村人才培养机制，打破常规的人才培养制度，学历教育、技能培训、实践锻炼等多种方式并举的人力资源开发机制。建立城乡、区域、校地之间人才培养合作与交流机制。全面建立城市医生教师、科技文化人员等定期服务乡村机制。研究制定鼓励城市专业人才参与乡村振兴的政策。

2. 完善人才评价机制

（1）明确将相关专业农村实用人才纳入专业技术人才职称评审。2019年，人力资源社会保障部、农业农村部印发《关于深化农业技术人员职称制度改革的指导意见》，增设正高级职称，继续保留农业技术推广研究员并面向县、乡及以下农业农村一线和各类涉农企业专业技术人员开展评审，明确评审专业为农学、园艺、植物保护、水产、畜牧、兽医、农业资源环境、农业机械化、农产品质量安全、农村合作组织管理等，并提出进一步打破户籍、地域、身份、档案等制约，创造便利条件，畅通农民专业合作社、家庭农场、农业企业、农业社会化服务组织等生产经营主体中农业技术人员的职称申报渠道。

---

① 农业农村部．2020年返乡入乡创业创新人员达1 010万［EB/OL］. https://baijiahao.baidu.com/s?id=1687381730881680868&wfr=spider&for=pc

（2）鼓励相关专业农村实用人才参加技能人才鉴定。按照《国家职业资格目录》要求，鼓励农村实用人才参加家畜繁殖员、农作物植保员、动物疫病防治员、动物检疫检验员等相关职业技能鉴定。鼓励有条件的地方探索建立初、中、高3级认定制度，把人才评价认定与扶持政策衔接起来。

（3）建立新型农业农村人才认定标准。随着经济社会发展，农业农村新业态、新职业不断涌现，农业农村部不断加大新兴农业职业开发力度，会同人力资源社会保障部将农业经理人纳入国家职业分类大典，制定了农业经理人国家职业技能标准，进一步规范从业者的从业行为，为职业技能评价提供依据。

3. 健全人才激励机制

注重典型树立。组织开展全国农业劳模和先进工作者、中华农业英才奖等评选表彰，组织实施“全国十佳农民”等遴选资助项目，举办全国农业行业职业技能大赛，打造了一批人才选拔展示平台。各地也广泛开展优秀农业农村人才评选表彰活动，为促进人才成长营造良好氛围。

功以才成，业由才广。各类人才的汇聚让农村变成能够大施所能、大显身手、大展才华的广阔天地，让乡村建设成为充满希望的事业。相关政策的出台，也为农村人才的选拔、引进、培养、使用、评价提供了重要政策支撑，搭建了人才政策体系的基本框架。

二、强化乡村振兴科技支撑

为加快农业科技进步，提高农业科技自主创新水平，引领支撑农业转型升级和提质增效，在中共中央、国务院出台的《关于实施乡村振兴战略的意见》和《乡村振兴战略规划（2018—2022年）》的指引下，有关部门出台了一系列政策文件，共同推动科技支撑乡村振兴战略的实施（见表3-2）。农业农村部组织编制了《乡村振兴科技支撑行动实施方案》，围绕解决制约乡村振兴的重大技术瓶颈问题，着力创新一批关键核心技术，集成应用一批先进实用科技成果，示范推广一批农业可持续发展模式，打造一批科技引领示范村（镇），培育壮大一批新型农业生产经营主体，建立健全科技支撑乡村振兴的制度政策，以显著提升科技对农业质量效益竞争力和农村生态环境改善的支撑水平，有力推动农业农村发展质量变革、效率变革、动力变革，支撑引领乡村全面振兴和农业农村现代化。

表 3-2　2018 年以来有关部门发布的关于强化乡村振兴科技支撑的政策文件

发布时间	文件名称	发文单位
2018.01	《关于实施乡村振兴战略的意见》	中共中央 国务院
2018.02	《关于大力实施乡村振兴战略加快推进农业转型升级的意见》	农业部
2018.06	《关于开展农业重大技术协同推广计划试点的通知》	农业农村部办公厅
2018.08	《关于创新驱动乡村振兴发展的意见》	中共科学技术部党组
2018.09	《乡村振兴战略规划（2018—2022 年）》	中共中央 国务院
2018.09	《乡村振兴科技支撑行动实施方案》	农业农村部
2018.12	《高等学校乡村振兴科技创新行动计划（2018—2022 年）》	教育部
2019.01	《创新驱动乡村振兴发展专项规划（2018—2022 年）》	科技部
2019.01	《关于坚持农业农村优先发展做好“三农”工作的若干意见》	中共中央 国务院
2019.05	《数字乡村发展战略纲要》	中共中央办公厅 国务院办公厅
2019.06	《关于促进乡村产业振兴的指导意见》	国务院
2019.12	《数字农业农村发展规划（2019—2025 年）》	农业农村部 中央网络安全和信息化委员会办公室
2020.01	《关于抓好“三农”领域重点工作确保如期实现全面小康的意见》	中共中央 国务院
2020.06	《关于国家农业科技创新联盟建设的指导意见》	农业农村部办公厅
2020.07	《关于加强农业科技社会化服务体系建设的若干意见》	科技部等 7 部门
2020.07	《中国特色农产品优势区管理办法（试行）》	农业农村部办公厅等 7 部门
2021.01	《关于全面推进乡村振兴加快农业农村现代化的意见》	中共中央 国务院

（一）提升农业科技创新水平

科技创新是质量兴农的根本动力，是绿色兴农的重要支撑，是提高农业竞争力的核心抓手，是促进农业农村现代化的重要途径。加快农业科技进步，强化创新驱动能力，能够为保障国家粮食安全、食品安全和生态安全，推进农业全面升级、农村全面进步、农民全面发展提供战略支撑。

1. 加强基础前沿技术研究

根据农业农村部出台的《乡村振兴科技支撑行动实施方案》，要面向世界科学前沿、国家农业重大需求和未来科技发展趋势，针对事关国计民生和产业核心竞争力的重大战略任务，着力在基因组学、合成生物学、智慧农业、农业物联网、农业废弃物资源化利用等领域，围绕农作物高效育种、有害生物长效绿色防控、农业资源高效利用、农产品质量安全控制、主要畜禽全基因组选择育种技术、农业合成生物技术、农业大数据整合技术、农业纳米技术、农业人工智能技术、智能装备研制等创新能力带动作用强，研究基础和人才储备较好的战略性、前瞻性重大科学和前沿技术问题，强化以原始创新和系统布局为特点的大科学研究组织模式，部署基础研究重点方向，实现重大科学突破，抢占世界科学发展制高点。

2. 加快关键核心技术研发

科技部印发的《创新驱动乡村振兴发展专项规划（2018—2022年）》提出，要紧紧围绕乡村振兴急需的关键核心技术，针对制约我国农业产业转型升级的全局性重大瓶颈问题，系统部署种业自主创新、蓝色粮仓科技创新、主要经济作物优质高产与提质增效科技创新、非洲猪瘟等外来动物疫病防控、"第二粮仓"科技创新、现代牧场科技创新、森林质量绿色发展、绿色宜居村镇建设等农业农村现代化技术创新任务，重点攻克一批关键核心技术，提升关键核心技术创新能力，为农业农村高质量发展提供有力的科技支撑。

3. 推进数字农业农村科技创新

根据《数字乡村发展战略纲要》和《数字农业农村发展规划（2019—2025年）》等要求，将数字乡村作为乡村建设的重要行动，着力发挥信息技术创新的扩散效应，推进数字农业科技创新，整体带动和提升农业农村现代化发展水平。

（1）构建基础数据资源体系。主要包括建设涵盖土地、内陆水域、重要海域的农业自然资源大数据。依托全国统一的国家种业大数据平台，构建国家重要农业种质资源数据库。建立集体资产登记、保管、使用、处置等管理电子台账，推进农村集体资产清产核资信息数字化。构建全国农村宅基地数据库。健全农户和新型农业经营主体大数据。

（2）加快生产经营数字化改造。加快发展数字农情，推动种植业信息化。建设数字养殖牧场，推进畜牧业智能化。推进智慧水产养殖，实行渔业智慧化。加快种业大数据的研发与深度应用，实现种业数字化。鼓励发展众筹农业、定制农业等基于互联网的新业态，创新发展共享农业、云农场等网络经营模式。推进农产品质量安全管控全程化。

（3）推进管理服务数字化转型。建立健全农业农村管理决策支持技术体系；健全重要农产品全产业链监测预警体系；建设数字农业农村服务体系；建立农村人居环境智能监测体系；建设乡村数字治理体系。

（4）强化关键技术装备创新。瞄准农业农村现代化与乡村振兴战略的重大需求，加强关键共性技术攻关。面向世界科技前沿，强化战略性前沿性技术超前布局。加强数字农业科技创新数据与平台集成与服务。实施农业机器人发展战略，加快农业人工智能研发应用。

（5）加强重大工程设施建设。建设国家农业农村云平台、国家农业农村大数据平台、国家农业农村政务信息系统等国家农业农村大数据中心建设工程。建设农业农村天基观测网络建设应用项目、农业农村航空观测网络建设应用项目、农业物联网观测网络建设应用项目等农业农村天空地一体化观测体系建设工程。实施国家数字农业农村创新中心建设项目、重要农产品全产业链大数据建设项目、数字农业试点建设项目等国家数字农业农村创新工程。

经过多年的持续努力，我国农业科技自主创新能力大幅提升。水稻基因组学研究国际领先，开创了水稻研究从传统遗传图谱向全基因组水平转变的先河；禽流感病毒净化和变异规律的发现，为阻断人感染病毒提供了科学依据。关键技术瓶颈不断突破，选育出多个亩产超过1 000千克的超级稻新品种，年均推广面积超过1.3亿亩；研发出农机作业专业检测传感器和系列作业监管终端。农业基础性长期性科技工作扎实推进，构建了以11个数据中心为“塔尖”、100个国家农业科学观测实验站为“中坚”、4万个农业生态环境国控监测点为“塔基”的“金字塔”式工作架构，开展科学观测监测，为农业科技创新和宏观决策提供基础数据支撑①。

（二）打造农业科技创新平台基地

建设国家农业高新技术产业示范区、国家农业科技园区、省级农业科技园区，吸引更多农业高新技术企业到科技园区落户，培育国际领先的农业高新技术企业，形成具有国际竞争力的农业高新技术产业。新建一批科技创新联盟，支持农业高新技术企业建立高水平研发机构。利用现有资源建设农业领域国家技术创新中心，加强重大共性关键技术和产品研发与应用示范。建设农业科技资源开放共享与服务平台，充分发挥重要公共科技资源优势，推动面向科技界开放共享，整合和完善科技资源共享服务平台。

1. 布局一批科技创新基地与平台

（1）优化国家农业科技创新基地与平台布局。针对农业领域重大战略性需求，完善国家重点实验室布局，加强在园艺生物学、森林生态系统、油料作物生物学、食品营养学、设施农业等学科领域的布局。在农业重大装备、食品加工、生物制造等领域，新增若干专业类国家技术创新中心。围绕学科发展的前瞻性战略需求，建设农业气候环境模拟舱、农作物表型组、农业大数据等重大

① 农业农村部．农业科技创新和成果推广应用取得标志性成果［EB/OL］．http://www.moa.gov.cn/ztzl/nyncfzcj/202012/t20201231_6359256.htm

设施与重大工程。

（2）推进农口产业技术创新战略联盟发展。根据《农业农村部办公厅关于国家农业科技创新联盟建设的指导意见》，整合不同单位、不同学科、不同领域的创新主体，建设农口产业技术创新战略联盟，开展联合攻关与协同创新。支持农业上市公司、龙头企业建立高水平研发机构。实现企业牵头、科研上下游协同的“一条龙”组织模式，发挥联盟在解决农业基础性、区域性、行业性重大关键科技问题中的作用。加大财政支持力度，引导企业、风险投资、社会资本支持联盟建设。

（3）推动农业科技资源开放共享服务平台建设。充分发挥国家重大科研基础设施、大型科学装置和科研设施、野外科学观测研究站、南繁科研育种基地等重要公共科技资源优势，推动面向科技界开放共享。整合和完善科技资源共享服务平台，形成涵盖科研仪器、科研设施、科学数据、科技文献、生物种质与实验材料等的科技资源共享服务平台体系。建立健全农业科技资源共享服务平台运行绩效考核、后补助和管理监督机制。

2. 打造乡村振兴科技引领示范村（镇）

依托国家农业高新技术产业示范区、国家现代农业产业科技创新中心等已有的国家级农业科技产业平台发展基础、科技优势和产业聚集效应，进一步完善金融、政策支持农业高技术产业发展机制，加快推动农业高新技术成果在示范区转化落地。探索乡村农业产业创新驱动发展路径，培育一批与乡村产业发展紧密融合的创新型农业企业，引领乡村产业向高层次发展，产业结构优化提升，形成具有竞争优势的农业高新技术产业集群，成为区域经济发展与产业升级的助推器。

依托国家农业可持续发展试验示范区暨农业绿色发展先行先试区，以质量兴农、绿色兴农、生态优先为导向，围绕农业产业与资源节约、环境友好、生态保育的协调发展，重点推进农业绿色生产、农业资源保护与节约利用、产地环境保护与治理、农业生态系统养护修复等方面的技术创新、机制创新、成果转化推广，凝练总结可复制、可推广的农业绿色发展技术模式，打造一批技术创新能力突出、技术推广水平领先、技术应用效益显著、模式辐射带动有力的科技引领示范村（镇）。

依托国家现代农业产业园、国家现代农业示范区等区域发展中心，以现代产业发展理念为指导，坚持城乡统筹，立足区域优势特色产业，以规模化种养基地依托、产业化龙头企业带动、现代生产要素聚集为重点，以集约化高效生产、智能化设施装备、绿色化精深加工等重大关键技术为核心，发展农业产业化联合体，推进区域乡村主导产业全产业链开发和一二三产业融合发展，充分发挥科技引领示范作用，推进农业由增产导向转向提质导向，实现农业农村发展动能转换，打造一批产业特色鲜明、设施装备先进、生产方式绿色、经济效益显著、辐射带动有力的现代农业科技引领示范村（镇）。

依托农业竞争力提升科技行动示范县、中国美丽休闲乡村等已有基础，按照质量兴农、绿色兴农、效益优先的要求，聚焦区域优势农产品和农业多功能性，以产学研协同、一体化攻关的科技创新联合体为单元，围绕主导品种、主推技术和种养机具等的系统集成和生态环境养护修复、休闲农业、生态观光农业技术集成与示范，推广应用节本降耗、提质增效、绿色生产和循环利用等技术模式，打造一批与当地农业资源禀赋和发展主流方向深度融合的创新驱动增长点，推动形成一批综合竞争力显著、质量效益同步提升、生态环境优美、产业功能多元、文化内涵丰富、农民收入明显增加、科技支撑保障有力的科技引领示范村（镇）。

在上述有关政策措施的支持下，我国已经建立一批产学研融合平台。一是推进科技与区域经济融合，启动建设 5 个现代农业产业科技创新中心，目前有 314 个高水平科研团队、264 家高科技企业、34 支高质量基金入驻中心，“农业硅谷”和区域经济增长极初步形成。二是推进科技与企业融合，打造了一批产学研一体化的国家农业科技创新联盟，14 个创新联盟实体化运行。三是推进科技与县域产业融合，重点选择 100 个示范县，强化体系成果在县域范围内集中示范培训和推广应用，打造“一县一业”科技引领示范样板①。

---

① 农业农村部．农业科技创新和成果推广应用取得标志性成果［EB/OL］. http://www.moa.gov.cn/ztzl/nyncfzcj/202012/t20201231_6359256.htm

（三）加快农业科技成果转化应用

鼓励高校、科研院所建立一批专业化的技术转移机构和面向企业的技术服务网络，通过研发合作、技术转让、技术许可、作价投资等多种形式，实现科技成果市场价值。健全省、市、县三级科技成果转化工作网络，支持地方大力发展技术交易市场。面向绿色兴农重大需求，加大绿色技术供给，加强集成应用和示范推广。健全基层农业技术推广体系，创新公益性农技推广服务方式，支持各类社会力量参与农技推广，全面实施农技推广服务特聘计划，加强农业重大技术协同推广。健全农业科技领域分配政策，落实科研成果转化及农业科技创新激励相关政策。

1. 加强先进适用技术推广

依托基层农技推广补助项目实施，遴选发布符合绿色增产、资源节约、生态环保、质量安全要求的农业主推技术，形成当地技术操作规范，由农技人员推动落实到试验示范基地、科技示范主体和农业经营主体，促进先进适用技术快速进村、入户、到田。

2. 实施重大农业技术协同推广

根据《农业农村部办公厅关于开展农业重大技术协同推广计划试点的通知》，在内蒙古、吉林、江苏、浙江、江西、湖北、广西、四川 8 个省份实施重大农业技术协同推广计划，以农业优势特色产业为主线，以重大技术推广任务为牵引，建立需求关联和利益联结机制，引导农技推广机构、科研教学单位、新型农业经营主体、经营性服务组织等合理分工、高效协作，构建上下贯通、左右衔接、优势互补的农技推广协同服务新机制，提高农业优势特色产业科技含量和附加值。

3. 加强农业科技社会化服务体系建设

2020 年，科技部、农业农村部等部门联合印发了《关于加强农业科技社会化服务体系建设的若干意见》，鼓励企业牵头组织各类产学研联合体研发和承接转化先进、适用、绿色技术，探索并推广“技物结合”“技术托管”等创新服务模式。引导支持科技水平高的农民合作社、家庭农场、农村专业技术协会通过建立示范基地、“田间学校”等方式开展科技示范。依托农技推广补助项目实施，构建“专家＋农技人员＋科技示范主体＋小农户”链式推广服务模式；建设农技推广信息化平台，引导广大农技人员“线上线下”联动，为广大农民提供农技指导服务[①]。支持经营性组织开展农技推广服务。推动落实资金扶持、信贷优惠等政策措施，支持涉农企业、农民合作社、供销合作社、专业服务组织等开展农资统供、统耕统种统收、病虫害统防统治、农产品统购统销等农业全程服务。通过政府采购、定向委托、招投标等方式，支持经营性组织参与可量化、易监管的公益性推广服务，加强基层农技推广服务供给能力[②]。构建适应新时代发展要求的多元互补、高效协同的农技推广体系。

在上述政策措施的推动下，我国目前已经构建了较为完善的先进技术示范推广体系。主要包括构建多层次农业科技示范展示平台，建设 110 个国家现代农业科技示范展示基地。围绕优势特色产业发展科技服务需求，在全国 2 300 多个农业县建设了 5 000 个农业科技示范展示基地，选择 40 万个农业科技示范主体，点对面示范辐射带动小农户生产水平。开展多层级先进适用技术集成示范，每年组织开展 10 项引领性技术集成示范。实施重大技术协同推广计划，组织吉林、内蒙古等 8 个省份构建“省市县三级”上下协同和“政产学研推用六方主体”左右协同机制，覆盖 43 个产业，聚集 2 100 多名科技人才，示范推广 130 多项重大技术。组织全国 2 300 多个农业县构建“专家＋农技人员＋示范基地＋示范主体＋小农户”的链式推广服务模式，加快主推技术进村入户到企。深入推进实施农技推广特聘计划，规范严格遴选 4 200 多名业务水平高、服务能力强的特聘农技员服务脱贫攻坚一线[③]。

农业科技水平是衡量一个国家农业现代化程度的重要标志。近年来，我国

① 农业农村部：对十三届全国人大三次会议第 3 524 号建议的答复摘要（农办议〔2020〕509 号）.

② 农业农村部：对十三届全国人大三次会议第 2 338 号建议的答复摘要（农办议〔2020〕510 号）.

③ 农业农村部．农业科技创新和成果推广应用取得标志性成果［EB/OL］. http://www.moa.gov.cn/ztzl/nyncfzcj/202012/t20201231_6359256.htm

农业科技创新和成果推广应用，取得了一大批标志性重大成果，农业科技进步贡献率突破60%，对支撑引领农业农村发展发挥了重要作用。农业农村科技发展取得的重大成就和积累的丰富经验，为科技支撑乡村振兴发展奠定了良好基础，创造了有利条件。

三、强化乡村振兴投入保障

中共中央、国务院《关于实施乡村振兴战略的意见》提出，“要健全投入保障制度，创新投融资机制，加快形成财政优先保障、金融重点倾斜、社会积极参与的多元投入格局，确保投入力度不断增强、总量持续增加”。为贯彻落实党中央、国务院的部署和安排，围绕财政投入、金融支持、社会资本投资、融资、保险等方面，有关部门先后出台了一系列政策文件（见表3-3），为乡村振兴提供投入保障。

表3-3　2018年以来有关部门发布的关于支持涉农资金投入的政策文件

发布时间	文件名称	发文单位
2018.01	《关于实施乡村振兴战略的意见》	中共中央 国务院
2018.05	《关于加强农业产业化领域金融合作 助推实施乡村振兴战略的意见》	农业农村部 中国邮政储蓄银行
2018.08	《关于在乡村振兴战略实施中加强审计监督的意见》	审计署
2018.09	《乡村振兴战略规划（2018—2022年）》	中共中央 国务院
2018.09	《贯彻落实实施乡村振兴战略的意见》	财政部
2019.01	《关于金融服务乡村振兴的指导意见》	中国人民银行等5部门
2019.03	《关于做好2019年银行业保险业服务乡村振兴和助力脱贫攻坚工作的通知》	中国银行保险监督 管理委员会办公厅
2019.06	《关于促进乡村产业振兴的指导意见》	国务院
2019.09	《关于加快农业保险高质量发展的指导意见》	财政部等4部门
2019.12	《关于推动村镇银行坚守定位 提升服务乡村振兴战略能力的通知》	中国银保监会办公厅

（续）

发布时间	文件名称	发文单位
2020.04	《社会资本投资农业农村指引》	农业农村部办公厅
2020.07	《关于扩大农业农村有效投资 加快补上“三农”领域突出短板的意见》	中央农办等7部门
2020.09	《关于调整完善土地出让收入使用范围优先支持乡村振兴的意见》	中共中央办公厅 国务院办公厅

（一）强化财政保障

《乡村振兴战略规划（2018—2022年）》指出，要“明确和强化各级政府‘三农’投入责任，公共财政更大力度向‘三农’倾斜，确保财政投入与乡村振兴目标任务相适应”。财政部《贯彻落实实施乡村振兴战略的意见》提出“要坚持绩效导向、加强管理，将财政资金的分配和使用管理与支持乡村振兴工作的实际成效紧密结合起来，与提升农民的获得感、幸福感、安全感紧密结合起来”。

1. 建立可持续发展的财政优先保障制度

按照中共中央、国务院《关于实施乡村振兴战略的意见》要求，公共财政要更大力度向“三农”倾斜，确保相关领域的财政投入持续增长。在具体落实中，财政部在明确政府投资继续向农业农村领域倾斜、加大对乡村振兴重点领域和薄弱环节支持的基础上，还特别强调了可持续发展的宗旨。财政部《贯彻落实实施乡村振兴战略的意见》指出，要尽力而为、量力而行，科学评估财政收支状况、集体经济实力和群众承受能力，合理确定投资规模、筹资渠道、负债水平，合理设定阶段性目标任务和工作重点，形成可持续发展的长效机制。这反映了积极、谨慎、精准的财政支出策略，契合了乡村振兴“坚持农业农村优先发展”和“坚持因地制宜，循序渐进”的基本原则。

2. 创新筹集机制拓宽资金筹集渠道

一是提高土地出让收益用于农业农村比例，调整土地出让收入使用范围，将土地增值收益“取之于农，用之于农”。

二是建立高标准农田建设等新增耕地指标和城乡建设用地增减挂钩结余指标跨省调剂机制，将所得收益通过支出预算全部用于巩固脱贫攻坚成果和支持实施乡村振兴战略。

三是鼓励地方政府发行债券支持乡村振兴、脱贫攻坚领域的公益性项目。稳步推进地方政府专项债券管理改革，鼓励地方政府试点发行项目融资和收益自平衡的专项债券，支持符合条件、有一定收益的乡村公益项目建设。

四是发挥财政资金的撬动作用。2016 年财政部会同相关部门组建国家农业信贷担保联盟有限责任公司，2018 年成立国家融资担保基金有限责任公司并正式启动运营国家融资担保基金，2020 年财政部、农业农村部等 9 个单位发起成立的中国农业再保险股份有限公司，为激发金融机构服务“三农”的内生动力提供了支撑。

3. 构建财政涉农资金统筹整合长效机制

一是 2017 年国务院印发的《关于探索建立涉农资金统筹整合长效机制的意见》，明确部署建立行业内资金整合与行业间资金统筹相互衔接配合的长效机制[①]。

二是适应新一轮机构改革的总体部署和要求，深入推动相关涉农资金的源头整合。

三是落实完善“大专项＋任务清单”管理机制，与资金同步下达任务清单，合理划分约束性任务和指导性任务。

四是加快支农支出执行进度，积极盘活财政存量资金，狠抓涉农资金执行管理，减少执行中新增的沉淀资金，切实提高资金支出效率。

五是指导省级以下有关部门同步建立对接落实机制，确保资金使用更加符合基层实际。

---

① 张勇．《乡村振兴战略规划（2018—2022 年）》辅导读本［M］．北京：中国计划出版社，2019：319.

4. 优化财政涉农资金的供给结构与方式

（1）构建重点突出的支持政策。大力支持农业高质量发展、大力支持乡村绿色发展、大力支持城乡基本公共服务均等化、推动建立健全现代乡村治理体系、全力支持打赢脱贫攻坚战。

（2）建立支出动态调整机制。2018 年农业农村部和财政部的重点强农惠农政策为农民直接补贴、新型农业经营主体发展、农业结构调整、农村产业融合发展、绿色高效技术推广服务、农业资源生态保护和面源污染防治、农业防灾救灾、大县奖励政策等 8 项 37 条内容，2019 年调整为农业生产发展与流通、农业资源保护利用、农田建设、农业科技人才支撑、农业防灾减灾和乡村建设等 6 项 37 条内容，2020 年则为 6 项 36 条内容，体现出与时俱进的特点①。

（3）创新涉农财政资金使用方式。倡导各地在规范运作的基础上，充分发挥财政资金的引导作用，因地制宜推行一事一议、以奖代补、先建后补、贷款贴息等，鼓励农民对直接受益的乡村基础设施建设投工投劳，让农民更多参与建设管护。

5. 强化组织保障提升财政资金管理水平

2018 年 9 月，财政部印发的《贯彻落实实施乡村振兴战略的意见》，从落实工作责任、加强协调配合、加强作风建设、加强宣传总结 4 个方面，强调要加强组织保障；从全面实施财政涉农资金绩效管理、加强财政涉农资金监管、推进财政涉农资金管理内控建设 3 个方面，强调要提升财政资金管理水平和政策成效。

（二）加大金融支持

中共中央、国务院《关于实施乡村振兴战略的意见》提出，要坚持农村金

① 根据农业农村部和财政部发布的《2018 年财政重点强农惠农政策》《2019 年重点强农惠农政策》《2020 年重点强农惠农政策》整理而得。

融改革发展的正确方向，健全适合农业农村特点的农村金融体系，推动农村金融机构回归本源，把更多金融资源配置到农村经济社会发展的重点领域和薄弱环节，更好满足乡村振兴多样化金融需求。之后，中央农办、财政部、农业农村部、中国人民银行、中国银保监会等部门印发的有关政策文件，细化实化了金融支持乡村振兴的工作重点和政策措施。

1. 坚持农村金融改革的正确方向

一是以市场化运作为导向，尊重市场规律，充分发挥市场机制在农村金融资源配置和定价中的决定性作用。

二是以机构改革为动力，持续深化全国政策性、商业性涉农金融机构改革，规范县域法人金融机构公司治理。

三是以政策扶持为引导，加大货币政策支持力度，完善差异化监管，发挥财政资金对金融的引导和撬动作用。

四是以防控风险为底线，金融机构要坚持信贷投放和风险防控两手抓，探索与服务乡村振兴相适应的资本补充渠道、合理回报机制和风险资本管理模式，提高金融服务乡村振兴的可持续性。

2. 健全金融支农组织体系

(1) 鼓励开发性、政策性金融机构在业务范围内为乡村振兴提供中长期信贷支持。国家开发银行要培育农村经济增长动力；中国农业发展银行要在粮食安全、脱贫攻坚等重点领域和关键薄弱环节发挥主力和骨干作用。

(2) 加大商业银行对乡村振兴支持力度。中国农业银行要着力提高农村金融服务覆盖面和信贷渗透率；中国邮政储蓄银行要突出做好乡村振兴领域中农户、新型经营主体、中小企业、建档立卡贫困户等小微普惠领域的金融服务；股份制商业银行和城市商业银行要围绕提升基础金融服务覆盖面、推动城乡资金融通等乡村振兴的重要环节来创新金融产品和服务方式，打造综合化特色化乡村振兴金融服务体系。

(3) 强化农村中小金融机构支农主力军作用。积极探索农村信用社省联社改革路径，淡化农村信用社省联社在人事、财务、业务等方面的行政管理职能；村镇银行要强化支农支小战略定力，向乡镇延伸服务触角；县域法人金融机构资金投放使用应以涉农业务为主，不得片面追求高收益；小额贷款公司等其他机构要探索新型农村合作金融发展的有效途径，稳妥开展农民合作社内部信用合作试点。

3. 建立健全多渠道资金供给体系

（1）加大多层次资本市场支持力度。支持符合条件的涉农企业在主板、中小板、创业板以及新三板等上市和挂牌融资，规范涉农上市公司募集资金投向，继续对国家级贫困地区的企业首次公开募股（IPO）、新三板挂牌、公司债发行、并购重组开辟绿色通道，加大对初创期涉农企业的支持力度，鼓励有条件的地区发起设立乡村振兴投资基金。

（2）创新债券市场融资工具和产品。鼓励商业银行发行“三农”专项金融债券，募集资金用于支持符合条件的乡村振兴项目建设。加大对非金融企业债务融资工具的宣传力度，支持对优质涉农企业开辟注册发行绿色通道，在满足信息披露要求的前提下简化注册发行流程。

（3）发挥期货市场价格发现和风险分散功能。丰富农产品期货品种，积极运用期货价格信息引导农业经营者优化种植结构，完善农产品期货交易、交割规则，稳步扩大“保险＋期货”试点，探索“订单农业＋保险＋期货（权）”试点，探索建立农业补贴、涉农信贷、农产品期货（权）和农业保险联动机制。

（4）持续提高农业保险保障水平。提高农业保险服务能力，科学确定农业保险保费补贴机制，探索开展地方特色农产品保险以奖代补政策试点，落实农业保险大灾风险准备金制度，扩大农业保险覆盖面，提高农业保险保障水平；优化农业保险运行机制，完善大灾风险分散机制，清理规范农业保险市场，鼓励探索开展“农业保险＋”；加强农业保险基础设施建设，逐步扩大农业大灾保险、完全成本保险和收入保险试点范围，完善保险条款和费率拟订机制，加强农业保险信息共享，优化保险机构布局，完善风险防范机制。

4. 创新金融支农产品和服务

一是积极拓宽农业农村抵（质）押物范围，稳妥有序推进农村承包土地经营权、农民住房财产权、集体经营性建设用地使用权抵押贷款试点。

二是创新金融机构内部信贷管理机制，通过单独制定涉农信贷年度目标任务、差异化考核机制、适当下放信贷审批权限等方式提高服务“三农”的能力。

三是推动新技术在农村金融领域的应用推广，运用大数据、区块链等技术，提高涉农信贷风险的识别、监控、预警和处置水平，提升服务能力。

四是完善“三农”绿色金融产品和服务体系，鼓励银行业金融机构加快创新“三农”绿色金融产品和服务，通过发行绿色金融债券等方式，筹集资金用于支持污染防治、清洁能源、节水、生态保护、绿色农业等绿色领域，助力打好污染防治攻坚战。

5. 加强农村金融基础设施建设

（1）在可持续的前提下全面提升农村地区支付服务水平。大力推动移动支付等新兴支付方式的普及应用，推动银行卡助农取款服务规范可持续发展，推动支付结算服务从服务农民生活向服务农业生产、农村生态有效延伸，不断优化银行账户服务。

（2）加快推进农村信用体系建设。按照政府主导、人民银行牵头、各方参与、服务社会的整体思路，全面开展信用乡镇、信用村、信用户创建活动，推行守信联合激励和失信联合惩戒机制，稳步推进各类经济主体电子信用档案建设，促进农村地区信息、信用、信贷联动。

（3）强化农村地区金融消费权益保护。深入开展“金惠工程”“金融知识普及月”等金融知识普及活动，加大金融消费权益保护宣传力度，规范金融机构业务行为，构建农村地区良好的金融生态环境。

6. 强化政策保障和措施落实

为了保证各类政策的落地，相关部门出台了多项措施，包括强化党对农村金融工作的领导、推动完善农村金融改革试点相关法律和规章制度、开展金融机构服务乡村振兴考核评估、完善差异化监管体系、扎实做好规划编制和项目储备、进一步优化营商环境和抓好推进落实和经验宣传等。

（三）推进社会资本投资

1. 加大农村基础设施和公用事业领域开放力度

吸引社会资本参与乡村振兴，探索在农业农村领域有稳定收益的公益性项目推广 PPP 模式实施路径和机制。鼓励利用外资开展现代农业、产业融合、生态修复、人居环境整治和农村基础设施等建设。

2. 引导工商资本到乡村投资兴业

继续深化“放管服”改革，优化营商环境，引导工商资本到乡村投资兴办农民参与度高、受益面广的乡村产业，支持发展适合规模化集约化经营的种养业。支持企业到贫困地区和其他经济欠发达地区吸纳农民就业、开展职业培训和就业服务等。

3. 打造社会资本投资乡村的合作与服务平台

通过现代农业示范园区和产业融合示范园区建设、重大工程项目平台和数据信息共享平台建设，为社会资本投向“三农”提供规划、项目信息、融资、土地、建设运营等一揽子、全方位投资服务，促进要素集聚、产业集中、企业集群，实现控风险、降成本、提效率。

经过近几年的探索和实践，在强化乡村振兴投入保障方面取得了阶段性成效。一是财政支农资金稳步增长。2018 年至 2020 年，农林水支出每年均有增长，其中扶贫支出在 2019 年增长 14.3%的基础上又增长 1.5%[①]。二是涉农固定资产投入稳步增长。近三年均保持正增长，其中 2018 年和 2020 年均远高于当年全国固定资产投资增长幅度[②]。三是金融机构和社会资本支持力度不断增强。2018 年年末，主要农村金融机构（农村信用社、农村合作银行、农村商

---

① 根据财政部国库司发布的《2018 年财政收支情况》《2019 年财政收支情况》《2020 年财政收支情况》及财政部 2020 年财政收支情况新闻发布会整理而得。

② 根据国家统计局公布的 2018 年 1—12 月全国固定资产投资增长情况、2019 年 1—12 月全国固定资产投资增长情况、2020 年 1—12 月全国固定资产投资增长情况整理而得。

业银行）人民币贷款余额 169 822 亿元，增幅为 13.4%，2019 年达到 190 688 亿元，增幅为 12.3%[①]；2016—2019 年，全国农业信贷担保业务规模年均增长 81.9%，通过现代种业发展基金带动社会资本投资种业超过 100 亿元[②]。

“十四五”时期强化乡村振兴投入保障，应当着力做好以下 5 个方面的工作：一是进一步加大投入力度。进一步健全投入保障制度，发挥财政资金的主渠道作用、金融资本的调节作用和社会资本的创新作用，推动建立财政、银行、保险、担保、工商资本有机结合的立体支农政策体。二是进一步优化支出结构。坚持目标导向、问题导向配置资金，保证乡村振兴重点领域的投入稳步增长，同时根据发展阶段建立动态调整机制。三是进一步撬动社会资本。要在制度设计上为社会资本的有序下乡提供通道，发挥好财政资金的撬动作用，做到吸引有力、服务到位、监管有效。四是进一步提高政策执行力度。以党内监督为主导，加强对农业农村重点政策落实情况、重点项目资金使用情况的监督检查力度，进一步发挥社会监督作用。五是进一步提高资金使用效率。落实过紧日子的有关要求，将绩效管理深度融入财政农业农村资金预算编制、执行、监督全过程。

四、强化农村基础设施建设

实施乡村振兴战略，建设完善、现代化的往村覆盖、往户延伸的乡村公共基础设施是基础。中共中央、国务院《关于实施乡村振兴战略的意见》提出“继续把国家社会事业发展的重点放在农村，促进公共教育、医疗卫生、社会保障等资源向农村倾斜，逐步建立健全全民覆盖、普惠共享、城乡一体的基本公共服务体系，推进城乡基本公共服务均等化”“推进节水供水重大水利工程，实施农村饮水安全巩固提升工程”“完善基本公共卫生服务项目补助政策，提供基础性全方位全周期的健康管理服务”。为贯彻落实中央 1 号文件精神，党

① 根据国家统计局公布的《中华人民共和国 2018 年国民经济和社会发展统计公报》、《中华人民共和国 2019 年国民经济和社会发展统计公报》和《国务院关于财政农业农村资金分配和使用情况的报告》（2020 年 12 月 28 日）整理而得。

② 根据《国务院关于财政农业农村资金分配和使用情况的报告》（2020 年 12 月 28 日）整理而得。

中央、国务院及有关部门围绕加强农田水利、农村供水、电气化、公路、沼气、危房改造、网络建设等，先后出台了一系列政策文件，细化实化工作重点和政策措施（见表 3-4）。

表 3-4　2018 年以来有关部门发布的关于促进农村基础设施建设的政策文件

发布时间	文件名称	发文单位
2018.01	《关于实施乡村振兴战略的意见》	中共中央 国务院
2018.01	《关于开展秸秆气化清洁能源利用工程建设的指导意见》	国家发展改革委等 3 部门
2018.02	《农村人居环境整治三年行动方案》	中共中央办公厅 国务院办公厅
2018.02	《2018 年农业科教环能工作要点》	农业部办公厅
2018.03	《关于扎实推进农村人居环境整治行动的通知》	国家发展改革委
2018.05	《关于推进网络扶贫的实施方案（2018—2020 年）》	工业和信息化部
2018.05	《农村公路建设管理办法》	交通运输部
2018.06	《关于打赢脱贫攻坚战三年行动的指导意见》	中共中央 国务院
2018.09	《乡村振兴战略规划（2018—2022 年）》	中共中央 国务院
2018.11	《关于印发农村危房改造脱贫攻坚三年行动方案的通知》	住房和城乡建设部 财政部
2018.11	《关于印发农业农村污染治理攻坚战行动计划的通知》	生态环境部 农业农村部
2018.11	《关于提升农村公路工程质量耐久性的实施意见》	交通运输部
2018.11	《农村公路建设质量管理办法》	交通运输部
2018.12	《中华人民共和国电力法》	全国人大常委会
2019.01	《关于坚持农业农村优先发展做好“三农”工作的若干意见》	中共中央 国务院
2019.01	《关于做好农村沼气设施安全处置工作的通知》	农业农村部
2019.04	《关于继续实行农村饮水安全工程税收优惠政策的公告》	财政部 国家税务总局
2019.04	《关于加强农村危房改造资金使用管理助力全面完成脱贫攻坚任务的通知》	财政部

（续）

发布时间	文件名称	发文单位
2019.05	《数字乡村发展战略纲要》	中共中央办公厅 国务院办公厅
2019.05	《关于加快推进农业水价综合改革的通知》	国家发展改革委等4部门
2019.07	《关于决战决胜脱贫攻坚 进一步做好农村危房改造工作的通知》	住房和城乡建设部等3部门
2019.07	《关于推动“四好农村路”高质量发展的指导意见》	交通运输部等8部门
2019.09	《关于深化农村公路管理养护体制改革的意见》	国务院办公厅
2019.10	《畜禽养殖废弃物资源化利用2019年工作要点》	农业农村部
2019.12	《加强和规范农村公路建设和质量管理》	交通运输部
2020.01	《关于抓好“三农”领域重点工作确保如期实现全面小康的意见》	中共中央 国务院
2020.02	《2020年农业农村科教环能工作要点》	农业农村部
2020.03	《贯彻落实〈国务院办公厅关于深化农村公路管理养护体制改革的意见〉》	交通运输部 财政部
2020.05	《2020年数字乡村发展工作要点》	中央网信办等4部门
2020.06	《关于做好2020年能源安全保障工作的指导意见》	国家发展改革委 国家能源局
2020.06	《关于下达2020年中央财政农村危房改造补助资金预算的通知》	财政部 住房和城乡建设部
2020.07	《关于扩大农业农村有效投资 加快补上“三农”领域突出短板的意见》	中央农办等7部门
2020.11	《以民生为导向，培育消费新增长点的若干建议》	国家发展改革委
2020.12	《全面做好农村公路“路长制”工作》	交通运输部
2021.01	《关于全面推进乡村振兴加快农业农村现代化的意见》	中共中央 国务院
2021.05	《关于深化“四好农村路”示范创建工作的意见》	交通运输部等4部门
2021.06	《关于巩固拓展交通运输脱贫攻坚成果全面推进乡村振兴的实施意见》	交通运输部

（一）农田水利设施

1. 提高小型农田水利设施水平

从水利重要设施入手强化水利设施建设，对于传统的农田水利设施进行更换，与科学技术共同进步，加大投入、加快工程建设，对传统农田水利设施进行改进，淘汰落后的水利设施，使用先进的农田水利设施，提高水利灌溉的水平，进而提高农田水利建设水平。

2. 加强水利建设技术人员培训

水利建设人员是保证农田水利设施正常使用的保证，因此国家和政府要重视技术人员的引入和培养。通过人才选拔和培训等方式加强技术人员专业素养，全面提高技术人员的水平，提升农田灌溉的水平，加强农田水利设施的维护和管理。

3. 健全水利设施建设管理机制

建立和完善标准化水利设施管理机制，保障水利工程正常运行。实行分层负责，分级管理，实施严格化的管理制度，按照区（县）到乡镇再到村，逐层递进，能够保证农田水利设施效能的有效发挥。

（二）农村供水设施

1. 明确供水工程管理部门职责

农村供水工程管理体制仍需进一步完善，需要明确相关部门的职责，才能形成一家主管、多部门齐抓共管的局面。水利部门应当借助供水工程建设资金，对供水管网等设施进行改造，以促使供水水质的改善和供水保证率的提高。环保部门应根据法律法规对供水工程管护范围及水源保护区进行合理划定，保护农村水源地。

2. 提升设计人员专业技能

农村供水工程的设计多由市级设计院设计人员负责，并未深入农村地区进行勘察，大多根据城市供水工程的建设方案对农村供水工程进行建设，缺乏合理性与科学性，进而产生严重浪费。必须提升设计人员专业技能，对建设区域进行实地勘察，“因地制宜”合理设计供水工程，确保供水工程的正常运作。

3. 建立健全监督考核评价机制

相关主管部门应当加强对供水单位的管理和监督，定期对供水水质及服务水平进行检查。制订有效的考评办法，从经营状况、工程管护、水质管理等多个方面对供水服务进行评分。定性评价辅以定量评价，根据管理目标和实际情况对指标权重及难易程度进行确定，确保农村供水工程的正常运行。

（三）农村电气化

1. 科学规划有序实施

中共中央、国务院《关于坚持农业农村优先发展做好“三农”工作的若干意见》提出，全面实施乡村电气化提升工程，加快完成新一轮农村电网改造。国家发展改革委、国家能源局《关于做好2020年能源安全保障工作的指导意见》提出，持续构建多元化电力生产格局，统筹推进电网建设，提升电力系统调节能力，深化电力需求侧管理改革。

中央有关部门提出了实施农村电气化县的多项要求，各地有关单位组织力量编制了农村电气化建设规划及实施方案。规划和方案的实施，以骨干电源项目为纽带，加快水电资源开发；以农网改造为契机，全面推进电网建设，达到预期目标。

2. 推广农村电网适用技术

科学制定农村电网智能化建设规划，并将农村电网智能化规划统筹纳入电网发展规划和地方经济社会发展规划，结合农村配电网技改大修和农村电网改造升级工程推动落实具体项目，选择典型地区建设试点、示范工程，及时总结试点经验，以点带面，有序推进农村电网智能化全面建设。因地制宜，根据农村电网发展特点和需求，结合农村电网科技进步示范县建设。完善国家发改委、财政部、国家税务总局关于小水电企业增值税执行优惠税率的规定，增强政策的可操作性。

随着近年来一系列政策的实施，农村电气化建设取得了初步成效。一是农村用电条件大幅提升。2019 年年底，新一轮农网改造升级工程提前达到预定目标，完成 160 万口农村机井通电，为 3.3 万个自然村通上动力电，惠及农村居民 800 万人。二是农村用能方式深刻变革。电气化水平显著提升，到 2020 年年底，清洁能源发电装机规模增长到 10.83 亿千瓦，首次超过煤电装机容量；占总装机比重接近 50%，达到约 49.2%，建立起了多元清洁的能源供应体系[①]。三是贫困地区发展后劲显著增强。光伏扶贫收益为加强农村基层组织建设创造了有利条件，村级光伏扶贫电站资产确权给村集体，平均每个村每年可稳定增收 20 万元以上，乡村公共服务体系不断完善。

（四）农村公路

1. 建立完善质量监督管理体系

相关工作部门必须严格遵守我国相关的交通法律法规，建立完善的监督管理机制，加强对施工各个环节的监督管理，明确各个部门责任，对基层质量监督管理人员进行专业技术培训，能够明晰监督管理方案，制定出具体有效的质量监督方法，从整体上提升我国公路施工质量。

2. 加强农村公路养护队伍建设

公路在建设完成之后还需要进行养护管理，相关工作部门应该建立高素质的公路养护管理团队，定期对公路进行管理。增加养护管理队伍资金投入，加强对养护管理队伍培训，提高应急能力，如果遇到突发自然灾害时能够有效处

① http://www.nea.gov.cn/2021-03/09/c_139796261.htm

置。相关的工作部门应该加强对专业养护设备的资金投入，从而在整体上提升我国公路建设管理养护水平。

3. 健全农村公路养护管理法规

为提高养护效果，应该结合地区公路的实际情况不断完善公路养护管理法规，从而从整体上提升我国公路养护的管理水平。在进行公路养护的过程中，需要结合农村的实际情况，加强群众对于公路质量的监督。

（五）农村沼气

1. 优化农村沼气应用环境，加快发展进程

一是要转变传统思想观念，在节能、环保、清洁的思想引导中，提高民众对沼气的思想认识，积极推进沼气工程建设；二是要加快农村沼气的建设力度，要在基础设施建设、安全设备构建等方面，确保农村沼气的应用发展需求；三是加快发展大型沼气，实现农村集中收集秸秆、垃圾和人畜粪便，统一分户供气，实现生产有机肥返田利用，提高农村资源整合利用，加快沼气工程建设进程。

2. 落实沼气应用安全管理，完善监管制度

一是要增强农户的安全管理意识，在日常生产生活中，要做好安全管理工作，避免应用安全问题的发生；二是要建立完善的安全监督管理制度，实现对沼气应用的安全构建，有效发挥沼气应用及发展价值；三是要完善安全基础设施建设，特别是在消防等设施建设中，要建立完善的安全防护体系，确保沼气应用的安全性；四是争取政府补贴，沼气站企业管理，争取建设沼气池项目补贴，争取产粪料和垃圾单位补贴，争取供气的国家奖励，争取沼液沼渣利用项目补贴。

3. 保障沼气工程建设投入，落实维护管理

一是立足沼气应用及发展需求，合理优化新农村投入结构，从资金保障

中，确保农村沼气应用及发展。政府可以制定政策，强化社会资本投入，实现政府加社会资本相结合的投资发展模式；二是要加强沼气工程的后期维护管理，能够实现对沼气工程技术设备零部件等进行有效维护，最大限度地保障沼气工程的运行安全；三是健全后续管理体系，落实后期维护管理工作，从专业化、制度化的管理中，切实推进农村沼气应用及发展环境。

（六）农村危房

1. 加大改造资金投入力度

中央加大对贫困县（市）和欠发达地区的财政转移支付力度，推行省直管县、乡财县管等财政体制改革，确保改造资金投入，提高资金使用效益。鼓励企业、个体工商户、农村致富带头人通过投资开发、捐款捐物、提供低价建筑材料等形式支持危房改造工作。各地区可根据发展情况，为农户拓宽危房改造资金来源渠道，减轻资金筹措压力。

2. 健全危房改造工作机制

住建部门可参照扶贫部门在改善民生领域的先进经验，并结合自身在保障住房方面的优势对住房改造工作进行统筹规划。建立危房改造工作责任体系，完善评价标准，实行责任追究制度。普遍建立县包乡、乡包村、村包户的工作责任制，制定危房改造目标管理考核奖惩办法，形成整体协调、高效运转的工作体系和责任明确、各方协力抓危改的工作合力，保证危房改造政策的顺利实施。

3. 完善危房改造基础信息管理体系

省级住建部门应在全省范围内对危改户开展一次全面的普查摸底工作，将危改户的改造信息登记造册并录入电子系统。具体包括农户自身基本信息、施工单位信息、已建或计划改造面积、开工时间、计划竣工时间等，为保证真实性应尽可能以拍照录像的形式记录有关信息。若发现相关信息与实际情况不符，要及时对错误信息予以更正，并将相关情况向社会声明。

（七）农村网络

“十二五”时期，农业部编制了第一个全国农业农村信息化发展五年规划，推动了信息技术向农业农村的渗透融合，为农村网络建设打下了良好基础。2019年5月，中共中央办公厅和国务院办公厅印发的《数字乡村发展战略纲要》提出，加快乡村信息基础设施建设，大幅提升乡村网络设施水平。要加强基础设施共建共享，加快农村宽带通信网、移动互联网、数字电视网和下一代互联网发展。

1. 加强基础建设，加快打造农村网信发展新动脉

设立专项资金，加快农村互联网建设步伐，扩大光纤网、宽带网在农村的有效覆盖，加快实现现代信息网络“村村联”。尤其是要积极鼓励运营商发展农村手机网络市场，促进农村互联网实现超越早期IT时代与微机时代，直接进入移动互联网时代的跨越式发展。大力支持各类“三农”专题网站建设，增加现有政府网站、主要门户网站的相关内涵，在促进网络市场主体发展的同时更好地造福农民群众。

2. 建立健全机制，科学构建农村网信治理新体系

强化归口管理，加强对县（乡）基层电子政务、农村电商、涉农网站、农村网络信息基础建设等整体协调，防止政出多门，推动资源整合，提升发展质量。加强制度创新，制定有关农村网络信息发展建设的专门管理制度，明确管理机构和人员以及职责权限，消除真空盲区，提升管理效能，推动农村网信事业健康有序发展。加大执法力度，加强对基础运营商、接入服务商、内容提供商承担社会责任行为的执法监督，切实净化网络环境，为农民群众营造清朗健康的网络空间。

3. 强化安全保障，切实筑牢农村网信安全新防线

提高县（乡）基层党员干部特别是领导干部的网络信息安全意识和素养，

促使他们充分重视抓好农村网信安全工作。开展“网络信息安全知识下乡”等活动，加强对农村网民的网络信息安全知识宣传教育。切实做好网上舆论引导工作，提高涉农热点敏感事件应对处置能力，防范恶意炒作。加强农村网络信息安全基础设施建设，提高技术管网水平，确保农村互联网信息空间清朗、安全，让广大农民群众更好享受网络强国建设的成果。

五、强化农村公共服务

《关于实施乡村振兴战略的意见》和《乡村振兴战略规划（2018—2022年）》都强调，要增加公共服务供给，继续把国家社会事业发展的重点放在农村，促进公共教育、医疗卫生、社会保障等资源向农村倾斜，逐步建立健全全民覆盖、普惠共享、城乡一体的基本公共服务体系，推进城乡基本公共服务均等化。近几年来，围绕发展农村教育、农村医疗健康、农村社会保障、农村养老和农村公共文化等方面，党中央、国务院及有关部门制定出台了一系列政策文件（见表3-5），着力破解供给不足、结构失衡，着力提升服务质量和水平，体现出覆盖面广、纵深推进、力度加大和结构优化等特点。

表3-5　2018年以来有关部门发布的关于支持农村公共服务的政策文件

发布时间	文件名称	发文单位
2018.01	《关于实施乡村振兴战略的意见》	中共中央 国务院
2018.04	《关于全面加强乡村小规模学校和乡镇寄宿制学校建设的指导意见》	国务院办公厅
2018.09	《乡村振兴战略规划（2018—2022年）》	中共中央 国务院
2018.09	《贯彻落实实施乡村振兴战略的意见》	财政部
2018.09	《关于加强医教协同实施卓越医生教育培养计划2.0的意见》	教育部等3部门
2019.01	《加大力度推动社会领域公共服务补短板强弱项提质量　促进形成强大国内市场的行动方案》	国家发展改革委等3部门
2019.02	《关于进一步推动进城农村贫困人口优先享有基本公共服务并有序实现市民化的实施意见》	国家发展改革委等3部门

（续）

发布时间	文件名称	发文单位
2019.06	《关于实施健康中国行动的意见》	国务院
2019.09	《关于服务乡村振兴促进家庭健康行动的实施意见》	国家卫生健康委等3部门
2019.09	《关于进一步扩大养老服务供给 促进养老服务消费的实施意见》	民政部
2019.10	《关于深化农村公共基础设施管护体制改革的指导意见》	国家发展改革委 财政部
2019.11	《关于建立完善老年健康服务体系的指导意见》	国家卫生健康委等8部门
2019.11	《关于进一步做好贫困地区农村留守老年人关爱服务工作的通知》	民政部办公厅
2020.01	《关于抓好“三农”领域重点工作确保如期实现全面小康的意见》	中共中央 国务院
2020.02	《社会救助兜底脱贫行动方案》	民政部 国务院扶贫开发领导小组办公室

（一）农村教育

2018年1月，中共中央、国务院《关于实施乡村振兴战略的意见》提出，“优先发展农村教育事业，高度重视发展农村义务教育，推动建立以城带乡、整体推进、城乡一体、均衡发展的义务教育发展机制”。

1. 提升基础教育办学条件

科学推进义务教育公办学校标准化建设，全面改善贫困地区义务教育薄弱学校基本办学条件，加强寄宿制学校建设，提升乡村教育质量，实现县域校际资源均衡配置，推动优质学校辐射农村薄弱学校常态化。积极发展“互联网+教育”，推进乡村学校信息化基础设施建设，优化数字教育资源公共服务体系。

2. 加强农村教育和教师队伍建设

大力发展农村教育。继续实施特殊教育提升计划，科学稳妥推行民族地区乡村中小学双语教育，坚定不移推行国家通用语言文字教育，实施高中阶段教育普及攻坚计划，提高高中阶段教育普及水平；发展农村学前教育，每个乡镇至少办好1所公办中心幼儿园，完善县乡村学前教育公共服务网络；大力发展面向农村的职业教育，加快推进职业院校布局结构调整，加强县级职业教育中心建设，有针对性地设置专业和课程，满足乡村产业发展和振兴需要。

加强乡村教师队伍建设。落实好乡村教师支持计划，继续实施农村义务教育学校教师特设岗位计划，加强乡村学校紧缺学科教师和民族地区双语教师培训，加强城乡教师交流轮岗，落实乡村教师生活补助政策。

（二）农村医疗健康

2019年6月，国务院发布的《深化医药卫生体制改革2019年重点工作》提出，统筹推进县域综合医改等重点工作，加快推进医联体建设，加大力度推动优质医疗资源下沉、工作重心下移的工作任务。2021年中央1号文件强调，“全面推进健康乡村建设，提升村卫生室标准化建设和健康管理水平，推动乡村医生向执业（助理）医师转变，采取派驻、巡诊等方式提高基层卫生服务水平。”

1. 完善基础医疗服务

实施国家基本公共卫生服务，完善基本公共卫生服务项目补助政策，提供基础性全方位全周期的健康管理服务；加强慢性病、地方病综合防控，大力推进农村地区精神卫生、职业病和重大传染病防治；深化农村计划生育管理服务改革，落实全面两孩政策；增强妇幼健康服务能力，倡导优生优育。

2. 加强基层医疗卫生服务体系建设

基本实现每个乡镇都有1所政府举办的乡镇卫生院，每个行政村都有1所卫生室，每个乡镇卫生院都有全科医生，支持中西部地区基层医疗卫生机构标准化建设和设备提挡升级；开展和规范家庭医生签约服务；全面建立分级诊疗制度，实行差别化的医保支付和价格政策；切实加强乡村医生队伍建设，支持并推动乡村医生申请执业（助理）医师资格。深入推进基层卫生综合改革，完善基层医疗卫生机构绩效工资制度；广泛开展健康教育活动，引导树立大卫生大健康理念，倡导科学文明健康的生活方式，养成良好卫生习惯，提升居民文明卫生素质。

（三）农村社会保障

近年来，我国农村社会保障体系不断完善，农村社会养老保险、新型农村合作医疗保险、农村社会低保、社会救助不断发展，覆盖面和保障水平不断提高。完善农村社会保障体系，对于保证农村地区社会稳定、留住人才、促进乡村振兴具有重要意义。按照兜底线、织密网、建机制的要求，全面建成城乡统筹、权责清晰、保障适度、可持续的多层次社会保障体系。

1. 加大财政对农村社会保障支持力度

完善统一的城乡居民基本医疗保险制度，合理提高政府补助标准和个人缴费标准，健全重大疾病医疗保险和救助制度。落实城乡居民基本养老保险待遇确定和正常调整机制。推进城乡低保制度统筹发展，逐步提高特困人员供养服务质量。加强对农村留守儿童和妇女、老年人以及困境儿童的关爱服务。加大财政对农村社会保障支持的力度，逐步提高财政对农村社会保障支出的比例。

2. 完善农村社会保障制度建设

明确各部门职责，做到各司其职而又有统一的管理章程；提高工作人员的技术水平，配备专门的技术设备；定期把社会保障资金的收缴、管理和使用情况向社会公开，接受公众的监督。

（四）农村养老

完善农村养老服务体系是我国新时代应对农村人口老龄化及解决农村养老问题的迫切要求，对提高农村老人生活质量、保障农村老人权益具有重要意义。《关于实施乡村振兴战略的意见》提出，要构建多层次农村养老保障体系，《乡村振兴战略规划（2018—2022年）》强调，要提升农村养老服务能力。

1. 建立农村基本养老服务网络

以乡镇为中心，建立具有综合服务功能、医养相结合的养老机构，与农村基本公共服务、农村特困供养服务、农村互助养老服务相互配合，形成农村基本养老服务网络；提高乡村卫生服务机构为老年人提供医疗保健服务的能力。支持主要面向失能、半失能老年人的农村养老服务设施建设，推进农村幸福院等互助型养老服务发展，建立健全农村留守老年人关爱服务体系。

2. 推动农村机构养老服务创新

加快农村公办养老机构的改革、建设以及提质增效，推动农村特困人员供养服务机构的服务设施和服务质量达标，完善农村养老服务机构的服务项目、服务标准及服务规范。农村敬老院作为履行政府基本养老职能的重要载体，应充分发挥兜底保障职能。整合农村医疗和养老服务资源，在养老机构设立医护专技岗，鼓励县乡村全科医生按多点执业的原则，到农村养老机构定期执业，适度医护以及全面覆盖，把农村养老机构真正建设成为医养结合型公益性养老机构，切实解决农村老人养老中产生的患病医治、照料及健康保健等难题。

（五）公共文化服务

农村公共文化服务体系建设事关乡村振兴战略的整体进程，对促进乡风文明、增强农民文化自信具有重要意义。2020年10月，党的十九届五中全会提出，要提升公共文化服务水平，推进城乡公共文化服务体系一体化建设，为农村公共文化服务体系建设指明了方向，有利于缩小城乡、区域文化发展差距。

1. 加强农村公共文化建设

按照有标准、有网络、有内容、有人才的要求，健全乡村公共文化服务体系；发挥县级公共文化机构辐射作用，推进基层综合性文化服务中心建设，实现乡村两级公共文化服务全覆盖，提升服务效能；深入推进文化惠民，公共文化资源要重点向乡村倾斜，提供更多更好的农村公共文化产品和服务。

2. 支持“三农”题材文艺创作生产

鼓励文艺工作者不断推出反映农民生产生活尤其是乡村振兴实践的优秀文艺作品，充分展示新时代农村农民的精神面貌；培育挖掘乡土文化本土人才，开展文化结对帮扶，引导社会各界人士投身乡村文化建设；活跃繁荣农村文化市场，丰富农村文化业态，加强农村文化市场监管。

近些年来，政府投入和社会参与度不断提升，农村公共服务持续得到改善。截至 2019 年，全国共有县级图书馆 2 777 个、文化馆 2 936 个、乡镇综合文化站 33 530 个，基本实现了“县有图书馆、文化馆，乡镇有综合文化站”的建设目标。

第四章

经济社会制度

经济社会制度是支撑农业农村经济社会发展的基础性制度，是实现产业兴旺、生态宜居、乡风文明、治理有效、生活富裕的重要制度保障。自党的十九大提出实施乡村振兴战略以来，我国进行了一系列探索实践和制度创新。本章主要从农业经营制度、农村土地制度、农村集体产权制度、农业支持保护制度和城乡融合发展制度等五个方面，重点阐述实施乡村振兴战略的制度框架和主要内容。

一、农业经营制度

农业经营主体是生产力中最活跃的因素，加快培育小农户及家庭农场、农民合作社、农业企业等新型农业经营主体是建设现代农业的必由之路，对于推进农业农村现代化、实现乡村全面振兴意义重大。

党的十八届三中全会《关于全面深化改革若干重大问题的决定》强调，要加快构建新型农业经营体系，坚持家庭经营在农业中的基础性地位，推进家庭经营、集体经营、合作经营、企业经营等共同发展的农业经营方式创新。党的十九大报告《决胜全面建成小康社会夺取新时代中国特色社会主义伟大胜利》指出，要构建现代农业经营体系，发展多种形式适度规模经营，培育新型农业经营主体，健全农业社会化服务体系，实现小农户和现代农业发展有机衔接。2021 年中央 1 号文件《关于全面推进乡村振兴加快农业农村现代化的意见》

强调，要推进现代农业经营体系建设，突出抓好家庭农场和农民合作社两类经营主体，鼓励发展多种形式适度规模经营。2021 年 3 月，第十三届全国人民代表大会第四次会议通过的《中华人民共和国国民经济和社会发展第十四个五年规划和 2035 年远景目标纲要》提出，发展多种形式适度规模经营，加快培育家庭农场、农民合作社等新型农业经营主体，健全农业专业化社会化服务体系，实现小农户和现代农业有机衔接。

（一）支持小农户发展

小农户作为乡村社会群体最大、涉及面最广、最基层的利益单元，是乡村振兴的建设主体和价值主体，乡村振兴本质上就是小农户的振兴[①]。促进小农户和现代农业发展有机衔接是巩固完善农村基本经营制度的重大举措，对推进中国特色农业现代化、巩固党的执政基础和实施乡村振兴战略具有重大意义。

2018 年中央 1 号文件《关于实施乡村振兴战略的意见》提出“促进小农户和现代农业发展有机衔接”。2019 年中央 1 号文件《关于坚持农业农村优先发展做好“三农”工作的若干意见》进一步强调，落实扶持小农户和现代农业发展有机衔接的政策，完善“农户＋合作社”“农户＋公司”利益联结机制。为扶持小农户，提升小农户发展现代农业能力，加快推进农业农村现代化，夯实实施乡村振兴战略的基础，2019 年 2 月中共中央办公厅、国务院办公厅印发了《关于促进小农户和现代农业发展有机衔接的意见》。2020 年中央 1 号文件《关于抓好“三农”领域重点工作确保如期实现全面小康的意见》和 2021 年中央 1 号文件《关于全面推进乡村振兴加快农业农村现代化的意见》均对小农户发展提出了明确的要求和政策措施（见表 4－1）。

---

① 刘奇．乡村振兴的本质是小农户的振兴［J］. 中国发展观察，2018（19）：84－85.

表 4-1　2018 年以来有关部门发布的关于支持小农户发展的政策文件

发布时间	文件名称	发文单位
2018.01	《关于实施乡村振兴战略的意见》	中共中央 国务院
2019.01	《关于坚持农业农村优先发展做好“三农”工作的若干意见》	中共中央 国务院
2019.02	《关于促进小农户和现代农业发展有机衔接的意见》	中共中央办公厅 国务院办公厅
2020.01	《关于抓好“三农”领域重点工作确保如期实现全面小康的意见》	中共中央 国务院
2021.01	《关于全面推进乡村振兴加快农业农村现代化的意见》	中共中央 国务院

1. 提升小农户发展能力

2019 年 2 月《关于促进小农户和现代农业发展有机衔接的意见》指出，大国小农依旧是我国的基本国情、农情。现代农业不能剥夺小农、抛弃小农，而是要帮助小农、支持小农、发展小农。文件指出，可以通过启动家庭农场培育计划、实施小农户能力提升工程、加强小农户科技装备应用、改善小农户生产基础设施等措施提升小农户发展能力。具体措施包括：采取优先承租流转土地、提供贴息贷款、加强技术服务等方式，鼓励有长期稳定务农意愿的小农户稳步扩大规模，培育一批规模适度、生产集约、管理先进、效益明显的农户家庭农场；以提供补贴为杠杆，鼓励小农户接受新技术培训；加快研发经济作物、养殖业、丘陵山区适用机具和设施装备，推广应用面向小农户的实用轻简型装备和技术；鼓励各地通过以奖代补、先建后补等方式，支持村集体组织小农户开展农业基础设施建设和管护等。

2. 提高小农户组织化程度

为提升小农户组织化程度，文件要求引导小农户开展合作与联合、创新合作社组织小农户机制、发挥龙头企业对小农户带动作用等。具体措施包括：引导小农户开展合作与联合，通过多种方式联合开展生产服务，在降低生产经营成本的同时实现互补互利、提升市场竞争力；创新合作社组织小农户机制要求在坚持农户成员为合作社主体的基础上，盘活农户资源要素，健全合作社管理及分配模式，从而提升小农户合作层次和规模；支持和鼓励龙头企业通过多种形式带动小农户共同发展，将小农户纳入现代农业产业体系，与小农户形成稳定利益共同体，发挥龙头企业对小农户的带动作用。

3. 拓展小农户增收空间

依据相关文件要求，从支持小农户发展特色优质农产品、带动小农户发展新产业新业态、鼓励小农户创业就业等方面拓展小农户增收空间。具体措施包括：将产品特色与当地优势相结合，引导小农户发展特色优质农产品，实施小农户发展有机农业计划；大力拓展农业功能，推进一二三产业融合，提高小农户发展新产业新业态能力并结合当地资源禀赋拓展农户增收渠道；健全就业服务体系，完善创业就业相关政策，支持小农户在家庭种养的基础上实现家庭生产的多业经营与综合创收。

4. 健全面向小农户的社会化服务体系

根据健全面向小农户的社会化服务体系的要求，发展农业生产性服务业、推进农业生产托管服务、推进面向小农户产销服务、实施互联网＋小农户计划、提升小城镇服务小农户功能。具体措施包括：大力培育适应小农户需求的多元化农业生产性服务组织，创新农业技术推广服务机制，鼓励和支持农垦企业、供销合作社组织等通过多种方式服务小农户，发展农业生产性服务业；加快推进农业生产托管服务，促进农业生产托管规范发展，实施小农户生产托管服务促进工程；推进面向小农户产销服务，打造竞争力较强、知名度较高的特色农业品牌和区域公用品牌，让小农户分享品牌增值收益；实施互联网＋小农户计划，支持培育一批面向小农户的信息综合服务企业和信息应用主体，为小农户提供定制化、专业化服务；实施以镇带村、以村促镇的镇村融合发展模式，提升小城镇服务小农户功能。

5. 完善小农户扶持政策

（1）稳定完善小农户土地政策。保持土地承包关系稳定并长久不变，衔接落实好第二轮土地承包到期后再延长30年的政策。建立健全农村土地承包经营权登记制度，为小农户“确实权、颁铁证”。在有条件的村组，结合高标准农田建设等，引导小农户自愿通过村组内互换并地、土地承包权退出等方式，促进土地小块并大块，引导逐步形成一户一块田。落实农村承包地所有权、承包权、经营权“三权”分置办法，保护小农户土地承包权益，及时调处流转纠纷，依法稳妥规范推进农村承包土地经营权抵押贷款业务，鼓励小农户参与土地资源配置并分享土地规模经营收益。规范土地流转交易，建立集信息发布、租赁合同网签、土地整治、项目设计等功能于一体的综合性土地流转管理服务组织。

（2）强化小农户支持政策。对新型农业经营主体的评优创先、政策扶持、项目倾斜等，要与带动小农生产挂钩，把带动小农户数量和成效作为重要依据。充分发挥财政杠杆作用，鼓励各地采取贴息、奖补、风险补偿等方式，撬动社会资本投入农业农村，带动小农户发展现代农业。对于财政支农项目投入形成的资产，鼓励具备条件的地方折股量化给小农户，让小农户享受分红收益。

（3）健全针对小农户补贴机制。稳定现有对小农生产的普惠性补贴政策，创新补贴形式，提高补贴效率。完善粮食等重要农产品生产者补贴制度，鼓励各地对小农户参与生态保护实行补偿。支持小农户参与耕地、草原、森林、河流、湖泊休养生息等，对发展绿色生态循环农业、保护农业资源环境的小农户给予合理补偿。健全小农户生产技术装备补贴机制，按规定加大对丘陵山区小型农机具购置补贴力度。鼓励各地对小农户托管土地给予费用补贴。

（4）提升金融服务小农户水平。发展农村普惠金融，健全小农户信用信息征集和评价体系，探索完善无抵押、无担保的小农户小额信用贷款政策，不断提升小农户贷款覆盖面，切实加大对小农户生产发展的信贷支持。支持农村中小金融机构立足县域，加大服务小农户力度。支持农村合作金融规范发展，扶持农村资金互助组织，通过试点稳妥开展农民合作社内部信用合作。鼓励产业链金融、互联网金融在依法合规前提下为小农户提供金融服务。鼓励发展为小农户服务的小额贷款机构，开发专门的信贷产品。加大支农再贷款支持力度，引导金融机构增加小农户信贷投放。鼓励银行业金融机构在风险可控和商业可持续的前提下扩大农业农村贷款抵押物范围，提高小农户融资能力。

（5）拓宽小农户农业保险覆盖面。建立健全农业保险保障体系，从覆盖直接物化成本逐步实现覆盖完全成本。发展与小农户生产关系密切的农作物保险、主要畜产品保险、重要“菜篮子”品种保险和森林保险，推广农房、农机具、设施农业、渔业、制种等保险品种。推进价格保险、收入保险、天气指数保险试点。鼓励地方建立特色优势农产品保险制度。建立第三方灾害损失评估、政府监督理赔机制，确保受灾农户及时足额得到赔付。鼓励发展农业互助保险，加大针对小农户农业保险保费补贴力度。

2019年，全国23个省（自治区、直辖市）在632个县实施了农业生产托管服务试点项目，重点针对粮棉油糖等大宗农作物生产的关键与薄弱环节，补助农户购买生产托管社会化服务，补助面积超过2 813万亩，示范带动全国农业生产托管面积超过15亿亩次，服务6 000万个小农户。近年来，农业农村部在全国认定了1 096个全国农村创新创业基地（园区）和200个农村创新创业典型县，连续3年举办全国新农民新技术创新创业博览会，搭建政策宣讲平台、成果展示舞台，为小农户创新创业提供平台支撑[①]。

（二）培育发展家庭农场

发展多种形式的适度规模经营，培育新型农业经营主体，是建设现代农业的发展方向和必由之路[②]。2008年10月党的十七届三中全会《关于推进农村改革发展若干重大问题的决定》首次提出要发展家庭农场。党的十八大以来，连续多年的中央1号文件都强调要培育和发展家庭农场。为贯彻落实中央的部署和安排，有关部门也印发了相关政策文件，提出了培育发展家庭农场的总体

① 中华人民共和国农业农村部．对十三届全国人大一次会议第3 649号建议的答复［EB/OL］. http://www.moa.gov.cn/govpublic/zcggs/202010/t20201014_6354243.htm

② 何秀荣．培育家庭农场　助推现代农业［J］. 农村经营管理，2019（11）：17－18.

要求、主要任务和政策措施（见表 4-2）。

表 4-2　2008 年以来相关部门发布的关于培育发展家庭农场的政策文件

发布时间	文件名称	发文单位
2008.10	《关于推进农村改革发展若干重大问题的决定》	中共十七届三中全会审议通过
2013.01	《关于加快发展现代农业进一步增强农村发展活力的若干意见》	中共中央 国务院
2014.01	《关于全面深化农村改革加快推进农业现代化的若干意见》	中共中央 国务院
2015.01	《关于加大改革创新力度加快农业现代化建设的若干意见》	中共中央 国务院
2016.01	《关于落实发展新理念加快农业现代化实现全面小康目标的若干意见》	中共中央 国务院
2017.01	《关于深入推进农业供给侧结构性改革加快培育农业农村发展新动能的若干意见》	中共中央 国务院
2017.04	《关于加快构建政策体系培育新型农业经营主体的意见》	中共中央办公厅 国务院办公厅
2018.01	《关于实施乡村振兴战略的意见》	中共中央 国务院
2019.09	《关于实施家庭农场培育计划的指导意见》	农业农村部等 11 部门
2020.03	《新型农业经营主体和服务主体高质量发展规划（2020—2022 年）》	农业农村部
2021.01	《关于全面推进乡村振兴加快农业农村现代化的意见》	中共中央 国务院

1. 完善登记和名录管理制度

2014 年中央 1 号文件《关于全面深化农村改革加快推进农业现代化的若干意见》提出，扶持发展新型农业经营主体，按照自愿原则开展家庭农场登记。2017 年中央 1 号文件《关于深入推进农业供给侧结构性改革加快培育农业农村发展新动能的若干意见》要求完善家庭农场认定办法。2019 年 9 月

《关于实施家庭农场培育计划的指导意见》，对完善家庭农场登记和名录管理制度提出了如下几点具体要求：由农业农村部牵头、国家林业和草原局等参与，合理确定经营规模，引导本地区家庭农场适度规模经营，取得最佳规模效益；由国家市场监督管理总局、农业农村部牵头，按照自愿原则依法开展家庭农场登记，优化登记注册服务；由农业农村部牵头、国家林业和草原局等参与，完善家庭农场名录信息，健全家庭农场名录系统。

2. 强化示范创建引领

（1）加强示范家庭农场创建。《关于实施家庭农场培育计划的指导意见》强调由农业农村部牵头，开展示范农场创建，引导其在发展适度规模经营、应用先进技术、实施标准化生产、纵向延伸农业产业链价值链以及带动小农户发展等方面发挥示范作用。文件还提出开展家庭农场示范县创建，促进家庭农场培育工作整县推进，整体提升家庭农场发展水平。《新型农业经营主体和服务主体高质量发展规划（2020—2022年）》提出，在确定培育家庭农场目标的基础上，加大家庭农场示范创建力度，持续推动实施家庭农场培育计划。

（2）强化典型引领带动。由农业农村部牵头，人力资源社会保障部、国家林草局等参与，强化典型引领带动。总结推广各地培育家庭农场的好模式、好经验，树立一批家庭农场发展范例，鼓励发展多种模式、多种类型的家庭农场并对具有突出贡献的单位及个人进行表彰。

（3）鼓励各类人才创办家庭农场。由农业农村部牵头，教育部、科技部、国家林业和草原局等参与，鼓励乡村本土能人、有返乡创业意愿和回报家乡愿望的外出农民工、优秀农村生源大中专毕业生以及科技人员等人才创办家庭农场。实施青年农场主培养计划，对青年农场主进行重点培养和创业支持。

（4）积极引导家庭农场发展合作经营。由农业农村部牵头，国家林业和草原局等参与，积极引导家庭农场领办或加入农民合作社，开展统一生产经营。探索推广家庭农场与龙头企业、社会化服务组织的合作方式，创新利益联结机制。鼓励组建家庭农场协会或联盟。《关于深入推进农业供给侧结构性改革加快培育农业农村发展新动能的若干意见》提出，鼓励和支持农技推广人员与家庭农场开展技术合作，建立农科教产学研一体化农业技术推广联盟。

3. 建立健全政策支持体系

（1）依法保障家庭农场土地经营权。由农业农村部牵头，中国人民银行、中国银保监会、国家林草局等参与，健全土地经营权流转服务体系，鼓励土地经营权有序向家庭农场流转。健全县乡两级土地流转服务平台，做好政策咨询、信息发布等服务工作。健全纠纷调解仲裁体系，有效化解土地流转纠纷。依法保护土地流转双方权利，引导土地流转双方合理确定租金水平，稳定土地流转关系，有效防范家庭农场租地风险。2013 年中央 1 号文件《关于加快发展现代农业进一步增强农村发展活力的若干意见》提出，鼓励和支持承包土地向家庭农场等新型生产经营主体流转，发展多形式的适度规模经营。2015 年中央 1 号文件《关于加大改革创新力度加快农业现代化建设的若干意见》提出，坚持和完善农村基本经营制度，坚持农民家庭经营主体地位，引导土地经营权规范有序流转，创新土地流转和规模经营方式。

（2）加强家庭农场基础设施建设。由农业农村部牵头，国家发展改革委、财政部、国家林业和草原局等参与，支持家庭农场开展农产品产地初加工、精深加工、主食加工和综合利用加工，自建或与其他农业经营主体共建集中育秧、仓储、烘干、晾晒以及保鲜库、冷链运输、农机库棚、畜禽养殖等农业设施，开展田头市场建设。支持家庭农场参与高标准农田建设，促进集中连片经营。

（3）健全面向家庭农场的社会化服务。由农业农村部牵头，科技部、人力资源社会保障部、国家林业和草原局、中华全国供销合作总社等参与，聚焦公益性服务，鼓励科研技术人员为家庭农场提供技术服务。支持各类社会化服务组织为家庭农场提供生产性服务，探索中介服务组织以解决家庭农场临时性用工需求。《新型农业经营主体和服务主体高质量发展规划（2020—2022 年）》还鼓励组建家庭农场协会或联盟等，加快培育家庭农场。

（4）健全家庭农场经营者培训制度。《关于加快发展现代农业进一步增强农村发展活力的若干意见》提出，充分利用各类培训资源，加大家庭农场经营者培训力度，提高他们的生产技能和经营管理水平。《关于实施家庭农场培育计划的指导意见》强调，国家和省级农业农村部门要编制培训规划，县级农业农村部门要制定培训计划，使家庭农场经营者至少每3年轮训一次。在农村实用人才带头人等相关涉农培训中加大对家庭农场经营者的培训力度。支持各地依托涉农院校和科研院所、农业产业化龙头企业、各类农业科技和产业园区等，采取田间学校等形式开展培训。

（5）强化家庭农场用地保障。由自然资源部牵头，利用规划和标准引导家庭农场发展设施农业。鼓励各地通过多种方式加大对家庭农场建设设施用地进行支持。坚决查处违法违规在耕地上进行非农建设的行为。

（6）完善和落实家庭农场的财政税收政策。2013年中央1号文件《关于加快发展现代农业进一步增强农村发展活力的若干意见》提出，继续增加农业补贴资金规模，新增补贴向主产区和优势产区集中，向家庭农场等新型生产经营主体倾斜，同时，采取奖励补助等多种方法扶持家庭农场。《关于实施家庭农场培育计划的指导意见》指出，由财政部牵头，水利部、农业农村部、国家税务总局、国家林草局等参与，鼓励有条件的地方通过现有渠道安排资金，采取以奖代补等方式，积极扶持家庭农场发展，扩大家庭农场受益面。支持家庭农场参与涉农项目建设。支持家庭农场开展绿色食品、有机食品、地理标志农产品认证和品牌建设。对符合条件的家庭农场给予农业用水精准补贴和节水奖励。家庭农场生产经营活动按照规定享受相应的农业和小微企业减免税收政策。

（7）加强家庭农场金融保险服务。由中国人民银行、财政部、中国银保监会牵头，农业农村部、国家林草局等参与，鼓励金融机构针对家庭农场开发专门的信贷产品，在商业可持续的基础上对家庭农场提供优化的贷款服务和内容。开展家庭农场信用等级评价工作，鼓励金融机构对资信良好、资金周转量大的家庭农场发放信用贷款。全国农业信贷担保体系要在加强风险防控的前提下，加快对家庭农场的业务覆盖，增强家庭农场贷款的可得性。鼓励开展家庭农场综合保险试点，继续实施农业大灾保险、三大粮食作物完全成本保险和收入保险试点，探索开展中央财政对地方特色优势农产品保险以奖代补政策试点，有效满足家庭农场的风险保障需求。

（8）支持发展“互联网+”家庭农场。由商务部、农业农村部负责，提升家庭农场经营者互联网应用水平，支持家庭农场发展农村电子商务。鼓励市场主体开发适用的数据产品，为家庭农场提供专业化、精准化的信息服务。鼓励发展互联网云农场等模式，帮助家庭农场合理安排生产计划、优化配置生产要素。

（9）探索适合家庭农场的社会保障政策。由人力资源社会保障部、农业农村部分别负责，鼓励有条件的地方引导家庭农场经营者参加城镇职工社会保险、开展对自愿退出土地承包经营权的老年农民给予养老补助试点。

4. 健全家庭农场保障措施

《关于实施家庭农场培育计划的指导意见》提出，从加强组织领导、强化部门协作、加强宣传引导及推进家庭农场立法等方面健全家庭农场保障措施。农业农村部牵头负责，要求地方各级政府将家庭农场发展列入重要议事日程，制定本地区家庭农场培育计划并部署实施。县级以上地方政府要建立促进家庭农场发展的综合协调工作机制，加强部门配合，形成合力，加强对家庭农场的支持和服务。充分运用各类新闻媒体，加大力度宣传好发展家庭农场的重要意义和任务要求，为家庭农场发展营造良好社会舆论氛围。农业农村部牵头、司法部等参与，加强促进家庭农场发展的立法研究，加快家庭农场立法进程，为家庭农场发展提供法律保障。

为加强示范家庭农场创建，推动家庭农场持续健康发展，在 2019 年推介第一批全国家庭农场典型案例的基础上，农业农村部于 2020 年组织各地开展第二批全国家庭农场典型案例征集活动。经各地择优征集申报、省级调研核实推荐、专家评审、公示等环节，确定了 50 个第二批全国家庭农场典型案例。典型案例集中体现了规模适度、生产集约、管理先进、效益明显的特点，积极践行了农业生产经营规模化、标准化、集约化发展的理念，在保障国家粮食安全和重要农产品供给、加快农业农村现代化等方面发挥了重要作用[①]。

---

① 中华人民共和国农业农村部．农业农村部办公厅关于推介第二批全国家庭农场典型案例的通知［EB/OL］. http://www.zcggs.moa.gov.cn/tzgg/202012/t20201230_6359063.htm

经过近几年的探索实践，家庭农场取得突破性进展，政策体系基本形成，名录制度逐步健全，示范创建成效明显，联合合作积极推进，工作机制不断完善，支持服务不断优化，大量符合条件的规模农业经营户纳入家庭农场范围享受指导服务。2015—2019 年，家庭农场经营土地面积增长约 2.6 倍，发展质量不断提升[①]。到 2018 年年末，进入农业农村部家庭农场名录的有 60 万家，与 2013 年相比增长了 4 倍多。平均每个家庭农场的劳动力是 6.6 人。家庭农场经营土地的面积在登记名录中的总面积达 1.6 亿亩。家庭农场经营的产业类型既包括种植业、畜牧业、渔业，也包括种养结合的家庭农场。截至 2018 年年底，全国家庭农场年销售农产品总值达 1 946 亿元，平均每个家庭农场约 30 多万元[②]。

（三）规范发展农民合作社

农民合作社是广大农民群众在家庭承包经营基础上自愿联合、民主管理的互助性经济组织，是实现小农户和现代农业发展有机衔接的中坚力量。为了鼓励农民合作社发展，增强对农户的服务带动能力，自 2007 年《中华人民共和国农民专业合作社法》实施以来，我国农民合作社快速发展。为了进一步加强指导扶持服务，引导其规范发展，党中央、国务院出台了一系列政策措施。2014 年中央 1 号文件《关于全面深化农村改革加快推进农业现代化的若干意见》提出，从财政资金补助、管理制度、税收政策等多方面鼓励发展农民合作社。2014 年 8 月《关于引导和促进农民合作社规范发展的意见》强调，加强农民合作社规范化建设，提高农民合作社发展质量。之后，多年的中央 1 号文件都对规范发展农民合作社作出了相关部署和安排。有关部门印发的《意见》和《规划》，对促进农民合作社高质量发展提出了相关政策和措施（表 4-3）。

① 中华人民共和国农业农村部．全国家庭农场工作座谈会强调 进一步加大推进力度 加快培育家庭农场［EB/OL］. http://www.moa.gov.cn/xw/zwdt/202012/t20201220_6358472.htm

② 中国新闻网．农业农村部：家庭农场经营状况总体较好 发展取得初步成效［EB/OL］. http://www.chinanews.com/cj/2019/09-18/8959389.shtml

表 4-3　2014 年以来相关部门发布的关于规范发展农民合作社的政策文件

发布时间	文件名称	发文单位
2014.01	《关于全面深化农村改革加快推进农业现代化的若干意见》	中共中央 国务院
2014.08	《关于引导和促进农民合作社规范发展的意见》	农业部等 9 部门
2015.01	《关于加大改革创新力度加快农业现代化建设的若干意见》	中共中央 国务院
2016.01	《关于落实发展新理念加快农业现代化实现全面小康目标的若干意见》	中共中央 国务院
2017.01	《关于深入推进农业供给侧结构性改革加快培育农业农村发展新动能的若干意见》	中共中央 国务院
2017.04	《关于加快构建政策体系培育新型农业经营主体的意见》	中共中央办公厅 国务院办公厅
2019.01	《关于坚持农业农村优先发展做好“三农”工作的若干意见》	中共中央 国务院
2019.09	《关于开展农民合作社规范提升行动的若干意见》	中央农办等 11 部门
2020.01	《关于抓好“三农”领域重点工作确保如期实现全面小康的意见》	中共中央 国务院
2020.03	《新型农业经营主体和服务主体高质量发展规划（2020—2022 年）》	农业农村部
2021.01	《关于全面推进乡村振兴加快农业农村现代化的意见》	中共中央 国务院

1. 提升合作社规范化水平

2014 年中央 1 号文件《关于全面深化农村改革加快推进农业现代化的若干意见》提出，鼓励发展专业合作、股份合作等多种形式的农民合作社，引导规范运行。2017 年中央 1 号文件《关于深入推进农业供给侧结构性改革加快培育农业农村发展新动能的若干意见》强调，加强农民合作社规范化建设，积极发展生产、供销、信用“三位一体”综合合作。

2019 年 9 月《关于开展农民合作社规范提升行动的若干意见》，从完善章程制度、健全组织机构、规范财务管理、合理分配收益及加强登记管理等具体方面，对提升农民合作社的规范化水平提出如下意见：指导农民合作社制定相关章程、加强档案管理、建立健全基础台账、实行社务公开；农民合作社要依法建立成员（代表）大会、理事会、监事会等组织机构，各组织机构应密切配合、协调运转；指导农民合作社认真执行财务会计制度，合理配备财务会计人员或进行财务委托代理，建立农民合作社发展动态监测机制；农民合作社应按照法律和章程制定盈余分配方案，经成员（代表）大会批准实施；严格依法开展农民合作社登记注册，对农民合作社所有成员予以备案。

2. 增强合作社服务带动能力

《关于全面深化农村改革加快推进农业现代化的若干意见》提出，着力增强农民合作社能力建设，鼓励推动农民合作社集群发展，密切利益联结关系。《关于开展农民合作社规范提升行动的若干意见》明确，从发展乡村产业、增强服务功能、参与乡村建设、增强利益联结、推进合作与联合5个方面增强农民合作社的服务带动能力。具体包括：鼓励农民合作社利用当地资源禀赋，壮大优势特色产业，发展新产业新业态，培育农业品牌，提高品牌知名度和市场认可度；鼓励农民合作社加强农产品初加工等关键环节能力建设，拓宽服务领域，支持生产托管，开展互助保险；鼓励农民合作社投入乡村基础设施建设和文化建设；鼓励农民合作社与其成员、周边农户建立紧密的利益联结关系；积极推进农民合作社与家庭农场、同业或产业密切关联的农民合作社之间的合作与联合，增强其市场竞争力和抗风险能力。

3. 开展“空壳社”专项清理

“空壳社”专项清理是规范发展农民合作社的重要举措。具体包括：合理界定清理范围，在对农民合作社发展情况摸底排查基础上，重点对被列入经营异常名录、群众反映和举报存在问题以及在“双随机”抽查中发现异常情形的农民合作社依法依规进行清理；对列入清理范围的农民合作社，按照“清理整顿一批、规范提升一批、扶持壮大一批”的办法，实行分类处置，切实加强对清理工作的指导监督和协调配合，建立健全部门信息共享和通报工作机制；拓展企业简易注销登记适用范围，加强政策宣传和服务，为农民合作社自主申请注销提供便利服务。

4. 加强合作社试点示范引领

2017年中央1号文件《关于深入推进农业供给侧结构性改革加快培育农业农村发展新动能的若干意见》提出，支持有条件的乡村建设以农民合作社为主要载体、让农民充分参与和受益，集循环农业、创意农业、农事体验于一体的田园综合体，通过农业综合开发、农村综合改革转移支付等渠道开展试点示范。2019年中央1号文件《关于坚持农业农村优先发展做好“三农”工作的若干意见》指出，开展农民合作社规范提升行动，深入推进示范合作社建设。《关于开展农民合作社规范提升行动的若干意见》提出，扎实开展质量提升整县推进试点，鼓励各地开展整县推进农民合作社规范化建设，创建一批农民合作社高质量发展示范县；深入推进示范社创建，完善农民合作社示范社评定指标体系，健全农民合作社示范社动态监测制度；充分发挥典型引领作用，树立一批制度健全、运行规范的农民合作社典型。

5. 加大政策支持力度

2014年中央1号文件《关于全面深化农村改革加快推进农业现代化的若干意见》提出，允许财政项目资金直接投向符合条件的合作社，允许财政补助形成的资产转交合作社持有和管护，推进财政支持农民合作社创新试点。2015年中央1号文件《关于加大改革创新力度加快农业现代化建设的若干意见》提出，推进农村金融体制改革，积极探索新型农村合作金融发展的有效途径，稳妥开展农民合作社内部资金互助试点，落实地方政府监管责任。2017年中央1号文件《关于深入推进农业供给侧结构性改革加快培育农业农村发展新动能的若干意见》指出，开展农民合作社内部信用合作试点，鼓励发展农业互助保险。2017年4月《关于加快构建政策体系培育新型农业经营主体的意见》，从财政、金融信贷、税费优惠、保险、基础设施、营销市场、人才培养等方面制定相关政策措施，推动农民合作社作为新型农业经营主体的高质量发展。《关于开展农民合作社规范提升行动的若干意见》，主要从加大财政项目扶持、创新金融服务、落实用地用电政策、强化人才支撑等方面，对加大农民合作社的政策支持力度施策。主要包括：统筹整合资金，加大对农民合作社的支持力度，落实农民合作社有关税收优惠政策，鼓励有条件的地方对农民合作社申请并获得农产品质量认证、品牌创建等给予适当奖励；支持金融机构结合职能定位和业务范围，对农民合作社提供金融支持，鼓励各地利用新型农业经营主体信息直报系统，点对点为农民合作社对接信贷、保险等服务；鼓励支持农民合作社与农村集体经济组织合作，依法依规盘活现有农村集体建设用地发展产业，通过城乡建设用地增减挂钩节余的用地指标积极支持农民合作社开展生产经营，落实农民合作社从事农产品初加工等用电执行农业生产电价政策；分级建立农民合作社带头人人才库，分期分批开展农民合作社骨干培训，鼓励有条件的农民合作社聘请职业经理人，鼓励支持普通高校设置农民合作社相关课程培养专业人才，鼓励各地开展农民合作社国际交流合作等。

6. 强化合作社指导服务

《关于开展农民合作社规范提升行动的若干意见》指出，要建立综合协调工作机制、建立健全辅导员队伍、加强基础性制度建设，以规范提升发展农民合作社。地方各级政府要建立健全农业农村部门牵头的农民合作社工作综合协调机制，统筹指导、协调、推动农民合作社建设和发展。重点加强县乡农民合作社辅导员队伍建设，有条件的地方可通过政府购买服务等方式，为乡镇选聘农民合作社辅导员，采取多种方式，对农民合作社登记注册、民主管理、市场营销等给予指导并大力开展基层农民合作社辅导员培训。抓紧修订农民合作社相关配套法规，完善农民合作社财务制度和会计制度，大力开展农民合作社相关法律法规教育宣传，加强舆论引导，为促进农民合作社规范发展营造良好环境。

农业农村部会同有关部门深入开展农民合作社规范提升行动，促进农民合作社高质量发展，加强试点示范引领，国家级、省级、市级、县级四级联创示范社 15.7 万家，首批 30 个县（市、区）农民合作社质量提升整县推进试点工作取得阶段性成果。总体来看，农民合作社保持规范运行、健康发展的良好势头，实现了整体发展质量稳步提升。

2018年10月农业农村部启动了农民合作社质量提升整县推进试点工作，先后确定2批158个试点单位，试点工作进展顺利，取得了初步成效。截至2020年12月，全国农民合作社质量提升整县推进试点工作首批30个试点单位任务基本完成并取得阶段性成果，单体农民合作社做大做强，县域内农民合作社社均经营收入、成员人均二次分配盈余均超过全国平均水平1.5倍以上；联合合作加快推进，共成立319家农民合作社联合社和136个联合会、行业协会或产业联盟，县域指导服务能力明显增强[①]。各地通过试点，创新了农民合作社规范指导、全程监管、公共服务、辅导指导、主体合作等5种模式。按照2021年中央1号文件关于推进农民合作社质量提升的要求，农业农村部决定继续强化农民合作社质量提升整县推进试点工作，扩大试点范围[②]。

经过几年的探索实践，农民合作社发展取得了明显成效。一是合作社组织农民优势明显。截至2020年11月，全国农民合作社达到224.1万家，辐射带动近一半的农户；组建联合社1.3万余家，社均带动12个单体合作社，经营收入是单体合作社近4倍。二是服务农民功能增强。截至2020年11月，全国有27.7万家农民合作社面向小农户提供专业化社会化服务，1.3万家从事休闲农业和乡村旅游，2 000多家从事民间工艺制品等乡土特色产业；超半数的农民合作社提供产加销一体化服务，26.8万家创办加工、流通和销售实体，4万家发展农村电子商务，近16万家拥有注册商标或农产品质量认证。三是富裕农民作用彰显。农民合作社为成员提供统购统销经营服务总值达9 602亿元，平均为每个成员销售农产品1万元、购买生产投入品4 000元；农民合作社通过盈余返还、出资分红，增加了农民财产性收入，在按交易量（额）返还盈余的基础上，成员人均获得二次盈余返还1 257元。四是稳产保供支撑有力。农民合作社全力采收、换茬抢种，确保粮食和“菜篮子”产品有效供给；实行服务费减免、平价购销，维护市场秩序；通过线上订购、订单销售、团购

① 中华人民共和国农业农村部．全国农民合作社质量提升整县推进试点工作取得阶段性成果，试点单位合作社社均经营收入超全国平均水平1.5倍以上［EB/OL］. http://www.moa.gov.cn/xw/zwdt/202011/t20201130_6357296.htm

② 中华人民共和国农业农村部．农业农村部办公厅关于开展2021年农民合作社质量提升整县推进试点工作的通知［EB/OL］. http://www.moa.gov.cn/govpublic/NCJJTZ/202103/t20210308_6363124.htm

配送、社区直供、基地直采，畅通产销对接渠道。

（四）健全农业社会化服务体系

农业社会化服务体系是指与农业相关的社会经济组织，为满足农业生产需要以及为农业生产经营主体提供的各种服务而形成的网络体系。近年来，在中央和相关部委的大力推动下，我国各类农业社会化服务组织快速发展，农村的新型社会化服务体系逐渐建立，在农业生产经营健康快速发展过程中的保障作用日益凸显，是实现农业现代化的重要支撑，也为乡村产业振兴提供服务支持[①]。

党中央、国务院一直高度重视农业社会化服务体系建设，着力培育发展各类社会化服务组织。多年的中央1号文件都对健全农业社会化服务体系提出了明确要求。有关部门印发的《意见》和《规划》也对发展农业社会化服务提出了政策措施（见表4-4）。

表4-4 2013年以来相关部门发布的关于健全农业社会化服务体系的政策文件

发布时间	文件名称	发文单位
2013.01	《关于加快发展现代农业进一步增强农村发展活力的若干意见》	中共中央 国务院
2014.01	《关于全面深化农村改革加快推进农业现代化的若干意见》	中共中央 国务院
2015.01	《关于加大改革创新力度加快农业现代化建设的若干意见》	中共中央 国务院
2016.01	《关于落实发展新理念加快农业现代化实现全面小康目标的若干意见》	中共中央 国务院
2017.06	《关于支持农业生产社会化服务工作的通知》	农业部 财政部

① 宋洪远．转型的动力：中国农业供给侧结构性改革［M］．广州：广东经济出版社，2019：270-272.

（续）

发布时间	文件名称	发文单位
2017.12	《关于深入推进高等院校和农业科研单位开展农业技术推广服务的意见》	农业部 教育部
2019.02	《关于促进小农户和现代农业发展有机衔接的意见》	中共中央办公厅 国务院办公厅
2020.03	《新型农业经营主体和服务主体高质量发展规划（2020—2022年）》	农业农村部
2021.01	《关于全面推进乡村振兴加快农业农村现代化的意见》	中共中央 国务院
2021.07	《关于加快发展农业社会化服务的指导意见》	农业农村部

1. 培育发展各类服务组织

2013年中央1号文件《关于加快发展现代农业进一步增强农村发展活力的若干意见》对推进农业社会化服务体系提出了意见。文件强调，首先要强化公益性服务机构建设，其次要培育农业经营性服务组织，最后要着眼于创新服务方式和手段。2014年中央1号文件《关于全面深化农村改革加快推进农业现代化的若干意见》提出，稳定农业公共服务机构，健全农业社会化服务体系。2015年中央1号文件《关于加大改革创新力度加快农业现代化建设的若干意见》强调，稳定和加强基层农技推广等公益性服务机构，采取购买服务等方式，鼓励和引导社会力量参与公益性服务。2017年，《关于支持农业生产社会化服务工作的通知》指出，以支持农业生产托管等服务带动型规模经营为重点，突出支持薄弱环节；公平选择社会化服务组织作为项目实施主体并为其创造良好市场条件；服务组织要与服务对象签订服务合同，明确双方的责任和义务，合理确定补助标准。《新型农业经营主体社会化服务报告》在指出了我国农业社会化服务存在的问题后提出，未来应加快建立“公共服务机构为依托、合作经济组织为基础、龙头企业为骨干、其他社会力量为补充”的新型农业生产社会化服务供给体系，增强农业生产社会化服务的有效供给能力。《新型农业经营主体和服务主体高质量发展规划（2020—2022年）》强调，加快培育农业社会化服务组织，推动服务组织联合融合发展。

2. 创建服务机制创新试点

2015 年中央 1 号文件《关于加大改革创新力度加快农业现代化建设的若干意见》强调，抓好农业生产全程社会化服务机制创新试点，通过加大改革创新力度加快农业现代化建设。2016 年中央 1 号文件《关于落实发展新理念加快农业现代化实现全面小康目标的若干意见》强调，要实施农业社会化服务支撑工程，扩大政府购买农业公益性服务机制创新试点，加快发展农业生产性服务业。2017 年农业部指出，为进一步完善农业社会化服务供给机制，部门组织开展政府购买农业公益性服务机制创新试点，引入市场机制，推动资源要素向农业生产性服务业优化配置，提高服务供给效率和水平。

3. 加强科研和人才合作

2015 年中央 1 号文件《关于加大改革创新力度加快农业现代化建设的若干意见》指出，改善基层农技推广人员工作和生活条件，发挥农村专业技术协会在农技推广中的作用。2017 年 12 月《关于深入推进高等院校和农业科研单位开展农业技术推广服务的意见》指出，农业科研院校开展农业技术推广服务，是法律赋予的重要职责。农业科研院校通过大力培养农业农村人才、加强农业技术集成和成果转化、加强农业科技试验示范基地建设、强化农业技术推广服务职责、完善农业技术推广服务评价考核机制、创新农业技术推广服务方式等途径，充分发挥科技和人才优势，丰富农业社会化服务体系，提升服务乡村振兴战略的能力和水平，为乡村振兴提供源源不断的智力支持和科技支撑。《新型农业经营主体和服务主体高质量发展规划（2020—2022 年）》进一步提出，引导各类服务主体积极与高等学校、职业院校、科研院所开展科研和人才合作。

4. 强化支持政策保障措施

2014 年中央 1 号文件《关于全面深化农村改革加快推进农业现代化的若干意见》指出，健全经费保障、绩效考核激励机制并采取财政扶持、税费优惠、信贷支持等措施，大力发展主体多元、形式多样、竞争充分的社会化服务，健全农业社会化服务体系。2015 年中央 1 号文件《关于加大改革创新力度加快农业现代化建设的若干意见》提出，健全经费保障和激励机制，改善基层农技推广人员工作和生活条件。2017 年农业部、财政部印发的《关于支持农业生产社会化服务工作的通知》指出，通过强化组织领导、强化实施指导、严格资金管理、加强宣传引导和强化绩效考核等措施来保障农业生产社会化服务工作的有效落实，为健全农业社会化服务体系提供支撑。

党的十九大报告提出，要健全农业社会化服务体系，实现小农户和现代农业发展有机衔接。为贯彻落实中央精神，农业农村部会同有关部委，不断完善支持政策，大力推进农业生产托管，加快培育各类服务主体，进一步健全农业社会化服务体系，有力带动小农户走上现代农业发展轨道。

（1）巩固提升基层农技推广机构主体作用。农业农村部认真贯彻落实有关决策部署，以基层农技推广体系改革与建设补助项目等为依托，指导各地完善基层农技推广机构设置，强化职能履行，提升队伍业务素质和服务能力，建设试验示范基地，为新型经营主体和小农户提供便捷高效指导服务。加强农技推广机构条件能力建设，中央财政累计投入 58.5 亿元，支持乡镇农技推广机构建设业务用房，配备仪器设备和交通工具。

（2）建立农业社会化服务标准和绩效评价体系。一是加强农业社会化服务标准化建设。2020 年，在总结各地实践基础上，以农业农村部办公厅名义印发《农业生产托管服务合同示范文本》和《农作物生产托管服务标准指引》，推动各地农业生产托管服务规范化发展。鼓励和支持有关部门、单位和服务组织、协会，以县为基础，研究制定符合当地实际的服务标准和服务规范。山西、山东、湖北等地先后制定了服务指南、服务标准、体系建设指南等，有力促进了服务的标准化规范化建设。二是建立服务主体名录管理机制。目前，全国 29 个省（自治区、直辖市）已收录服务组织 13 978 个。对于纳入名录管理、服务能力强、服务效果好的组织，予以重点扶持；建立服务主体黑名单制度，对弄虚作假、质量不达标、农民投诉多的服务主体一律清出名录库，5 年内取消其承担项目任务资格。

（3）建立农业社会化服务信息平台。2019 年年底，农业农村部组织开发了中国农业社会化服务平台，各类服务主体都可以在平台注册，发布服务信息，查询服务需求等。2020 年，在山西、安徽、山东开展整省试点，其他省份项目县开展整县试点。截至 2020 年 6 月底，全国 29 个省（自治区、直辖市）均开通了农服平台，注册管理员账号 2 876 个，服务组织数 13 978 个。通过平台推动服务资源整合，畅通供需对接渠道，实现社会化服务供需双方信息线上对接、线下服务的有效运行模式。

（4）加大政策支持力度。2017 年，中央财政设立农业生产社会化服务专项，重点支持面向小农户的农业生产托管服务。4 年来，中央财政累计投入 155 亿元，支持农业生产托管为主的社会化服务。2019 年，项目在 23 个省（自治区、直辖市）632 个县实施，补助面积达到 7 116 万亩。2020 年，项目实施范围扩大到 29 个省（自治区、直辖市），项目资金增长到 45 亿元。通过项目示范带动，全国生产托管面积超过 15 亿亩次，其中服务粮食作物面积 8.63 亿亩次。河北、山西、安徽、山东、河南等省生产托管面积均超 1 亿亩次，内蒙古、吉林、江苏、湖北、湖南等省（自治区）生产托管面积分别达 5 000 万亩次以上。农业生产托管在带动小农户发展现代农业、推动服务规模经营、发展壮大集体经济、促进农业供给侧改革、实现质量兴农及绿色兴农等方面发挥了显著作用。

（5）积极探索创新服务模式。黑龙江省兰西县探索了“生产托管＋农村金融＋农业保险＋粮食银行”模式，中国建设银行黑龙江省分行、黑龙江省农村信用联社相继推出“托管快贷”。山西翼城开创了基于农业生产托管的“政府、企业、保险、农担、期货、银行”新型六位一体的全周期式农村综合金融创新服务模式，提供小麦收入保险、“保险＋期货”玉米价格保险及农业机械意外事故综合保险等服务。

通过政策扶持、项目推动、典型引领等一系列措施，农业社会化服务体系建设持续加强。截至 2019 年年底，全国农业社会化服务组织达 89.3 万个，服务农户超过 6 000 万户，占全国农业经营户的 30%。总体来说，健全农业社会化服务体系取得了初步成效，但仍然需要进一步完善农业社会化服务政策，研究起草促进农业社会化服务高质量发展的意见，组织实施好农业生产托管财政专项，进一步加强行业管理，强化典型示范引领，推动农业社会化服务高质量发展[①]。

（五）发展多种形式农业规模经营

在构建现代农业产业体系、生产体系、经营体系过程中，发展多种形式适度规模经营，对于我国这样一个人均土地面积少、资源禀赋多样化、区域发展差异性比较大的国家发展现代农业、实现小农户与现代农业发展有机衔接至为关键[②]。党的十八大以来，多年的中央1号文件都对发展多种形式的农业规模经营提出了明确的任务和要求。有关部门印发的相关文件也对发展多种形式的农业规模经营提出了具体的政策和措施（见表4－5）。

表4－5　2013年以来相关部门发布的关于发展多种形式农业规模经营的政策文件

发布时间	文件名称	发文单位
2013.01	《关于加快发展现代农业进一步增强农村发展活力的若干意见》	中共中央 国务院
2014.11	《关于引导农村土地经营权有序流转发展农业适度规模经营的意见》	中共中央办公厅 国务院办公厅
2015.07	《关于支持多种形式适度规模经营促进转变农业发展方式的意见》	财政部
2016.01	《关于落实发展新理念加快农业现代化实现全面小康目标的若干意见》	中共中央 国务院
2018.01	《关于实施乡村振兴战略的意见》	中共中央 国务院
2019.02	《关于促进小农户和现代农业发展有机衔接的意见》	中共中央办公厅 国务院办公厅
2020.01	《关于抓好“三农”领域重点工作确保如期实现全面小康的意见》	中共中央 国务院
2021.01	《关于全面推进乡村振兴加快农业农村现代化的意见》	中共中央 国务院

① 中华人民共和国农业农村部．对十三届全国人大三次会议第3450号建议的答复［EB/OL］. http://www.moa.gov.cn/govpublic/NCJJTZ/202009/t20200930_6353694.htm.

② 黄祖辉．乡村振兴战略中的适度规模经营问题［J］. 中国合作经济，2017（10）：17－19.

1. 探索发展农业适度规模经营

2013 年中央 1 号文件《关于加快发展现代农业进一步增强农村发展活力的若干意见》提出，通过鼓励和支持承包土地向专业大户、家庭农场、农民合作社流转，发展多种形式的适度规模经营。2014 年 11 月《关于引导农村土地经营权有序流转发展农业适度规模经营的意见》指出，地方可结合实际情况，通过统一连片整理耕地、引导土地作价入股、自营或委托经营等方式发展农业规模经营，积极探索和丰富集体经营的实现形式。2015 年 7 月《关于支持多种形式适度规模经营促进转变农业发展方式的意见》提出，为进一步做好财政支持适度规模经营工作，要以提高农业要素配置效率为目标，以培育新型农业经营主体为载体，以健全农业生产社会化服务体系为支撑，以体制机制创新为动力，统筹整合相关涉农资金，运用支农政策组合拳，充分调动市场主体的积极性，为丰富适度规模经营形式、提升适度规模经营水平增添新动力，为转变农业发展方式、推动农业现代化注入新活力。2016 年中央 1 号文件《关于落实发展新理念加快农业现代化实现全面小康目标的若干意见》强调，发挥多种形式农业适度规模经营引领作用。坚持以农户家庭经营为基础，支持新型农业经营主体和新型农业服务主体成为建设现代农业的骨干力量，充分发挥多种形式适度规模经营在农业机械和科技成果应用、绿色发展、市场开拓等方面的引领功能。2019 年 2 月《关于促进小农户和现代农业发展有机衔接的意见》明确，必须正确处理好发展适度规模经营和扶持小农户的关系，坚持小农户家庭经营为基础与多种形式适度规模经营为引领相协调，坚持农业生产经营规模宜大则大、宜小则小。《关于实施家庭农场培育计划的指导意见》指出，要合理确定经营规模，各地应以县（市、区）为单位，综合考虑当地资源条件、行业特征、农产品品种特点等，引导本地区家庭农场适度规模经营，取得最佳规模效益。

2. 发展多形式的农业适度规模经营

2013 年中央 1 号文件《关于加快发展现代农业进一步增强农村发展活力的若干意见》指出，多形式的农业适度规模经营对于加快发展现代农业、增强农村发展活力具有重要意义。《关于引导农村土地经营权有序流转发展农业适度规模经营的意见》提出，在城市化背景下，土地流转和适度规模经营是发展现代农业的必由之路。加强农村经营管理体系建设、引导农村土地经营权有序流转、促进农业适度规模经营健康发展具有重要意义。党的十九大报告提出，发展多种形式适度规模经营，培育新型农业经营主体，健全农业社会化服务体系，实现小农户和现代农业发展有机衔接。2021 年中央 1 号文件《关于全面推进乡村振兴加快农业农村现代化的意见》进一步明确，要鼓励发展多种形式适度规模经营，推进现代农业经营体系建设。

土地流转和适度规模经营是发展现代农业的必由之路。近年来，各地按照依法自愿有偿原则，引导土地经营权有序流转，土地适度规模经营取得积极进展，实现了集中连片种植和集约化经营，节约了生产成本，促进了农业发展和农民增收。截至 2016 年年底，全国共有 1 302 个县（市）、18 210 个乡镇建立了土地流转服务中心，还有一些村也设立了交易服务点，为流转双方提供信息发布、价格指导、政策咨询等服务，流转合同签订率达到 70.3%。截至 2017 年年底，全国家庭承包耕地流转面积达到 5.12 亿亩，占家庭承包经营耕地总面积的 37%，全国经营规模 50 亩以上的农户数达到 402.1 万户。各地积极开展农业适度规模经营工作，并取得了初步成效。以青岛市为例，2020 年上半年，青岛市全市新增土地规模流转 10 万亩，土地规模经营率达到 64%。全市发展家庭农场、农民合作社 2.5 万家、流转经营土地 141 万亩。实施龙头企业强壮工程，培育规模以上农业企业 925 家。全市培育 3 600 多个农业社会化服务组织，带动 53 万小农户实现生产过程规模化、标准化，较好地解决了“谁来种地”问题[①]。为贯彻落实中央精神，近年来，各地从实际出发，积极探索形成了一些土地经营模式。如上海松江鼓励承包农户把土地委托给村集体，再统一流转到想种田、能种好田的家庭农场手中；四川崇州探索土地股份合作社＋农业职业经理人＋农业综合服务的“农业共营制”；江苏泰州探索组建土地股份合作社，由集体自营或流转，农户依据土地股份参与集体收

① 青岛政务网．全市上半年土地适度规模经营工作成效显著［EB/OL］. http://www.qingdao.gov.cn/n172/n24624151/n24627095/n24627109/n24627137/201231180013875874.html

益分配等①。

总体而言，农业适度规模经营取得了初步成效，但面对现有问题与挑战，各地应积极采取切实有效措施促进农业适度规模经营健康发展，认真贯彻中央要求，督促指导地方健全土地经营权流转市场，规范市场运行机制，保护流转双方的权益②，探索多形式的农业适度规模经营，推进现代农业经营体系建设，增强农村发展活力。

二、农村土地制度

2018 年中央 1 号文件对于乡村振兴战略的实施提出了全方位制度保障并对主要的制度改革和建设做了部署。深化农村土地制度的改革最令人关注，改革效果将直接影响其他制度的改革和完善，是制度保障体系中的关键组成部分。在农业方面，农村土地制度改革是农业供给侧结构性改革的基础，是农村经济发展的一个重要推动力，也是乡村振兴的动力来源。农村土地制度改革为发展农村经济提供了新的突破口，能够实现农村经济生产力的进一步提升以及生产关系的优化调整，促进资源的合理分配，推动乡村振兴战略的实施。农村土地制度改革的重点在于 5 个方面：完善土地承包制度、改革农村宅基地制度、推进集体建设用地入市、完善征地制度以及探索建立农业农村发展用地保障机制。

（一）完善土地承包制度

目前，完善农村土地承包经营制度是深化农村集体产权制度改革的一个重要方面。确立更加长久的土地承包经营制度、健全土地承包经营权流转机制是完善农村土地制度的重要组成部分。党的十八大以来，多年的中央 1 号文件都

① 中华人民共和国农业农村部．对十三届全国人大三次会议第 5340 号建议的答复［EB/OL］. http://www.moa.gov.cn/govpublic/zcggs/202010/t20201014_6354243.htm.

② 中华人民共和国农业农村部．对十三届全国人大三次会议第 3450 号建议的答复［EB/OL］. http://www.moa.gov.cn/govpublic/NCJJTZ/201809/t20180914_6157385.htm.

对完善土地承包制度提出了明确的任务和要求。有关部门印发的相关文件也对完善土地承包制度提出了具体的政策和措施（见表 4-6）。

表 4-6　2012 年以来相关部门发布的关于完善土地承包制度的政策文件

发布时间	文件名称	发文单位
2012.12	《关于加快发展现代农业进一步增强农村发展活力的若干意见》	中共中央 国务院
2014.01	《关于全面深化农村改革加快推进农业现代化的若干意见》	中共中央 国务院
2014.11	《关于引导农村土地经营权有序流转发展农业适度规模经营的意见》	中共中央办公厅 国务院办公厅
2015.02	《关于加大改革创新力度加快农业现代化建设的若干意见》	中共中央 国务院
2015.01	《关于认真做好农村土地承包经营权确权登记颁证工作的意见》	农业部等 6 部门
2015.11	《深化农村改革综合性实施方案》	中共中央办公厅 国务院办公厅
2015.12	《关于落实发展新理念加快农业现代化实现全面小康目标的若干意见》	中共中央 国务院
2016.10	《关于完善农村土地所有权承包权经营权分置办法的意见》	中共中央办公厅 国务院办公厅
2016.12	《关于深入推进农业供给侧结构性改革加快培育农业农村发展新动能的若干意见》	中共中央 国务院
2018.01	《关于实施乡村振兴战略的意见》	中共中央 国务院
2019.01	《关于坚持农业农村优先发展做好“三农”工作的若干意见》	中共中央 国务院
2020.01	《关于抓好“三农”领域重点工作确保如期实现全面小康的意见》	中共中央 国务院
2021.01	《关于全面推进乡村振兴加快农业农村现代化的意见》	中共中央 国务院
2021.03	《中华人民共和国国民经济和社会发展第十四个五年规划和 2035 年远景目标纲要》	十三届全国人大四次会议审议通过

1. 完善农村土地承包政策

（1）稳定土地承包关系。2013年中央1号文件《关于加快发展现代农业进一步增强农村发展活力的若干意见》和2015年中央1号文件《关于加大改革创新力度加快农业现代化建设的若干意见》均指出，要抓紧研究现有土地承包关系保持稳定并长久不变的具体实现形式，完善相关法律制度。2016年中央1号文件《关于落实发展新理念加快农业现代化实现全面小康目标的若干意见》也要求，稳定农村土地承包关系，落实集体所有权，稳定农户承包权，放活土地经营权，完善“三权分置”办法，明确农村土地承包关系长久不变的具体规定。2018年中央1号文件《关于实施乡村振兴战略的意见》要求，落实农村土地承包关系稳定并长久不变政策，衔接落实好第二轮土地承包到期后再延长30年的政策，让农民吃上长效“定心丸”。2019年中央1号文件《关于坚持农业农村优先发展做好“三农”工作的若干意见》提出，要保持农村土地承包关系稳定并长久不变，研究出台配套政策，指导各地明确第二轮土地承包到期后延包的具体办法，确保政策平稳过渡。

（2）开展土地确权登记颁证工作。2013年中央1号文件《关于加快发展现代农业进一步增强农村发展活力的若干意见》中指出，要健全农村土地承包经营权登记制度，强化对农村耕地、林地等各类土地承包经营权的物权保护。用5年时间基本完成农村土地承包经营权确权登记颁证工作，妥善解决农户承包地块面积不准、四至不清等问题。加快包括农村宅基地在内的农村集体土地所有权和建设用地使用权地籍调查，尽快完成确权登记颁证工作。2015年1月农业部、中央农村工作领导小组办公室等6部门联合印发《关于认真做好农村土地承包经营权确权登记颁证工作的意见》要求，开展土地承包档案资料清查、开展土地承包经营权调查、完善土地承包合同、建立健全登记簿、颁发土地承包经营权证书、推进信息应用平台建设、建立健全档案管理制度。2015年中央1号文件《关于加大改革创新力度加快农业现代化建设的若干意见》、2017年中央1号文件《关于深入推进农业供给侧结构性改革加快培育农业农村发展新动能的若干意见》均要求，抓紧抓实土地承包经营权确权登记颁证工作，扩大整省推进试点范围，总体上要确地到户，从严掌握确权确股不确地的范围。2019年中央1号文件《关于坚持农业农村优先发展做好“三农”工作的若干意见》要求，在基本完成承包地确权登记颁证工作基础上，开展“回头看”，做好收尾工作，妥善化解遗留问题，将土地承包经营权证书发放至农户手中。

(3) 推进农村金融体制改革。2014年中央1号文件《关于全面深化农村改革加快推进农业现代化的若干意见》提出，在落实农村土地集体所有权的基础上，稳定农户承包权、放活土地经营权，允许承包土地的经营权向金融机构抵押融资。2015年中央1号文件《关于加大改革创新力度加快农业现代化建设的若干意见》指出，要做好承包土地的经营权和农民住房财产权抵押担保贷款试点工作。鼓励开展“三农”融资担保业务，大力发展政府支持的“三农”融资担保和再担保机构，完善银担合作机制。支持银行业金融机构发行“三农”专项金融债，鼓励符合条件的涉农企业发行债券。2016年中央1号文件《关于落实发展新理念加快农业现代化实现全面小康目标的若干意见》指出，在风险可控前提下，稳妥有序推进农村承包土地的经营权和农民住房财产权抵押贷款试点。2017年中央1号文件《关于深入推进农业供给侧结构性改革加快培育农业农村发展新动能的若干意见》指出，要深入推进承包土地的经营权和农民住房财产权抵押贷款试点，探索开展大型农机具、农业生产设施抵押贷款业务。加快农村各类资源资产权属认定，推动部门确权信息与银行业金融机构联网共享。2018年中央1号文件《关于实施乡村振兴战略的意见》、2019年中央1号文件《关于坚持农业农村优先发展做好“三农”工作的若干意见》均指出，农村承包土地经营权可以依法向金融机构融资担保、入股从事农业产业化经营。2020年中央1号文件《关于抓好“三农”领域重点工作确保如期实现全面小康的意见》指出，发挥全国农业信贷担保体系作用，做大面向新型农业经营主体的担保业务。推动温室大棚、养殖圈舍、大型农机、土地经营权依法合规抵押融资。稳妥扩大农村普惠金融改革试点，鼓励地方政府开展县域农户、中小企业信用等级评价，加快构建线上线下相结合、“银保担”风险共担的普惠金融服务体系，推出更多免抵押、免担保、低利率、可持续的普惠金融产品。

2. 发展多种形式规模经营

2013 年中央 1 号文件《关于加快发展现代农业进一步增强农村发展活力的若干意见》要求，坚持依法自愿有偿原则，引导农村土地承包经营权有序流转，鼓励和支持承包土地向专业大户、家庭农场、农民合作社流转，发展多种形式的适度规模经营。2014 年中央 1 号文件《关于全面深化农村改革加快推进农业现代化的若干意见》提出，鼓励有条件的农户流转承包土地的经营权，加快健全土地经营权流转市场，完善县乡村三级服务和管理网络。2020 年中央 1 号文件《关于抓好“三农”领域重点工作确保如期实现全面小康的意见》指出，要完善农村基本经营制度，开展第二轮土地承包到期后再延长 30 年试点，在试点基础上研究制定延包的具体办法。鼓励发展多种形式适度规模经营，健全面向小农户的农业社会化服务体系。

3. 深入推进农村产权制度改革

(1) 保障农民财产权利。2013 年中央 1 号文件《关于加快发展现代农业进一步增强农村发展活力的若干意见》要求，必须健全农村集体经济组织资金、资产、资源管理制度，依法保障农民的土地承包经营权、宅基地使用权、集体收益分配权。2014 年中央 1 号文件《关于全面深化农村改革加快推进农业现代化的若干意见》指出，在坚持和完善最严格的耕地保护制度前提下，赋予农民对承包地占有、使用、收益、流转及承包经营权抵押、担保权能。2015 年中央 1 号文件《关于加大改革创新力度加快农业现代化建设的若干意见》要求，完善相关法律法规，加强对农村集体资产所有权、农户土地承包经营权和农民财产权的保护。抓紧修改农村土地承包方面的法律，界定农村土地集体所有权、农户承包权、土地经营权之间的权利关系，保障好农村妇女的土地承包权益。维护进城落户农民土地承包权、宅基地使用权、集体收益分配权，支持引导其依法自愿有偿转让上述权益。

(2) 土地承包经营权纠纷调解机制建设。2013 年中央 1 号文件《关于加快发展现代农业进一步增强农村发展活力的若干意见》指出，要加强农村土地承包经营纠纷调解仲裁体系建设。2018 年中央 1 号文件《关于实施乡村振兴战略的意见》要求，建立健全乡村调解、县市仲裁、司法保障的农村土地承包经营纠纷调处机制。2020年中央1号文件《关于抓好“三农”领域重点工作确保如期实现全面小康的意见》提出，持续整治侵害农民利益行为，妥善化解土地承包、征地拆迁、农民工工资、环境污染等方面矛盾。对直接关系农民切身利益、容易引发社会稳定风险的重大决策事项，要先进行风险评估。

4. 规范引导农村土地经营权有序流转

（1）鼓励创新土地流转形式。2014年11月中共中央办公厅、国务院办公厅印发《关于引导农村土地经营权有序流转发展农业适度规模经营的意见》提出，鼓励承包农户依法采取转包、出租、互换、转让及入股等方式流转承包地。鼓励有条件的地方制定扶持政策，引导农户长期流转承包地并促进其转移就业。鼓励农民在自愿前提下采取互换并地方式解决承包地细碎化问题。在同等条件下，本集体经济组织成员享有土地流转优先权。以转让方式流转承包地的，原则上应在本集体经济组织成员之间进行，且需经发包方同意。以其他形式流转的，应当依法报发包方备案。抓紧研究探索集体所有权、农户承包权、土地经营权在土地流转中的相互权利关系和具体实现形式。按照全国统一安排，稳步推进土地经营权抵押、担保试点，研究制定统一规范的实施办法，探索建立抵押资产处置机制。

（2）严格规范土地流转行为。2014年11月中共中央办公厅、国务院办公厅印发《关于引导农村土地经营权有序流转发展农业适度规模经营的意见》提出，明确土地承包经营权属于农民家庭，土地是否流转、价格如何确定、形式如何选择，应由承包农户自主决定，流转收益应归承包农户所有。流转期限应由流转双方在法律规定的范围内协商确定。没有农户的书面委托，农村基层组织无权以任何方式决定流转农户的承包地，更不能以少数服从多数的名义，将整村整组农户承包地集中对外招商经营。防止少数基层干部私相授受，谋取私利。

全国农村承包地确权登记颁证基本完成后，国家组织开展“回头看”进一步巩固成果。截至2020年10月底，已将15亿亩承包地确权给2亿农户，并颁发土地承包经营权证书，土地确权颁证率达到96%。解决了388.7万承包农户证书未发放、1 420 万亩土地暂缓确权、322 万户确权信息不准等问题，取得显著效果。累计完成 2 838 个县级成果汇交、质检，指导各地利用信息平台，方便农民和新型经营主体查询，精准发放财政补贴，并配合人民银行开展土地经营权抵押贷款，让农民群众得到实实在在的好处。全国承包信息应用平台已初步建成，并实现数据汇总、成果应用、信息共享等功能[①]。

（二）改革农村宅基地制度

农村宅基地制度改革事关农民切身利益，事关农村社会稳定和发展大局，是深化农村改革的重要内容。2013 年 11 月中共中央印发《关于全面深化改革若干重大问题的决定》要求，选择若干宅基地改革试点，慎重稳妥推进农民住房财产权流转交易，增加农民财产性收入渠道。之后，多年的中央 1 号文件都对改革农村宅基地制度提出了明确的任务和要求。有关部门印发的文件也对改革农村宅基地制度提出了具体的政策和措施（见表 4－7）。

表 4－7　2012 年以来有关部门发布的关于促进农村宅基地制度改革的政策文件

发布时间	文件名称	发文单位
2012.12	《关于加快发展现代农业进一步增强农村发展活力的若干意见》	中共中央 国务院
2013.11	《中共中央关于全面深化改革若干重大问题的决定》	中共十八届三中全会审议通过
2014.11	《不动产暂行登记条例》	中共中央办公厅 国务院办公厅
2014.12	《关于农村土地征收、集体经营性建设用地入市、宅基地制度改革试点工作的意见》	中共中央办公厅
2015.08	《关于开展农村承包土地的经营权和农民住房财产权抵押贷款试点的指导意见》	国务院办公厅

① 央视网．全国农村土地确权颁证率达到 96% 农民吃上长效“定心丸”［EB/OL］. http://www.northnews.cn/p/1925681.html. 2020.11.03.

（续）

发布时间	文件名称	发文单位
2015.11	《深化农村改革综合性实施方案》	中共中央办公厅 国务院办公厅
2016.05	《不动产登记操作规范（试行）》	国土资源部
2016.12	《关于深入推进农业供给侧结构性改革加快培育农业农村发展新动能的若干意见》	中共中央 国务院
2017.11	《关于拓展农村宅基地制度改革试点的请示》	国土资源部
2018.01	《关于实施乡村振兴战略的意见》	中共中央 国务院
2019.01	《关于坚持农业农村优先发展做好“三农”工作的若干意见》	中共中央 国务院
2019.08	《中华人民共和国土地管理法》	十三届全国人大常委会十二次会议审议通过
2020.04	《关于构建更加完善的要素市场化配置体制机制的意见》	中共中央 国务院
2021.02	《关于全面推进乡村振兴加快农业农村现代化的意见》	中共中央 国务院
2021.03	《中华人民共和国国民经济和社会发展第十四个五年规划和2035年远景目标纲要》	十三届全国人大四次会议审议通过

1. 全面开展农村土地确权登记颁证工作

2013年中央1号文件《关于加快发展现代农业进一步增强农村发展活力的若干意见》指出，要加快包括农村宅基地在内的农村集体土地所有权和建设用地使用权地籍调查，尽快完成确权登记颁证工作。2015年8月国务院印发《关于开展农村承包土地的经营权和农民住房财产权抵押贷款试点的指导意见》要求，试点地区要加快推进农村土地承包经营权、宅基地使用权和农民住房所有权确权登记颁证，建立完善农村土地产权交易平台，建立健全农村信用体系。2015年11月中共中央办公厅、国务院办公厅印发《深化农村改革综合性实施方案》和2018年中央1号文件《关于实施乡村振兴战略的意见》要求，在基本完成农村集体土地所有权确权登记颁证的基础上，按照不动产统一登记原则，加快推进宅基地和集体建设用地使用权确权登记颁证工作。2019 年 2 月中共中央办公厅、国务院办公厅印发《关于坚持农业农村优先发展做好“三农”工作的若干意见》要求，加快推进宅基地使用权确权登记颁证工作，力争 2020 年基本完成。

2. 完善宅基地权益保障和取得方式

2014 年 12 月中共中央办公厅印发《关于农村土地征收、集体经营性建设用地入市、宅基地制度改革试点工作的意见》指出，针对农户宅基地取得困难、利用粗放、退出不畅等问题，要完善宅基地权益保障和取得方式，探索农民住房保障在不同区域户有所居的多种实现形式。2018 年中央 1 号文件《关于实施乡村振兴战略的意见》要求，完善农民闲置宅基地和闲置农房政策，探索宅基地所有权、资格权、使用权“三权分置”，落实宅基地集体所有权，保障宅基地农户资格权和农民房屋财产权，适度放活宅基地和农民房屋使用权，不得违规违法买卖宅基地，严格实行土地用途管制，严格禁止下乡利用农村宅基地建设别墅大院和私人会馆。维护进城落户农民宅基地使用权，引导进城落户农民依法自愿有偿转让该权益。2019 年中央 1 号文件《关于坚持农业农村优先发展做好“三农”工作的若干意见》提出，要坚持保障农民土地权益、不得以退出承包地和宅基地作为农民进城落户条件，进一步深化农村土地制度改革。

3. 探索实行宅基地有偿机制和审批制度

2014 年 12 月中共中央办公厅印发《关于农村土地征收、集体经营性建设用地入市、宅基地制度改革试点工作的意见》指出，对因历史原因形成超标准占用宅基地和一户多宅等情况，探索实行有偿使用，探索进城落户农民在本集体经济组织内部自愿有偿退出或转让宅基地。改革宅基地审批制度，发挥村民自治组织的民主管理作用。同年 11 月中共中央办公厅、国务院办公厅印发《深化农村改革综合性实施方案》指出，探索宅基地有偿使用制度和自愿有偿退出机制。

4. 推进宅基地改革试点探索

2014年12月中共中央办公厅印发《关于农村土地征收、集体经营性建设用地入市、宅基地制度改革试点工作的意见》指出，已经开展了以宅基地制度为主要内容的改革试点，各地结合实际进行积极探索，为改革完善农村土地制度积累经验。要通过改革试点，探索依法公平取得、节约集约使用、自愿有偿退出的宅基地制度。探索形成可复制、可推广的改革成果，为科学立法、修改完善相关法律法规提供支撑。2015年11月中共中央办公厅、国务院办公厅印发《深化农村改革综合性实施方案》和2018年中央1号文件《关于实施乡村振兴战略的意见》提出，要系统总结农村宅基地制度改革试点经验，逐步扩大试点。加快土地管理法修改，完善农村土地利用管理政策体系。2019年中央1号文件《关于坚持农业农村优先发展做好“三农”工作的若干意见》、2020年4月中共中央办公厅、国务院办公厅印发的《关于构建更加完善的要素市场化配置体制机制的意见》提出，要稳慎推进农村宅基地制度改革，拓展改革试点，丰富试点内容，完善制度设计。

宅基地制度改革试点启动以来，各地通过因地制宜推进土地改革，在宅基地确权登记颁证、加强村民自治管理、探索新的取得方式以及盘活闲置宅基地等方面取得了积极进展。各地加大闲置宅基地盘活力度，稳步探索宅基地自愿有偿退出机制，截至2018年6月底，共腾退零星、闲置宅基地9.7万户、7.2万亩。各地在确权登记的基础上，积极配合开展农民住房财产权抵押贷款试点。同期办理农房抵押贷款4.9万宗、98亿元，群众获得感明显增强[①]。

（三）推进集体建设用地入市

随着改革开放的进一步深化，农村集体经营性建设用地流转形式越来越常见。农村集体经营性建设用地入市的积极实施与推广，在推动城乡统一建设用

① 人民网．农村土地制度改革完成阶段性目标任务［EB/OL］. https://www.sohu.com/a/252790945_114731.2018.09.09.

地市场、增加农民收入、保障农村产业发展用地、提升农村土地治理水平等方面发挥了关键作用。党的十八届三中全会提出，允许农村集体经营性建设用地出让、租赁、入股，实行与国有土地同等入市、同权同价。之后，党中央、国务院部署开展农村土地征收、集体经营性建设用地入市、宅基地制度改革试点，全国人大常委会授权试点地区暂停实施原土地管理法相关条款规定。2019年8月26日新修订的《中华人民共和国土地管理法》正式确立农村集体建设用地入市制度①。有关部门也就推进集体建设用地入市提出了一些政策措施(见表4-8)。

表4-8 2013年以来有关部门发布的关于推进集体建设用地入市的政策文件

发布时间	文件名称	发文单位
2013.11	《中共中央关于全面深化改革若干重大问题的决定》	中共十八届三中全会审议通过
2014.12	《关于农村土地征收、集体经营性建设用地入市、宅基地制度改革试点工作的意见》	中共中央办公厅
2016.04	《农村集体经营性建设用地土地增值收益调节金征收使用管理暂行办法》	国土资源部 财政部
2019.05	《健全城乡融合发展体制机制和政策体系的意见》	中共中央 国务院
2019.08	《中华人民共和国土地管理法》	十三届全国人大常委会十二次会议审议通过
2020.04	《关于构建更加完善的要素市场化配置体制机制的意见》	中共中央 国务院
2020.05	《关于加快开展县城城镇化补短板强弱项工作的通知》	国家发展改革委
2021.02	《关于全面推进乡村振兴加快农业农村现代化的意见》	中共中央 国务院
2021.03	《中华人民共和国国民经济和社会发展第十四个五年规划和2035年远景目标纲要》	十三届全国人大四次会议审议通过

① 刘晓萍．农村集体经营性建设用地入市制度研究[J]．宏观经济研究，2020(10)：137-144.

1. 建立城乡统一的建设用地市场

2013 年中央 1 号文件《关于加快发展现代农业进一步增强农村发展活力的若干意见》要求，严格规范城乡建设用地增减挂钩试点和集体经营性建设用地流转，农村集体非经营性建设用地不得进入市场。2013 年 11 月党的十八届三中全会《关于全面深化改革若干重大问题的决定》、2014 年 12 月中共中央办公厅印发《关于农村土地征收、集体经营性建设用地入市、宅基地制度改革试点工作的意见》均要求，在符合规划和用途管制前提下，允许农村集体经营性建设用地出让、租赁、入股，实行与国有土地同等入市、同权同价。2020 年 4 月中共中央办公厅、国务院办公厅印发《关于构建更加完善的要素市场化配置体制机制的意见》要求，加快修改完善土地管理法实施条例，完善相关配套制度，制定出台农村集体经营性建设用地入市指导意见。建立公平合理的集体经营性建设用地入市增值收益分配制度。

2. 建立农村集体经营性建设用地入市制度

2014 年 12 月中共中央办公厅印发的《关于农村土地征收、集体经营性建设用地入市、宅基地制度改革试点工作的意见》要求，针对农村集体经营性建设用地权能不完整、不能同等入市及同权同价和交易规则亟待健全等问题，要完善农村集体经营性建设用地产权制度，赋予农村集体经营性建设用地出让、租赁、入股权能；明确农村集体经营性建设用地入市范围和途径；建立健全市场交易规则和服务监管制度。要通过改革试点，探索同权同价、流转顺畅、收益共享的农村集体经营性建设用地入市制度，探索形成可复制、可推广的改革成果，为科学立法、修改完善相关法律法规提供支撑。2019 年 5 月中共中央办公厅、国务院办公厅印发的《关于建立健全城乡融合发展体制机制和政策体系的意见》指出，要加快完成农村集体建设用地使用权确权登记颁证。按照国家统一部署，在符合国土空间规划、用途管制和依法取得前提下，允许农村集体经营性建设用地入市，允许就地入市或异地调整入市；允许村集体在农民自愿前提下，依法把废弃的集体公益性建设用地转变为集体经营性建设用地入市；推动城中村、城边村、村级工业园等可连片开发区域土地依法合规整治入市；推进集体经营性建设用地使用权和地上建筑物所有权房地一体、分割转让。2019年8月新修订的《中华人民共和国土地管理法》规定，土地利用总体规划、城乡规划确定为工业、商业等经营性用途，并经依法登记的集体经营性建设用地，土地所有权人可以通过出让、出租等方式交由单位或者个人使用。规定的集体经营性建设用地出让、出租等，应当经本集体经济组织成员的村民会议2/3以上成员或者2/3以上村民代表的同意。通过出让等方式取得的集体经营性建设用地使用权可以转让、互换、出资、赠予或者抵押，但法律、行政法规另有规定或者土地所有权人、土地使用权人签订的书面合同另有约定的除外。2021年中央1号文件《关于全面推进乡村振兴加快农业农村现代化的意见》和“十四五”规划均提出，要积极探索实施农村集体经营性建设用地入市制度，允许农村集体在农民自愿前提下，依法把有偿收回的闲置宅基地、废弃的集体公益性建设用地转变为集体经营性建设用地入市。

3. 完善农村集体经营性建设用地入市的金融服务体系

2019年4月中共中央办公厅、国务院办公厅印发的《关于建立健全城乡融合发展体制机制和政策体系的意见》指出，依法合规开展农村集体经营性建设用地使用权抵押融资，以及集体资产股权等担保融资。实现已入市集体土地与国有土地在资本市场同地同权。建立健全农业信贷担保体系，鼓励有条件有需求的地区按市场化方式设立担保机构。

4. 规范农村集体经营性建设用地入市的收益管理

2016年4月财政部、国土资源部联合印发《农村集体经营性建设用地土地增值收益调节金征收使用管理暂行办法》规定，农村集体经济组织通过出让、租赁、作价出资（入股）等方式取得农村集体经营性建设用地入市收益，以及入市后的农村集体经营性建设用地土地使用权人，以出售、交换、赠予、出租、作价出资（入股）或其他视同转让等方式取得再转让收益时，向国家缴纳调节金。调节金分别按入市或再转让农村集体经营性建设用地土地增值收益的20％～50％征收。

经过几年的探索和实践，推进集体建设用地入市改革取得了明显进展。一是探索形成了几种典型模式。从集体经营性建设用地入市的试点地区来看，大多数试点地区进展顺利，开展了就地入市、异地调整入市和整治入市等实践，形成了具有推广价值的经验与操作案例，为顶层设计和法律法规修订提供了参考。二是逐步盘活了建设用地存量资产。截至 2018 年 12 月，全国集体经营性建设用地入市的地块达到 1 万多宗，面积规模达到 9 万多亩，总计得到 257 亿元价款，为国家增收了 28.6 亿元调节金；集体经营性建设用地抵押贷款 228 宗，贷款金额达 38.6 亿元。三是建立健全了有关规章制度。明确了入市条件和范围，形成了比较完善的政策体系，建立了入市交易的管理办法和交易规则。特别是试点地区参照国有建设用地市场交易制度，建立起了集体经营性建设用地入市的管理措施。

（四）完善征地制度

我国农村征地制度的改革、创新与完善已成为新形势下全面深化土地制度改革的重点、发展土地市场的关键以及农业供给侧结构性改革的基础之一[①,②]。2015 年中共中央办公厅、国务院办公厅印发的《深化农村改革综合性实施方案》明确农村征地制度改革的基本思路。2016 年 9 月，国土资源部在北京召开进一步统筹协调推进农村土地制度改革三项试点任务部署会议上指出，把土地征收制度改革扩大到 33 个试点地区。2016 年 12 月，中央进一步强调要统筹做好农村土地征收试点改革工作。2019 年 8 月，第十三届全国人大常委会第十二次会议审议通过了关于修改土地管理法的规定，将试点成功经验上升为法律，依法保障农村土地征收制度改革在全国范围内实行。2020 年修订的《中华人民共和国土地管理法》在改革土地征收制度方面做出了多项重大突破：一是对土地征收的公共利益范围进行明确界定。二是明确了依法实施征收土地的范围，征收土地的审批要求、程序，以及在征地过程中农户出现不满意情况的解决办法，包括在征地之后政府应该给予农户公平、合理的补偿制度安排、

---

① 孔祥智．农业供给侧结构性改革的基本内涵与政策建议［J］．改革，2016（2）：104－115.

② 钱忠好，牟燕．征地制度、土地财政与中国土地市场化改革［J］．农业经济问题，2015，36（8）：8－12，110.

生活保障安排等。三是改革土地征收程序。2021 年 3 月，“十四五”规划提出，要建立土地征收公共利益认定机制，缩小土地征收范围。除这些政策文件外，相关部门也颁布了一些完善征地制度的政策，具体见表 4－9。

表 4－9　2012 年以来有关部门发布的关于完善征地制度的政策文件

发布时间	文件名称	发文单位
2012.12	《关于加快发展现代农业进一步增强农村发展活力的若干意见》	中共中央 国务院
2013.11	《中共中央关于全面深化改革若干重大问题的决定》	中共十八届三中全会 审议通过
2014.12	《关于农村土地征收、集体经营性建设用地入市、宅基地制度改革试点工作的意见》	中共中央办公厅
2015.11	《深化农村改革综合性实施方案》	中共中央办公厅 国务院办公厅
2019.08	《中华人民共和国土地管理法》	十三届全国人大常委会 十二次会议审议通过
2021.03	《中华人民共和国国民经济和社会发展第十四个五年规划和2035 年远景目标纲要》	十三届全国人大四次会议 审议通过

1. 缩小征地范围

2013 年 11 月党的十八届三中全会通过的《关于全面深化改革若干重大问题的决定》、2014 年 12 月中共中央办公厅印发的《关于农村土地征收、集体经营性建设用地入市、宅基地制度改革试点工作的意见》、2015 年 11 月中共中央办公厅、国务院办公厅印发的《深化农村改革综合性实施方案》，针对征地范围等问题指出，要缩小土地征收范围，探索制定土地征收目录，严格界定公共利益用地范围。

2. 规范征地程序

2013 年中央 1 号文件《关于加快发展现代农业进一步增强农村发展活力的若干意见》、2013 年 11 月党的十八届三中全会通过的《关于全面深化改革若干重大问题的决定》、2014 年 12 月中共中央办公厅印发的《关于农村土地征收、集体经营性建设用地入市、宅基地制度改革试点工作的意见》、2015 年 11 月中共中央办公厅、国务院办公厅印发的《深化农村改革综合性实施方案》，针对征地程序不够规范等问题指出，要规范土地征收程序，建立社会稳定风险评估制度，健全矛盾纠纷调处机制，全面公开土地征收信息。

3. 完善被征地农民保障机制

2013 年中央 1 号文件《关于加快发展现代农业进一步增强农村发展活力的若干意见》要求，依法征收农民集体所有土地，要提高农民在土地增值收益中的分配比例，确保被征地农民生活水平有提高、长远生计有保障。加快修订土地管理法，尽快出台农民集体所有土地征收补偿条例。完善征地补偿办法，合理确定补偿标准，严格征地程序，约束征地行为，补偿资金不落实的不得批准和实施征地。党的十八届三中全会通过的《关于全面深化改革若干重大问题的决定》、2014 年 12 月中共中央办公厅印发的《关于农村土地征收、集体经营性建设用地入市、宅基地制度改革试点工作的意见》、2015 年 11 月中共中央办公厅、国务院办公厅印发的《深化农村改革综合性实施方案》均要求，完善对被征地农民合理、规范、多元保障机制。

4. 土地增值收益分配机制

党的十八届三中全会通过的《关于全面深化改革若干重大问题的决定》、2014 年 12 月中共中央办公厅印发的《关于农村土地征收、集体经营性建设用地入市、宅基地制度改革试点工作的意见》、2015 年 11 月中共中央办公厅、国务院办公厅印发的《深化农村改革综合性实施方案》均要求，建立兼顾国家、集体、个人的土地增值收益分配机制，合理提高个人收益。

在多年来征地实践和改进管理基础上，按照新的改革试点任务，征地制度改革着力在“缩小土地征收范围”上取得突破，在“规范土地征收程序”“完善对被征地农民合理、规范、多元保障机制”“建立兼顾国家、集体、个人的土地增值收益分配机制”等方面积极探索、务实进取，边研究、边实践，边总结、边提炼。截至 2018 年 6 月底，已按新办法实施征地共 1 101 宗、16.6 万亩，形成了一些宝贵的改革成果[①]。

（五）探索建立农业农村发展用地保障机制

党中央、国务院高度重视农业供给侧结构性改革，支持农村一二三产业融合发展。2017 年中央 1 号文件《关于深入推进农业供给侧结构性改革加快培育农业农村发展新动能的若干意见》明确提出，探索建立农业农村发展用地保障机制，完善农业用地政策。2017 年 4 月，国家发展和改革委会同国土资源部建立农村产业融合发展部门协同推进机制，出台《关于深入推进农业供给侧结构性改革做好农村产业融合发展用地保障工作的通知》。要求做好农村产业融合用地保障，满足农村各类新产业新业态项目用地需求，促进农业增效和农民增收。按照党的十九大提出的“优化存量资源配置，扩大优质增量供给”要求，各地为做好农村产业融合发展，立足现有农村用地规模，调整优化使用布局。除这些政策文件外，相关部门也颁布了一些促进农业农村发展用地保障的其他专项政策，具体见表 4－10。

表 4－10　2016 年以来有关部门发布的关于探索建立农业农村发展用地保障机制的政策文件

发布时间	文件名称	发文单位
2016.12	《关于深入推进农业供给侧结构性改革加快培育农业农村发展新动能的若干意见》	中共中央 国务院
2017.12	《关于深入推进农业供给侧结构性改革做好农村产业融合发展用地保障工作的通知》	国土资源部 国家发展改革委
2018.01	《关于实施乡村振兴战略的意见》	中共中央 国务院
2018.10	《促进乡村旅游发展提质升级行动方案（2018—2020 年）》	国家发展改革委等 13 部门
2018.12	《关于促进乡村旅游可持续发展的指导意见》	文化和旅游部等 17 部门
2019.05	《关于加强村庄规划促进乡村振兴的通知》	自然资源部

① 人民网．农村土地制度改革完成阶段性目标任务［EB/OL］. https://www.sohu.com/a/252790945_114731.2018.09.09.

（续）

发布时间	文件名称	发文单位
2019.06	《关于促进乡村产业振兴的指导意见》	国务院办公厅
2019.10	《关于开展设施农业用地标准编制工作的通知》	农业农村部
2019.12	《关于设施农业用地管理有关问题的通知》	自然资源部 农业农村部
2020.07	《全国乡村产业发展规划（2020—2025年）》	农业农村部
2021.03	《中华人民共和国国民经济和社会发展第十四个五年规划和2035年远景目标纲要》	十三届全国人大四次会议审议通过

1. 发挥土地利用总体规划的引领作用

2017年12月国土资源部、国家发展改革委印发的《关于深入推进农业供给侧结构性改革做好农村产业融合发展用地保障工作的通知》提出，优先安排农村基础设施和公共服务用地，做好农业产业园、科技园、创业园用地安排。乡（镇）土地利用总体规划可以预留少量（不超过5%）规划建设用地指标，用于零星分散的单独选址农业设施、乡村设施等建设。2018年10月，为加强乡村旅游用地保障，文化和旅游部会同自然资源部等部门出台的《促进乡村旅游发展提质升级行动方案（2018—2020年）》提出，各地区在编制和实施土地利用总体规划中，乡（镇）土地利用总体规划可以预留少量（不超过5%）规划建设用地指标，用于零星分散的单独选址乡村旅游设施等建设，农村集体经济组织可以依法使用自有建设用地自办或以土地使用权入股、联营等方式与其他单位和个人共同参与乡村旅游基础设施建设。

2. 加快编制村级土地利用规划

2017年中央1号文件《关于深入推进农业供给侧结构性改革加快培育农业农村发展新动能的若干意见》提出，在控制农村建设用地总量、不占用永久基本农田前提下，加大盘活农村存量建设用地力度。允许通过村庄整治、宅基地整理等节约的建设用地采取入股、联营等方式，重点支持乡村休闲旅游养老等产业和农村三产融合发展，严禁违法违规开发房地产或建私人庄园会所。2017年12月国土资源部、国家发展改革委印发的《关于深入推进农业供给侧结构性改革做好农村产业融合发展用地保障工作的通知》指出，统筹农业农村各项土地利用活动，优化耕地保护、村庄建设、产业发展、生态保护等用地布局，细化土地用途管制规则，加大土地利用综合整治力度，引导农田集中连片、建设用地集约紧凑，推进农业农村绿色发展。2019 年 5 月自然资源部印发的《关于加强村庄规划促进乡村振兴的通知》，明确了村庄规划的总体要求、主要任务、政策支持、编制要求和组织实施，指导各地做好"多规合一"的实用性村庄规划工作。

3. 盘活农村存量建设用地

2017 年 12 月国土资源部、国家发展改革委印发的《关于深入推进农业供给侧结构性改革做好农村产业融合发展用地保障工作的通知》提出，安排一定比例年度土地利用计划，专项支持农村新产业新业态和产业融合发展。对利用存量建设用地发展农村二、三产业的市、县，可给予新增建设用地计划指标奖励。2018 年中央 1 号文件《关于实施乡村振兴战略的意见》指出，完善农民闲置宅基地和闲置农房政策，探索宅基地所有权、资格权、使用权"三权分置"，落实宅基地集体所有权，保障宅基地农户资格权和农民房屋财产权，适度放活宅基地和农民房屋使用权，不得违规违法买卖宅基地，严格实行土地用途管制，严格禁止下乡利用农村宅基地建设别墅大院和私人会馆。在符合土地利用总体规划前提下，允许县级政府通过村土地利用规划调整优化村庄用地布局，有效利用农村零星分散的存量建设用地。对利用收储农村闲置建设用地发展农村新产业新业态的，给予新增建设用地指标奖励。2019 年 6 月国务院办公厅印发的《关于促进乡村产业振兴的指导意见》提出，有序开展县域乡村闲置集体建设用地、闲置宅基地、村庄空闲地、厂矿废弃地、道路改线废弃地、农业生产与村庄建设复合用地及"四荒地"（荒山、荒沟、荒丘、荒滩）等土地综合整治，盘活建设用地重点用于乡村新产业新业态和返乡入乡创新创业。完善设施农业用地管理办法。

4. 完善新增建设用地保障机制

2017 年中央 1 号文件《关于深入推进农业供给侧结构性改革加快培育农

业农村发展新动能的若干意见》提出，将年度新增建设用地计划指标确定一定比例用于支持农村新产业新业态发展。2018 年中央 1 号文件《关于实施乡村振兴战略的意见》提出，统筹农业农村各项土地利用活动，乡镇土地利用总体规划可以预留一定比例的规划建设用地指标，用于农业农村发展。根据规划确定的用地结构和布局，年度土地利用计划分配中可安排一定比例新增建设用地指标专项支持农业农村发展。对于农业生产过程中所需各类生产设施和附属设施用地，以及由于农业规模经营必须兴建的配套设施，在不占用永久基本农田的前提下，纳入设施农用地管理，实行县级备案。鼓励农业生产与村庄建设用地复合利用，发展农村新产业新业态，拓展土地使用功能。

5. 完善农业用地政策

2017 年中央 1 号文件《关于深入推进农业供给侧结构性改革加快培育农业农村发展新动能的若干意见》提出，积极支持农产品冷链、初加工、休闲采摘、仓储等设施建设。改进耕地占补平衡管理办法，严格落实耕地占补平衡责任，探索对资源匮乏省份补充耕地实行国家统筹。2019 年 6 月国务院办公厅印发的《关于促进乡村产业振兴的指导意见》指出，耕地占补平衡以县域自行平衡为主，在安排土地利用年度计划时，加大对乡村产业发展用地的倾斜支持力度。探索针对乡村产业的省市县联动“点供”用地。

6. 规范与监督管理设施农用地

2017 年 12 月国土资源部、国家发展改革委印发的《关于深入推进农业供给侧结构性改革做好农村产业融合发展用地保障工作的通知》，对于农业生产过程中所需各类生产设施和附属设施用地，以及由于规模经营必须兴建的配套设施，纳入设施农用地管理，实行县级备案。加强执法监察和土地督察，防止擅自将设施农用地“非农化”。2019 年 10 月农业农村部办公厅印发的《关于开展设施农业用地标准编制工作的通知》，是为了贯彻落实《乡村振兴战略规划（2018—2022 年）》中“对于生产过程中所需各类生产设施和附属设施用地，以及由于农业规模经营必须兴建的配套设施，在不占用永久基本农田的前提下，纳入设施农用地管理”的要求，提出要按照节约集约高效和满足设施农业发展合理用地需求的原则，启动设施用地标准制定工作。2019 年 12 月自然资源部会同农业农村部出台的《关于设施农业用地管理有关问题的通知》，明确了今后 5 年设施农业用地管理有关政策举措，进一步加大对设施农业发展的支持力度。

7. 鼓励土地复合利用

2017 年 12 月国土资源部、国家发展改革委印发的《关于深入推进农业供给侧结构性改革做好农村产业融合发展用地保障工作的通知》，允许在不破坏耕作层的前提下，对农业生产结构进行优化调整，仍按耕地管理。鼓励农业生产和村庄建设等用地复合利用，发展农村新产业新业态，拓展土地使用功能，提高土地节约集约利用水平。2018 年 10 月，为加强乡村旅游用地保障，文化和旅游部会同自然资源部等部门出台的《促进乡村旅游发展提质升级行动方案（2018—2020 年）》要求，在推进乡村旅游道路建设中，以县域为单元统筹布局县城、乡镇、景区及特色保护类村庄内停车设施，鼓励在有条件的农村公路周边设置交通驿站等服务设施，综合考虑停车等方面需求，以集约复合利用为主要导向，充分利用地下空间建设停车设施。

经过几年的探索实践，建立农业农村发展用地保障机制的工作取得了明显进展。

一是形成了新的用地形态和业态。农村新产业发展、新设施建设，不断形成大量新的用地形态。出现了田园综合体、农业示范园、乡村特色小镇等众多新型用地组织方式，在一定程度上优化了传统的以耕作和居住两类用地为主导的农村土地利用空间结构。二是用地需求变化呈现一定区域性。从近年来监测提取的土地利用变化信息看，农业农村用地占比越来越高，比例接近 50%，且分布点多面广。区域发展水平越高，农业农村发展用地需求越强劲。三是用地方式复合化高效化。农村土地的多重功能得以开发，改变了以往主要用于农业生产或农民居住的单一用途；除了乡村旅游、光伏发电等一些新型用地外，原有的农业生产、农村居住功能仍可兼顾，实现了土地的复合利用①。

① 城乡一体化．乡村振兴下，如何保障和监管农业农村发展用地［EB/OL］. https://www.sohu.com/a/273707293_100020178. 2018. 11. 07.

三、农村集体产权制度

农村集体产权制度改革是对农村集体经济组织所拥有的各类资源（主要是土地资源）、资金和资产（经营性资产、公益性资产），按照股份合作制的原则，将集体资产折股量化到人，由成员集体共有的产权制度转变为按份共有的产权制度、按份享受集体资产收益的制度改革[①]。发展壮大农村集体经济，是实现乡村振兴的重要条件和基础。实践表明，凡是农村集体经济发展较好的地方，乡村振兴推进速度越快，农村面貌变化越大，人民群众得实惠也越多。农村集体产权制度改革，是继农地“三权分置”改革、集体经营性建设用地入市改革、宅基地改革之后，中央提出的又一重要农村改革任务[②]，是巩固社会主义公有制、完善农村基本经营制度的必然要求，也是打赢脱贫攻坚战、实施乡村振兴战略的重要抓手。习近平总书记指出，这是党中央推出的一项重要改革，对推动农村改革发展、完善农村治理、保障农民权益、探索形成农村集体经济新的实现形式和运行机制具有重要意义，要深化农村集体产权制度改革，发展农村集体经济，着力推进农村集体资产确权到户和股份合作制改革。

（一）深化集体经营性资产产权制度改革

集体经营性资产是指用于经营的房屋、建筑物、机器设备、工具器具、农业基础设施、集体投资兴办的企业及其所持有的其他经济组织的资产份额、无形资产等。它的由来包括两方面：一方面是不属于农业生产经营的集体资产，包括乡村工厂、发展第三产业的乡镇企业以及正在使用中的村集体资产，同时也涵盖了其他经济团体所使用的村集体资产；另一方面是投入到农业生产运营的村集体资产。

农村集体经营性资产是农村经济组织生产运营的主要动力，为农村经济组

① 张志桐．菏泽市农村集体产权制度改革研究［D］．泰安：山东农业大学，2020.

② 房绍坤．深化农村集体产权制度改革的法治保障进路［J］．求索，2020（5）：14－23.

织扩大生产经营规模提供物质保障，也是村集体组织重点管理的资产[①]。推进集体经营性资产制度改革是农村集体产权制度改革的重点任务，党的十八大以来，党和政府印发了有关文件，出台了一系列政策措施（见表4-11），各地积极开展股份合作制改革。集体资产股份合作改革，主要是指将经营性资产折股量化到成员。赋予集体资产股份权能改革试点，要根据不同权能分类实施，由点及面开展集体经营性资产产权制度改革。

表4-11　2012年以来相关部门发布的关于集体经营性资产改革的政策文件

发布时间	文件名称	发文单位
2012.12	《关于加快发展现代农业进一步增强农村发展活力的若干意见》	中共中央 国务院
2014.01	《关于全面深化农村改革加快推进农业现代化的若干意见》	中共中央 国务院
2014.11	《积极发展农民股份合作赋予农民对集体资产股份权能改革试点方案》	农业部等3部门
2015.01	《关于加大改革创新力度加快农业现代化建设的若干意见》	中共中央 国务院
2015.12	《关于落实发展新理念加快农业现代化实现全面小康目标的若干意见》	中共中央 国务院
2016.12	《关于稳步推进农村集体产权制度改革的意见》	中共中央 国务院
2016.12	《关于深入推进农业供给侧结构性改革加快培育农业农村发展新动能的若干意见》	中共中央 国务院
2018.01	《关于实施乡村振兴战略的意见》	中共中央 国务院
2019.01	《关于坚持农业农村优先发展做好“三农”工作的若干意见》	中共中央 国务院
2020.01	《关于抓好“三农”领域重点工作确保如期实现全面小康的意见》	中共中央 国务院
2020.03	《关于做好农业农村政策与改革相关重点工作的通知》	农业农村部办公厅

① 刘涛．农村集体经营性资产法律制度研究［J］．农业经济，2021（1）：44-45.

（续）

发布时间	文件名称	发文单位
2020.04	《关于农村集体产权制度改革情况的报告》	农业农村部
2021.03	《中华人民共和国国民经济和社会发展第十四个五年规划和2035年远景目标纲要》	十三届全国人大四次会议审议通过

1. 推进经营性资产股份合作制改革

2014年中央1号文件《关于全面深化农村改革加快推进农业现代化的若干意见》指出，推动农村集体产权股份合作制改革。2015年中央1号文件《关于加大改革创新力度加快农业现代化建设的若干意见》指出，对经营性资产，重点是明晰产权归属，将资产折股量化到本集体经济组织成员，发展多种形式的股份合作。开展赋予农民对集体资产股份权能改革试点，试点过程中要防止侵蚀农民利益，试点各项工作应严格限制在本集体经济组织内部。2016年中央1号文件《关于落实发展新理念加快农业现代化实现全面小康目标的若干意见》提出，到2020年基本完成经营性资产折股量化到本集体经济组织成员。2016年12月，中共中央、国务院发布的《关于稳步推进农村集体产权制度改革的意见》指出，将农村集体经营性资产以股份或者份额形式量化到本集体成员，作为其参加集体收益分配的基本依据。改革主要在有经营性资产的村镇，特别是城中村、城郊村和经济发达村开展。已经开展这项改革的村镇，要总结经验，健全制度，让农民有更多获得感；没有开展这项改革的村镇，可根据群众意愿和要求，由县级以上地方政府作出安排，先进行试点，再由点及面展开，力争用5年左右时间基本完成改革。农村集体经营性资产的股份合作制改革，不同于工商企业的股份制改造，要体现成员集体所有和特有的社区性，只能在农村集体经济组织内部进行。股权设置应以成员股为主，是否设置集体股由本集体经济组织成员民主讨论决定。股权管理提倡实行不随人口增减变动而调整的方式。改革后农村集体经济组织要完善治理机制，制定组织章程，涉及成员利益的重大事项实行民主决策，防止少数人操控。为了推进经营性资产股份合作制改革，2017年、2018年、2019年中央1号文件都强调，加快推进农村集体经营性资产股份合作制改革。2020 年 4 月，农业农村部《关于农村集体产权制度改革情况的报告》指出，各地在清产核资、成员身份确认的基础上，将农村集体经营性资产以股份或者份额形式量化到本集体成员。有的地方还在推进脱贫攻坚工作中，把财政投入到村集体形成的资产确权到农民集体，并量化为本集体经济组织成员特别是贫困人口持有的股份。

2. 确认农村集体经济组织成员身份

2013 年中央 1 号文件《关于加快发展现代农业进一步增强农村发展活力的若干意见》提出，探索集体经济组织成员资格界定的具体办法。2016 年 12 月，中共中央、国务院发布《关于稳步推进农村集体产权制度改革的意见》指出，依据有关法律法规，按照尊重历史、兼顾现实、程序规范、群众认可的原则，统筹考虑户籍关系、农村土地承包关系、对集体积累的贡献等因素，协调平衡各方利益，做好农村集体经济组织成员身份确认工作，解决成员边界不清的问题。改革试点中，要探索在群众民主协商基础上确认农村集体经济组织成员的具体程序、标准和管理办法，建立健全农村集体经济组织成员登记备案机制。成员身份的确认既要得到多数人认可，又要防止多数人侵犯少数人权益，切实保护妇女合法权益。提倡农村集体经济组织成员家庭今后的新增人口，通过分享家庭内拥有的集体资产权益的办法，按章程获得集体资产份额和集体成员身份。2020 年 4 月，农业农村部《关于农村集体产权制度改革情况的报告》指出，各地以县或地（市）为单位制定符合实际的集体经济组织成员身份确认指导意见，明确政策底线，规范工作程序，并在成员身份确认中注重维护妇女合法权益。

3. 保障农民集体资产股份权利

2016 年 12 月，中共中央、国务院发布的《关于稳步推进农村集体产权制度改革的意见》要求，组织实施好赋予农民对集体资产股份占有、收益、有偿退出及抵押、担保、继承权改革试点。建立集体资产股权登记制度，记载农村集体经济组织成员持有的集体资产股份信息，出具股权证书。健全集体收益分配制度，明确公积金、公益金提取比例，把农民集体资产股份收益分配权落到实处。探索农民对集体资产股份有偿退出的条件和程序，现阶段农民持有的集体资产股份有偿退出不得突破本集体经济组织的范围，可以在本集体内部转让或者由本集体赎回。有关部门要研究制定集体资产股份抵押、担保贷款办法，指导农村集体经济组织制定农民持有集体资产股份继承的办法。及时总结试点经验，适时在面上推开。2020 年 4 月，农业农村部《关于农村集体产权制度改革情况的报告》指出，对于经营性资产折股量化到成员形成的股权，多数地方实行不随人口增减变动而调整的方式，一些地方探索实行“量化到人、确权到户、户内共享、长久不变”的股权静态管理模式。

4. 推进改革试点探索

为了贯彻落实《关于稳步推进农村集体产权制度改革的意见》精神，2015 年，农业部、中央农办、国家林业局确定在全国 29 个县（市、区）开展农村集体资产股份权能改革试点，重点探索保障农民集体组织成员权利，发展农民股份合作、赋予农民集体资产股份权能。2017 年，农业部、中央农办又确定了北京市海淀区等 100 个县（市、区）为农村集体产权制度改革试点单位，试点周期为两年，试点内容更加丰富，包括全面开展清产核资、加强集体资产财务管理，探索确认集体成员身份、推进经营性资产股份合作制改革、赋予集体资产股份权能、发挥集体经济组织功能作用、发展壮大集体经济等。2018 年，农村集体产权制度改革试点范围继续扩大，确定吉林、江苏、山东 3 个省开展整省试点，河北石家庄市等 50 个地（市）开展整市试点，天津市武清区等 150 个县（区）开展整县试点，试点内容进一步丰富，将原来的“探索确认集体成员身份”调整为“全面确认集体成员身份”，并明确提出了开展农村集体经济组织登记有关事宜。2019 年 5 月，天津等 12 个省份、山西省运城市等 39 个地（市）、内蒙古自治区托克托县等 163 个县（市、区）成为改革试点单位，进一步推进赋予农民对集体资产的股份占有、收益、有偿退出及抵押、担保、继承的权利。2020 年 3 月，农业农村部办公厅发布《关于做好农业农村政策与改革相关重点工作的通知》指出，山西、内蒙古等之前没有开展整省试点的 13 个省份全面推进农村集体产权制度改革试点，实现改革试点省份全覆盖。

从 2015 年到 2020 年，农业农村部门先后开展了 5 批农村集体产权制度改革试点，共确定 28 个省、89 个地（市）、442 个县（市、区）的国家级试点单位。经过几年的探索实践，完善农村集体产权制度的工作取得了明显进展。一是全面开展集体资产清产核资，全国农村集体家底基本摸清。截至 2019 年年底，全国共清查核实集体账面资产 6.5 万亿元，其中经营性资产 3.1 万亿元；资源性资产总面积 65.5 亿亩，其中宅基地面积 1.7 亿亩。二是全面确认集体成员身份，农民合法权益得到保障。各试点地区指导农村集体经济组织在法治前提下，通过民主协商方式制定本集体成员身份确认的具体标准。对外嫁女、新生儿、回乡退养人员、农转非人员等特殊群体的成员身份确认办法作出原则性规定。三是稳步开展股份合作制改革，新型集体经济组织逐步建立。全国共有 43.8 万个村完成集体产权制度改革，建立起符合市场经济要求的集体经济运行新机制。四是积极推动集体经济发展壮大，农民群众共享改革红利。2019 年，全国村集体经营收益超过 5 万元以上的村占到 48.2%，比 2016 年提高 23.2 个百分点；集体成员累计分红超过 3 800 亿元，是 2016 年的 3.6 倍。

（二）探索集体公益性资产产权制度改革

集体公益性资产是指用于公共服务的教育、科技、文化、卫生、体育等方面的非经营性资产，例如村委会办公室、卫生室、学校等。这类资产应当通过集体统一运行管护机制的建立健全，实现教育、科技、文化、卫生、体育等方面的公益目标①。

党的十八大以来，党中央、国务院及有关部门印发的文件和报告都对探索集体公益性资产产权制度改革提出了部署和要求（见表 4－12）。有关文件强调，非经营性资产改革的重点是探索有利于提高公共服务能力的集体统一运营管理有效机制。有关报告指出，部分地方对非经营性资产运营管护、资源性资产开发利用等，主动探索和谋划不多，改革广度和深度不够。因此，探索集体

① 刘同山，陈晓萱．农村集体产权制度改革：总体目标、阶段进展与后续挑战［J］．中州学刊，2020（11）：33－39．

公益性资产产权制度改革势在必行。

表 4-12　2012 年以来相关部门发布的关于探索集体公益性资产产权制度改革的政策文件

发布时间	文件名称	发文单位
2012.12	《关于加快发展现代农业进一步增强农村发展活力的若干意见》	中共中央 国务院
2014.11	《积极发展农民股份合作赋予农民对集体资产股份权能改革试点方案》	农业部等 3 部门
2015.01	《关于加大改革创新力度加快农业现代化建设的若干意见》	中共中央 国务院
2015.10	《关于推进基层综合性文化服务中心建设的指导意见》	国务院办公厅
2015.11	《深化农村改革综合性实施方案》	中共中央办公厅 国务院办公厅
2015.12	《关于落实发展新理念加快农业现代化实现全面小康目标的若干意见》	中共中央 国务院
2016.07	《关于统筹推进县域内城乡义务教育一体化改革发展的若干意见》	国务院
2016.12	《关于稳步推进农村集体产权制度改革的意见》	中共中央 国务院
2016.12	《关于深入推进农业供给侧结构性改革加快培育农业农村发展新动能的若干意见》	中共中央 国务院
2017.03	《进一步激发社会领域投资活力的意见》	国务院办公厅
2018.01	《关于实施乡村振兴战略的意见》	中共中央 国务院
2018.04	《关于全面加强乡村小规模学校和乡镇寄宿制学校建设的指导意见》	国务院办公厅
2019.01	《关于坚持农业农村优先发展做好“三农”工作的若干意见》	中共中央 国务院
2019.05	《关于建立健全城乡融合发展体制机制和政策体系的意见》	中共中央 国务院
2020.04	《关于农村集体产权制度改革情况的报告》	农业农村部

1. 农村集体非经营性建设用地不得进入市场

2013 年中央 1 号文件《关于加快发展现代农业进一步增强农村发展活力的若干意见》指出，农村集体非经营性建设用地不得进入市场。2016 年 12 月，中共中央、国务院《关于稳步推进农村集体产权制度改革的意见》明确要求，对于非经营性资产，不宜折股量化到户，要根据其不同投资来源和有关规定统一运行管护。

2. 探索利用闲置公益性资产

针对农村的学校、医院等公益性资产处于闲置状态的问题，2016 年 12 月，《关于稳步推进农村集体产权制度改革的意见》提出："可以在符合规划前提下，探索利用闲置的各类房产设施、集体建设用地等，以自主开发、合资合作等方式发展相应产业。"2019 年 4 月，《关于建立健全城乡融合发展体制机制和政策体系的意见》提出："允许村集体在农民自愿前提下，依法把有偿收回的废弃的集体公益性建设用地转变为集体经营性建设用地入市。"文件特别强调农村闲置校园校舍的处置工作，明确将闲置校园校舍的处置与农村集体产权制度改革有机结合，防止校园校舍资产流失，保障农村集体经济组织合法权益，确保闲置校园校舍高效合理利用，促进农村教育事业发展。

为做好农村闲置校园校舍的处置工作，2015 年以来，国务院多次印发有关文件，都对综合利用闲置校园校舍工作提出了要求：一是要求各地合理制定闲置校园校舍综合利用方案，严格规范权属确认、用途变更、资产处置等程序；二是要求优先用于教育事业发展，改扩建幼儿园，大力发展农村学前教育，或者改造成食堂（伙房）等；三是明确可以因地制宜用于养老、医疗、文化、体育等社会领域，如办成敬老院、农村文化技术学校、农村社区文化活动中心、图书馆、青少年法制教育基地等；四是可用于出租或出售，对产权明确但不再使用的学校闲置校舍，其出租或拍卖的资金收入要用于当地学校特别是中小学校的校舍改造和教育教学装备投入；五是切实提高教育资源使用效益，避免出现"边建设、边闲置"现象。2018 年 4 月，国务院办公厅印发的《关于全面加强乡村小规模学校和乡镇寄宿制学校建设的指导意见》提出："布局规划中涉及小规模学校撤并的，由县级人民政府因地制宜确定，但要按照'科学评估、应留必留、先建后撤、积极稳妥'的原则从严掌握。撤并后的闲置校舍应主要用于发展乡村学前教育、校外教育、留守儿童关爱保护等。"

为了响应国家对于闲置公益性资产的管理，很多市（县）发布了关于农村闲置校舍的处置办法，农村闲置校舍处置的方式主要是教育系统内部调整使用、调整用于农村公益事业和作为教育储备项目。

四、农业支持保护制度

农业支持保护制度是指在国民经济运行过程中，政府为确保农业在国民经济中发挥基础作用，使农业的发展与国民经济其他产业的发展相适应，以便实现整个国民经济持续、协调、快速发展而采取的一系列保护与支持农业的政策措施的总和。农业支持保护制度的建立与完善，不仅是农业现代化发展的必由之路，也是经济社会现代化的表现[①]，对于保障国家粮食安全意义重大，有利于促进和保持农业农村经济持续健康发展。

（一）建立农业投入稳定增长机制

建立健全农业投入稳定增长机制，确保农业投入持续增加，为乡村振兴提供投入保障，是加快推进农业农村现代化的迫切需要。为推进我国农业农村持续健康发展，党和政府制定了有关文件，出台了一系列相关政策措施（见表 4－13）。

表 4－13　2012 年以来有关部门发布的关于农业投入稳定增长机制的政策文件

发布时间	文件名称	发文单位
2012.12	《关于加快发展现代农业进一步增强农村发展活力的若干意见》	中共中央 国务院
2014.01	《关于全面深化农村改革加快推进农业现代化的若干意见》	中共中央 国务院

① 胡冰川．改革开放四十年农业支持保护制度：脉络与发展［J］．江淮论坛，2019（2）：29－36.

（续）

发布时间	文件名称	发文单位
2015.01	《关于加大改革创新力度加快农业现代化建设的若干意见》	中共中央 国务院
2015.05	《全国农业可持续发展规划（2015—2030年）》	农业部等8部门
2015.12	《关于落实发展新理念加快农业现代化实现全面小康目标的若干意见》	中共中央 国务院
2016.03	《中华人民共和国国民经济和社会发展第十三个五年规划纲要》	十二届全国人大四次会议审议通过
2016.12	《关于深入推进农业供给侧结构性改革加快培育农业农村发展新动能的若干意见》	中共中央 国务院
2018.01	《关于实施乡村振兴战略的意见》	中共中央 国务院
2018.09	《乡村振兴战略规划（2018—2022年）》	中共中央 国务院
2019.01	《关于坚持农业农村优先发展做好"三农"工作的若干意见》	中共中央 国务院
2020.01	《关于抓好"三农"领域重点工作确保如期实现小康的意见》	中共中央 国务院
2020.07	《关于扩大农业农村有效投资加快补上"三农"领域突出短板的意见》	中央农村工作领导小组办公室等7部门
2021.01	《关于全面推进乡村振兴加快农业农村现代化的意见》	中共中央 国务院
2021.03	《中华人民共和国国民经济和社会发展第十四个五年规划和2035年远景目标纲要》	十三届全国人大四次会议审议通过

1. 增加农业农村投入

2013—2021年中央1号文件都明确提出，要健全"三农"投入稳定增长机制，完善财政支农政策，增加"三农"支出，公共财政要继续向农业农村倾斜，坚持将农业农村作为国家固定资产投资的重点领域，确保支持力度不减弱、投入总量有增加。2015 年 5 月农业部发布的《全国农业可持续发展规划（2015—2030 年）》提出，要完善农业扶持政策，加大投入力度，为农业可持续发展提供保障措施。2016 年 3 月十二届全国人大四次会议通过的“十三五”规划纲要提出，要建立农业投入稳定增长机制。2018 年 9 月中共中央、国务院印发的《乡村振兴战略规划（2018—2022 年）》强调指出，要建立国家农业投入增长机制，政府固定投资继续向农业倾斜。2020 年 7 月中央农村工作领导小组办公室等 7 部门联合发布的《关于扩大农业农村有效投资 加快补上“三农”领域突出短板的意见》提出，要保障财政支农投入，中央和地方财政要加强“三农”投入保障，确保支农力度不减弱。2021 年 3 月，十三届全国人民代表大会四次会议通过的“十四五”规划和 2035 年远景目标纲要提出，要健全农业农村投入保障机制。

2. 优化“三农”投入结构

2016 年 3 月“十三五”规划纲要提出，要优化财政支农支出结构，创新涉农资金投入方式和运行机制，推进整合统筹，提高农业补贴政策效能。2017 年中央 1 号文件提出，要改革财政支农投入机制，着力优化农业投入结构，创新使用方式，提升支农效能。2018 年 9 月中共中央、国务院印发的《乡村振兴战略规划（2018—2022 年）》提出，要优化“三农”投入结构，实施一批打基础、管长远、影响全局的重大工程，加快改变农业基础设施薄弱状况。2020 年 7 月中央农村工作领导小组办公室等 7 部门联合发布的《关于扩大农业农村有效投资 加快补上“三农”领域突出短板的意见》强调，要优化“三农”支出结构，突出保障重点，使财政投入更有效地推动“三农”发展进步。

3. 开拓支农资金渠道

2016 年中央 1 号文件强调，要充分发挥财政政策导向功能和财政资金杠杆作用，鼓励和引导金融资本、工商资本更多投向农业农村。2021 年中央 1 号文件再次强调，强化农业农村优先发展投入保障，要发挥财政投入引领作用，支持以市场化方式设立乡村振兴基金，撬动金融资本、社会力量参与，积极拓展支农资金渠道，重点支持乡村产业发展。2021 年 3 月通过的“十四五”

规划和2035年远景目标纲要提出，健全农业农村投入保障制度，加大中央财政转移支付、土地出让收入、地方政府债券支持农业农村力度。

（二）改革农产品价格形成机制

提高农产品价格是调动农民生产积极性的最有效手段，在市场经济下，农产品价格对引导农业生产、促进农民增收具有不可替代的作用。完善农产品价格形成机制，是当前调整农业农村发展政策的重头戏，也是当务之急。

为了完善农产品价格形成体系，2004年以来，我国先后建立了最低收购价格及临时收储政策，并根据现实情况和市场状况进行了市场化改革，使农产品价格充分适应现实需求，保障农民权益，调动农民生产积极性。2004年开放农产品价格后，为保护农民利益，稳定粮食生产，国家对主产区稻谷、小麦实行最低收购价政策。2007年以后，国家先后对主产区玉米、大豆、油菜籽、棉花、食糖等实行临时收储政策，通过下达农产品临时收购计划，调控市场价格①。2008年，受全球金融危机影响，国际农产品价格持续下降，导致国内农产品价格相应持续走低，为保护农民利益，国家大力实施农产品收储制度，临时收储粮食收购计划成为一种市场调控手段，各品种价格都有所提高。2009年以后，最低收购价政策基本成型，国家每年都会在春播之前公布小麦和稻谷的最低收购价，在粮食集中上市前公布执行预案。

最低收购价和临时收储政策的意义在于当主产区市场价格低于最低收购价格或临时收储价格时，由国家指定企业直接入市收购，引导市场价格回升，它们的实施使国内粮食价格持续上升，农民生产积极性上升，也为物价水平稳定、国民经济持续加快发展做出了重要贡献。但最低收购价格和临时收储政策作为一种“价补合一”的直接支持政策，依然存在着很多问题。第一，定价的不合理导致农民盲目种植，最低收购价刺激了农民的种植积极性，也导致产量提高带来的供过于求问题，粮食价格大起大落时有发生；第二，最低收购价以

① 方言．中国特色农业支持保护之路：70年中国农业支持保护制度变迁（下）［J］．中国粮食经济，2019（12）：11-16.

及临时收储价格的逐年提高，扭曲了市场价格信号，造成了国内外价格倒挂，也影响了农业加工业的发展；第三，粮食收购和收储造成中央财政巨大负担；第四，农民因信息不对称，难以完全享受最低收购价带来的好处。因此，农产品价格形成机制仍需进行改革。

随着国际农产品价格的持续下降，我国自2004年开始实施的农产品最低收购价格以及临时收储政策必须进行改革，制定了一系列相关政策文件（详见表4-14）。

表4-14　2012年以来相关部门发布的关于农产品价格形成机制的政策文件

发布时间	文件名称	发文单位
2012.12	《关于加快发展现代农业进一步增强农村发展活力的若干意见》	中共中央 国务院
2013.11	《中共中央关于全面深化改革若干重大问题的决定》	中共十八届三中全会 审议通过
2014.01	《关于全面深化农村改革加快推进农业现代化的若干意见》	中共中央 国务院
2015.02	《关于加大改革创新力度加快农业现代化建设的若干意见》	中共中央 国务院
2015.02	《关于扎实做好2015年农业农村经济工作的意见》	农业部
2015.12	《关于落实发展新理念加快农业现代化 实现全面小康目标的若干意见》	中共中央 国务院
2016.12	《关于深入推进农业供给侧结构性改革 加快培育农业农村发展新动能的若干意见》	中共中央 国务院
2017.02	《关于推进农业供给侧结构性改革的实施意见》	农业部
2018.01	《关于实施乡村振兴战略的意见》	中共中央 国务院
2018.09	《乡村振兴战略规划（2018—2022年）》	中共中央 国务院
2018.05	《小麦和稻谷最低收购价执行预案》	国家发展改革委等6部门
2019.01	《关于坚持农业农村优先发展做好“三农”工作的若干意见》	中共中央 国务院
2019.10	《中国的粮食安全》白皮书	国务院新闻办公室

（续）

发布时间	文件名称	发文单位
2020.01	《关于抓好“三农”领域重点工作确保如期实现全面小康的意见》	中共中央 国务院
2020.02	《关于落实党中央　国务院2020年农业农村重点工作部署的实施意见》	农业农村部
2020.02	《关于完善稻谷最低收购价有关政策的通知》	国家发展改革委等5部门
2021.02	《关于全面推进乡村振兴加快农业农村现代化的意见》	中共中央 国务院
2021.03	《中华人民共和国国民经济和社会发展第十四个五年规划和2035年远景目标纲要》	十三届全国人大四次会议审议通过

1. 实行最低收购价格政策

2015年农业部发布的《关于扎实做好2015年农业农村经济工作的意见》提出要继续执行稻谷、小麦最低收购价政策。2017年2月，农业部发布的《关于推进农业供给侧结构性改革的实施意见》提出要推动完善粮食等重要农产品价格形成机制，坚持并推动完善稻谷、小麦最低收购价政策。2018年2月中共中央、国务院印发的《乡村振兴战略规划（2018—2022年）》提出，要完善农业支持保护制度，强调完善稻谷、小麦最低收购价政策，增强政策灵活性，合理调整最低收购价水平，加快建立健全支持保护政策。同年5月，国家粮食和物资储备局等6部门联合出台《小麦和稻谷最低收购价执行预案》，为国家粮食数量、质量提供了保障。2019年10月，国务院新闻办公室发布的《中国粮食安全》白皮书提出，要调整完善粮食价格形成机制，深化粮食收储制度改革。2020年2月，农业农村部《关于落实党中央、国务院2020年农业农村重点工作部署的实施意见》强调，要落实好稻谷、小麦最低收购价等政策，推进稻谷、小麦、玉米完全成本保险和收入保险试点，加大产粮大县奖励力度。同月28日，国家发展改革委发布的《关于完善稻谷最低收购价有关政策的通知》强调，要认真落实粮食收储制度改革，规范粮食流通市场秩序，促进粮食产量和数量的同步增长。2021年3月，十三届全国人大四次会议通过的“十四五”规划再次强调要完善粮食最低收购价政策。

2. 开展目标价格试点

2013—2019年中央1号文件多次提出，要完善农产品市场调控制度，坚持市场化改革，加快培育多元市场购销主体，更好地发挥市场机制的作用，促进农产品价格形成制度的完善。2013年11月，党的十八届三中全会通过的《关于全面深化改革若干重大问题的决定》提出，要健全农业支持保护体系，完善主要由市场决定价格的机制，完善农产品价格形成机制，注重发挥市场形成价格作用，以分离价格形成和政府补贴的“目标价格政策”为切入点，在保障农民利益的前提下充分发挥市场在资源配置中的决定性作用，由市场决定价格。2014年，国家选择东北地区大豆和新疆地区棉花进行目标价格试点，相应取消大豆和棉花的临时收储政策。2015年2月，农业部《关于扎实做好2015年农业农村经济工作的意见》提出，要优化农产品市场调控，鼓励多元市场主体入市收购。2020年2月，国家发展改革委等发布的《关于完善稻谷最低收购价有关政策的通知》强调，要认真落实粮食收储制度改革，规范粮食流通市场秩序，促进粮食产量和质量同步增长。

3. 建立“市场化收购＋生产者补贴”制度

为进一步发挥市场对农产品价格的决定性作用，2013年11月，《关于全面深化改革若干重大问题的决定》提出，由市场决定价格，推动最低收购价格和临时收储向“价补分离”方向转变。2016年，为破除玉米产业发展难题，进行农业供给侧改革，国家正式取消了实行了9年的玉米临时收储政策，建立玉米“市场化收购＋补贴”新机制。2017年，由于大豆目标价格试点的政策效果不理想，国家将大豆目标价格调整为“市场化收购＋生产者补贴”。这一制度的实施不仅保障了农民的基本利益，另一方面引入市场定价机制，一定程度上也极大地增加了农民的生产积极性，有利于农业的发展①。

2014年以来，国家持续推进农产品生产补贴与价格脱钩的一系列改革，

① 方言．中国特色农业支持保护之路：70年中国农业支持保护制度变迁（下）[J]．中国粮食经济，2019（12）：11-16.

这些改革措施总体取得了积极成效，逐渐消除了政策支持对市场价格的扭曲，让价格信号重新发挥对市场供求的调节作用。

“价补分离”改革在理顺农产品价格形成机制、改善供求关系上取得了积极成效。一是农产品价格回归市场，国内外价差明显缩小。国产玉米与美国玉米完税到岸价价差，由 2015 年的 883 元/吨下降到 2016 年 12 月的 188 元/吨，2017 年也维持在 175 元/吨的合理水平。棉花的国内外价差由 2014 年的 2 059 元/吨下降为 2017 年的 334 元/吨。玉米和棉花的国内市场价格的大幅回落，使其进口量大幅下降，玉米进口量从 2015 年的 473 万吨下降至 2017 年的 283 万吨，棉花进口量由 2014 年的 244 万吨下降至 2017 年的 116 万吨。二是市场价格信号的供求调节功能得以发挥。在种植结构调整政策的共同作用下，玉米低效产区逐步退出生产，玉米播种面积从 2015 年的3 811.66 万公顷下降至 2017 年的3 544.52 万公顷，单产水平则从 5 892 千克/公顷上升至 6 075 千克/公顷，产量从 22 548 万吨下降至 21 589 万吨，“高产量、高进口、高库存”的困境开始得到缓解。同时，最低收购价的下调促进了稻谷调减目标的实现，有利于当前推进“去库存”。据国家粮油信息中心统计，2018 年稻谷播种面积为 2 960.0 万公顷，同比减少 57.6 万公顷。市场自主定价实现了优质优价的甄别功能，引导生产向优势产区和规模化生产者集中、向优质品种调整。新疆优质棉花产量占国内比重由试点前的 56%提高至目前的 67%。在配套的结构转型补贴支持下，大量既有的水稻和小麦生产开始向优质、特色、专用品种转型。三是产业链上下游关系得到理顺。2017 年玉米库存比上年减少 1 286.2 万吨，玉米加工企业的开工率从 2015 年的不足 50%提升到 70%以上，整个产业链的活力大大增强。全国规模以上棉纺企业平均开工率由 2014 年上半年的 60.23%提高到 2017 年同期的 80%以上。

当前农产品价格形成机制虽已取得一定成效，但发挥农产品价格形成机制在农业发展中的作用，还需继续推进农产品价格市场化改革，完善政策设计，加快政策创设配套，实现农业生产助力乡村振兴。

（三）完善粮食收储制度

自 2004 年建立起并逐渐完善的粮食收储制度，在促进粮食生产、稳定粮价波动、保证种粮收益等方面作用突出，是保障国家粮食安全和农民持续增收的重要制度基础[①]。

目前，我国粮食储备实行中央储备垂直管理，地方储备粮“省级—市级—县级”分级管理的制度。国家粮食专项储备的职能主要是调节全国粮食供求总量，稳定粮食市场，以及应对重大自然灾害或者其他突发事件等情况，粮食储备包括常规性储备和战略性储备。地方储备是地方政府用于调节本地粮食供求，稳定市场以及应对区域性重大自然灾害或突发事件的粮食和食用油储备，粮权归各级地方政府。

1998 年至 2003 年，我国利用国债资金建立了 1 112 个国家储备粮库项目，2003 年颁布的《中央储备粮管理条例》为储备粮的总量做出了法律上的规定，2020 年 6 月 20 日北京市人民政府第 98 号令发布的《北京市储备粮管理办法》成为我国地方成品粮储备制度的先例。

2008 年中央 1 号文件提出，加强粮食等重要农产品储备体系建设，完善吞吐调节机制，引导企业建立商业性储备，为农产品供给提供了基础。2009 年启动主要农村临时收储，鼓励企业增加商业收储。2010 年中央 1 号文件提出，要扩大销区粮食储备规模，适时采取玉米、大豆、油菜籽等临时收储政策，支持企业参与收储，健全国家收储农产品的拍卖机制，做好棉花、食糖、猪肉调控预案，以保持农产品市场稳定和价格合理。2012 年中央 1 号文件提出，要健全农产品储备制度，完善农产品市场调控。2013 年到 2018 年都相继提出建立完善农产品收储制度的相关政策文件（见表 4－15）。

表 4－15　2012 年以来相关部门发布的关于农产品收储制度的政策文件

发布时间	文件名称	发文单位
2012.12	《关于加快发展现代农业进一步增强农村发展活力的若干意见》	中共中央 国务院
2015.02	《关于加大改革创新力度加快农业现代化建设的若干意见》	中共中央 国务院

① 谭洪业，杜志雄，郜亮亮．粮食收储制度改革对家庭农场保费支出的影响［J］．西北农林科技大学学报（社会科学版），2020，20（6）：94－103.

（续）

发布时间	文件名称	发文单位
2015.02	《关于扎实做好2015年农业农村经济工作的意见》	农业部
2016.12	《关于深入推进农业供给侧结构性改革 加快培育农业农村发展新动能的若干意见》	中共中央 国务院
2018.01	《关于实施乡村振兴战略的意见》	中共中央 国务院
2019.10	《中国的粮食安全》白皮书	国务院新闻办公室

1. 完善粮食收储制度

粮食收储制度是保障国家粮食安全和农民持续增收的制度基础，对于促进国民经济发展和社会稳定意义重大。2013年和2015年中央1号文件相继提出要完善农产品收储制度，2015年2月，农业部发布的《关于扎实做好2015年农业农村经济工作的意见》也强调，要推动完善玉米、油菜籽、食糖临时收储政策，优化政策设计，防止出现滞销卖难。

2. 完善中央储备粮管理体制

2017年、2018年中央1号文件提出，要深化农产品收储制度改革，改革完善中央储备粮管理体制。2019年10月，《中国的粮食安全》白皮书再次强调，要深化粮食收储制度和价格形成机制改革，在特定时段，按照特定价格，对特定区域的特定粮食品种，先后实施了最低收购价收购、国家临时收储等政策性收购。

党的十八大以来，在实施粮食收储制度的基础上，我国粮食安全保障能力得到全面提高，在促进经济发展、社会稳定、民生改善中发挥了积极作用。一是粮食政策兴粮惠农效果显著。年均收购粮食8 000亿斤[①]，通过托市收购、优质优价、产后减损等措施，累计帮助农民增收2 000亿元以上，有效保护了种粮农民利益。二是粮食仓储现代化水平明显提高。新建标准仓容1 600多亿

① 斤为非法定计量单位，1斤=500克。——编者著

斤，维修改造“危仓老库”仓容 2 500 多亿斤，完好仓容总量达 1.2 万亿斤；粮食仓储设施和技术达到世界先进水平，库存粮食保持总体稳定。三是粮食宏观调控物质基础更加雄厚。粮食库存充裕，中央储备粮规模保持稳定，地方储备粮增储任务全部落实到位，为稳定预期、应急保供提供了强力支撑。四是粮食市场运行保持平稳态势。粮食供应充足，价格总体平稳，对稳定物价总水平发挥了重要作用。五是粮食产业经济持续发展。企业年加工转化粮食近万亿斤，实现工业总产值达 3 万亿元，发展势头良好。六是中央和地方共同负责的粮食安全保障制度体系初步建立。建立完善粮食安全省长责任制，中央和地方粮食安全事权责任进一步明确，省级政府区域粮食安全主体责任逐步落实。

（四）完善农业补贴制度

农业补贴是指一国政府对本国农业支持与保护政策体系中最主要、最常用的政策工具，是政府对农业生产、流通和贸易进行的转移支付。农业补贴是当今世界各国普遍采取的农业支持保护政策，1995—1999 年，我国粮食连续丰收，粮食供给实现了从长期短缺到总量平衡、丰年有余的历史性变化，随之出现了粮食种植面积下降、产量下降、产粮大省粮食调出量下降等情况。2002 年，我国农业补贴政策在吉林、安徽部分县进行试点。2003 年，国务院根据党的十六届三中全会的要求，提出了对粮食主产区和农民更直接、更明确、更有力的综合性措施，此后，国内农业生产进入了补贴时代。

农业补贴具体包括 4 项补贴：良种补贴、种粮农民直接补贴、农资综合补贴和农机购置补贴。良种补贴始于 2002 年，种粮农民直接补贴始于 2004 年，农资综合补贴始于 2006 年，大规模的农机购置补贴始于 2008 年。除“四项补贴”外，2007 年起，国家对生猪、奶牛良种繁育以及渔用柴油给予了补贴。粮食直补、良种补贴、农资综合补贴这三项补贴极大地激发了农民种粮积极性，但执行中也出现了一系列问题：一是政策针对性不强，补贴按承包面积发放，与农民种粮脱钩，已变为普惠性的收入补贴，政策边际效应递减；二是我国化肥农药施用长期超标，农资综合补贴更刺激了化肥用量，与环境保护目标相悖。因此，农业补贴政策亟须改革。党的十八大以来，我国针对农业补贴制度出台了一系列相关政策文件（见表4-16）。

表4-16　2012年以来相关部门发布的关于农业补贴制度的政策文件

发布时间	文件名称	发文单位
2012.12	《关于加快发展现代农业进一步增强农村发展活力的若干意见》	中共中央 国务院
2013.11	《中共中央关于全面深化改革若干重大问题的决定》	中共十八届三中全会 审议通过
2014.01	《关于全面深化农村改革加快推进农业现代化的若干意见》	中共中央 国务院
2015.02	《关于加大改革创新力度加快农业现代化建设的若干意见》	中共中央 国务院
2015.12	《关于落实发展新理念加快农业现代化 实现全面小康目标的若干意见》	中共中央 国务院
2016.12	《关于深入推进农业供给侧结构性改革 加快培育农业农村发展新动能的若干意见》	中共中央 国务院
2018.01	《关于实施乡村振兴战略的意见》	中共中央 国务院
2018.09	《乡村振兴战略规划（2018—2022年）》	中共中央 国务院
2019.01	《关于坚持农业农村优先发展做好“三农”工作的若干意见》	中共中央 国务院
2020.01	《关于抓好“三农”领域重点工作确保如期实现全面小康的意见》	中共中央 国务院
2020.11	《关于进一步加强惠农财政补贴资金“一卡通”管理的指导意见》	财政部
2021.01	《关于全面推进乡村振兴加快农业农村现代化的意见》	中共中央 国务院
2021.03	《中华人民共和国国民经济和社会发展第十四个五年规划和2035年远景目标纲要》	十三届全国人大四次 会议审议通过

1. 加大农业补贴力度

2013—2021 年中央 1 号文件都强调，要加大农业补贴力度，稳定存量，增加总量，设定农业重点支持对象，完善农机购置补贴，使农业补贴制度切实保障农民权益，推进农业生产。2018 年 2 月，中共中央、国务院印发的《乡村振兴战略规划（2018—2022 年）》提出，要完善农机购置补贴政策，鼓励对绿色农业发展机具、高性能机具以及保证粮食等主要农产品生产机具实行敞开补贴。

2. 提高农业补贴效率

2013 年 11 月，党的十八届三中全会通过的《关于全面深化改革若干重大问题的决定》提出，要健全农业支持保护体系，改革农业补贴制度。2015 年，国家启动农业补贴政策改革，在安徽、山东、湖南、四川和浙江 5 省选择部分县（市）开展种粮直补、良种补贴和农资综合补贴合并为“农业支持保护补贴”改革试点。2017 年中央 1 号文件明确提出要深入推进农业“三项补贴”制度改革，2015 年、2018 年中央 1 号文件都强调要提高农业补贴的政策效能。2018 年 2 月 5 日，中共中央、国务院印发的《乡村振兴战略规划（2018—2022 年）》提出，建立以绿色生态为导向的农业补贴制度，提高农业补贴政策的指向性和精准性。继续支持粮改饲、粮豆轮作和畜禽水产标准化健康养殖，改革完善渔业油价补贴政策。2020 年 11 月，财政部等 7 部门联合发布《关于进一步加强惠民惠农财政补贴资金“一卡通”管理的指导意见》，实行财政补贴方式改革，在国家惠民惠农政策力度不断加大的情况下，使财政补贴资金能够以更简单快捷的方式发放给农民，提高了农业补贴效率。

3. 拓展资金来源渠道

完善农业补贴政策重在保障农业补贴资金来源，拓展农业补贴资金来源，能够为农业补贴制度提供金融支撑。2016 年，我国全面推行“农业支持补贴”制度，2017 年进一步提出探索实行财政支农资金“大专项＋任务清单”管理方式，推动政府和社会资本合作，撬动金融资本和社会资本更多投向农业农村。政府鼓励社会资本关注农业农村，为“三农”发展开拓了更广阔的资金来源。

自2004年以来，农业补贴政策已成为农业财政政策的一个重要组成部分，对提高农业综合生产能力、稳定农业发展，调动种粮农民积极性、保障国家粮食安全，增加农民收入、促进城乡协调发展起到了积极作用。

（五）发展农业保险

农业保险制度是针对农业弱质性实施的一项农业支持保护政策，它能够使农业受灾损失有保障。

我国的农业保险业务起步于1982年。2002年以前，由于农业保险风险大，经营成本高，农险业务发展缓慢，一度出现萎缩。进入21世纪，随着农村多种经营的发展，农民对保险需求越来越迫切，亟须建立符合我国国情的有政策扶持的农业保险制度。

党的十八大以来，我国高度重视农业支持保护，实施了一系列政策措施，推进完善农业保险制度（见表4－17）。

表4－17　2012年以来相关部门发布的关于农业保险制度的政策文件

发布时间	文件名称	发文单位
2012.12	《关于加快发展现代农业进一步增强农村发展活力的若干意见》	中共中央 国务院
2013.11	《中共中央关于全面深化改革若干重大问题的决定》	中共十八届三中全会 审议通过
2014.01	《关于全面深化农村改革加快推进农业现代化的若干意见》	中共中央 国务院
2015.01	《关于加大改革创新力度加快农业现代化建设的若干意见》	中共中央 国务院
2015.02	《关于扎实做好2015年农业农村经济工作的意见》	农业部
2015.12	《关于落实发展新理念加快农业现代化 实现全面小康目标的若干意见》	中共中央 国务院

（续）

发布时间	文件名称	发文单位
2016.01	《关于扎实做好2016年农业农村经济工作的意见》	农业部
2016.12	《关于深入推进农业供给侧结构性改革 加快培育农业农村发展新动能的若干意见》	中共中央 国务院
2018.01	《关于实施乡村振兴战略的若干意见》	中共中央 国务院
2018.02	《乡村振兴战略规划（2018—2022年）》	中共中央 国务院
2019.01	《关于坚持农业农村优先发展做好“三农”工作的若干意见》	中共中央 国务院
2020.01	《关于抓好“三农”领域重点工作确保如期实现全面小康的意见》	中共中央 国务院
2020.02	《关于落实党中央、国务院2020年农业农村重点工作部署的实施意见》	农业农村部
2020.07	《关于扩大农业农村有效投资 加快补上“三农”领域短板的意见》	中央农村工作领导小组办公室等7部门
2021.01	《关于全面推进乡村振兴加快农业农村现代化的意见》	中共中央 国务院
2021.03	《中华人民共和国国民经济和社会发展第十四个五年规划和2035年远景目标纲要》	十三届全国人大四次会议审议通过

1. 完善农业保险制度

2013—2021年中央1号文件都提出，要健全政策性农业保险制度，加大农业保险支持力度，把农业保险作为支持农业的重要手段，提高农业抗风险能力。2013年11月，党的十八届三中全会在《关于全面深化改革若干重大问题的决定》中提出，要完善农业保险制度。2016年，我国主要农作物承保面积达到11亿亩，参保户超过2亿户。2018年2月，中共中央、国务院印发的《乡村振兴战略规划（2018—2022年）》提出，要提高风险保障能力，完善农业保险政策体系，设计多层次、可选择、不同保障水平的保险产品。

2. 开展农业保险政策试点

2015年中央1号文件提出，要积极开展农产品价格保险试点。2016年中央1号文件提出，支持扩大农产品价格指数保险试点，探索建立农产品收入保险制度。2018年《乡村振兴战略规划（2018—2022年）》提出，要积极开发适应新型农业经营主体需求的保险品种，探索开展水稻、小麦、玉米三大主粮作物完全成本保险和收入的保险试点。健全农业保险大灾风险分散机制，发展农产品期权期货市场，扩大“保险＋期货”试点，探索“订单农业＋保险＋期货（权）”试点。同年，财政部在河北、内蒙古、辽宁、安徽、山东、湖北6个省（自治区）各选4个县开展为期3年的农业完全成本保险和收入保险试点①。2019年中央1号文件提出，按照扩面增品提标的要求，完善农业保险政策。推进稻谷、小麦、玉米完全成本保险和收入保险试点。扩大农业大灾保险试点和“保险＋期货”试点。2020年2月农业农村部《关于落实党中央、国务院2020年农业农村重点工作部署的实施意见》提出，要做好农业大灾保险试点、优势特色农产品保险奖补试点。推动制定出台普惠金融扶持新型农业经营主体的政策性文件。同年7月中央农村工作领导小组办公室等7部门联合发布《关于扩大农业农村有效投资　加快补上“三农”领域突出短板的意见》提出，完善农业大灾保险试点，推进稻谷、小麦、玉米完全成本保险和收入保险试点，完善地方优势特色农产品保险奖补试点政策，优化“保险＋期货”试点模式。2021年中央1号文件提出，扩大稻谷、小麦、玉米三大粮食作物完全成本保险和收入保险试点范围。

3. 健全农村金融服务体系

2014年农业部《关于推动金融支持和服务现代化农业发展的通知》提出，农业保险是金融支农的重要内容，鼓励推进农业保险支持农业发展。2015年2月4日农业部《关于扎实做好2015年农业农村经济工作的意见》提出，鼓励利用财政资金撬动金融保险支农，充分发挥财政资金的引导和杠杆作用。2016

① 宋洪远．转型的动力—中国农业供给侧结构性改革［M］．广州：广东经济出版社，2019－01－01．

年1月29日农业部《关于扎实做好2016年农业农村经济工作的意见》提出，要推动农业金融保险创新，推动商业金融、政策金融、合作金融支持现代农业发展。2021年3月“十四五”规划提出，要健全农村金融服务体系，完善金融支农激励机制，扩大农村资金抵押担保融资范围，发展农业保险，充分发挥农村金融对农业农村发展的作用。

在中央相关政策措施的支持下，政策性农业保险试点取得了显著成效，特别是农业保险保费补贴政策的实施，发挥了中央财政投入的乘数效应，分散了农业风险、稳定了农民收入、促进了社会和谐稳定。一是形成了支持农险发展的政策体系。随着近年来国家农业保险政策的逐步推进，由中央政府主导和地方政府配套的多层次的政策体系已经逐步形成。二是促进了农业保险经营机构的发展壮大。在国家政策支持和有关部门的共同努力下，我国农业保险业务不断拓展，农业保险经营机构不断催生，从最初的一家经营公司发展至今已经有多家经营机构。三是逐渐明确了农业保险责任范围。随着国家农业保险政策的实施，财政部也逐渐明确了农业保险责任范围。四是突显了农业保险的保障作用。各地开展农业保险的步伐虽然有快有慢，但农业保险在补偿损失、帮助农民恢复生产、保障农民收入稳定等方面起到了“稳定器”的作用。随着改革的深入，农业保障水平持续提高，农产品受灾损失也都得到了保障，农民投入生产积极性也进一步增加。

（六）完善农产品进出口调节制度

农产品贸易是国际贸易中的一个重要组成部分[①]，推进农产品进出口一方面能够保障国内粮食安全，另一方面有助于推进农村经济的发展。在世界农产品贸易出口总额越来越大的情况下，我国也越来越关注农产品在世界市场的地位，着力发挥农产品进出口对推进农村经济发展的作用。多年的中央1号文件都提出，要完善农产品进出口调节制度，扩大农产品国际贸易（见表4-18）。

---

① 李辉，曾艳，曹晶晶．农产品国际贸易制度的演进与我国的对策［J］．广西财经学院学报，2015，28（1）：74-78.

表 4-18　2012 年以来相关部门发布的关于农产品进出口调节制度的政策文件

发布时间	文件名称	发文单位
2012.12	《关于加快发展现代农业进一步增强农村发展活力的若干意见》	中共中央 国务院
2014.01	《关于全面深化农村改革加快推进农业现代化的若干意见》	中共中央 国务院
2015.02	《关于加大改革创新力度加快实现农业现代化建设的若干意见》	中共中央 国务院
2015.12	《关于落实发展新理念加快农业现代化　实现全面小康目标的若干意见》	中共中央 国务院
2016.10	《全国农业现代化规划（2016—2020 年）》	国务院
2016.12	《关于深入推进农业供给侧结构性改革　加快培育农业农村发展新动能的若干意见》	中共中央 国务院
2017.01	《农业对外合作“十三五”规划》	农业部等
2018.01	《关于实施乡村振兴战略的意见》	中共中央 国务院
2019.01	《关于坚持农业农村优先发展做好“三农”工作的若干意见》	中共中央 国务院
2020.01	《关于抓好“三农”领域重点工作确保如期实现全面小康的意见》	中共中央 国务院
2020.02	《关于落实党中央、国务院 2020 年农业农村重点工作部署的实施意见》	农业农村部
2021.02	《关于全面推进乡村振兴加快农业农村现代化的意见》	中共中央 国务院

1. 加大对农产品进出口支持力度

2014 年 11 月，国务院批准农业部牵头建立农业对外合作部际联席会议制度后，有 20 多家成员单位参与进来，20 家企业与 20 家成员单位建立 20＋20 工作机制，共同推动开展农业对外合作。2016 年中央 1 号文件提出，要加大对农产品出口支持力度，巩固农产品出口传统优势，培育新的竞争优势，扩大特色和高附加值农产品出口。2018 年中央 1 号文件《关于实施乡村振兴战略的意见》提出，加快建立农业对外开放新格局，实施特色优势农产品出口提升行动，扩大高附加值农产品出口。积极支持农业“走出去”，培育具有国际竞争力的大粮商和农业企业集团。2019 年和 2020 年中央 1 号文件再次强调，要加快推进并支持农业“走出去”，扩大优势农产品出口，加强“一带一路”农业国际合作，主动扩大国内紧缺农产品进口，拓展多元化进口渠道，培育一批跨国农业企业集团，提高农业对外合作水平。2020 年 2 月农业农村部《关于落实党中央、国务院 2020 年农业农村重点工作部署的实施意见》提出，促进农业对外合作，实施优势农产品贸易促进行动，建立农业对外贸易会商及信息发布制度。推进农业对外合作园区建设，制定支持农业“走出去”企业加快发展措施，进一步放宽农业领域外资准入。

2. 统筹利用国际国内两个市场两种资源

2013—2021 年中央 1 号文件都强调，要统筹利用国际国内两个市场、两种资源，制定重要农产品国际贸易战略，合理利用发挥国际农产品市场的作用，加快推进并支持农业“走出去”，主动扩大国内紧缺农产品出口，拓展多元化进口渠道，培育一批跨国农业企业集团，提高农业对外合作水平。2016 年 4 月国务院办公厅出台了一系列含金量高、务实管用的政策措施，第一次系统构建了支持农业对外合作的政策框架体系，为国内农产品市场提供了制度环境。同年 10 月，国务院印发《全国农业现代化规划（2016—2020 年）》，对“十三五”期间全国农业现代化的基本目标、主要任务、政策措施等做出全面部署安排。提出开放助农，着力扩大农业对外合作，统筹用好国内国际两个市场、两种资源，提升农业对外开放层次和水平。2017 年 1 月，农业部、国家发改委、商务部共同编制印发《农业对外合作“十三五”规划》，明确了农业对外合作的路线图和时间表，为农产品进出口做出了规划。

3. 创造良好的国际贸易环境

2016 年中央 1 号文件明确提出，创造良好的农产品国际贸易环境，健全公平竞争的农产品进口市场环境，健全农产品贸易反补贴、反倾销和保障措施法律法规，依法对进口农产品开展贸易救济调查。2017 年 5 月，农业部、国家发展改革委、商务部、外交部联合发布《共同推进“一带一路”建设农业合作的愿景与行动》[①]。2018年中央1号文件提出，构建农业对外开放新格局。优化资源配置，着力节本增效，提高我国农产品国际竞争力。实施特色优势农产品出口提升行动，扩大高附加值农产品出口。建立健全我国农业贸易政策体系。深化与“一带一路”沿线国家和地区农产品贸易关系。积极参与全球粮食安全治理和农业贸易规则制定，促进形成更加公平合理的农业国际贸易秩序。

（七）完善产销区补偿机制

由于粮食主产区在保障粮食供给安全方面做出了较大的牺牲，产粮大县财政收入与全国平均县差距较大，因此中央提出要建立产销区利益补偿机制，支持粮食主产区发展（见表4-19）。

表4-19 2012年以来相关部门发布的关于产销区利益补偿机制的政策文件

发布时间	文件名称	发文单位
2012.12	《关于加快发展现代农业进一步增强农村发展活力的若干意见》	中共中央 国务院
2013.11	《中共中央关于全面深化改革若干重大问题的决定》	中共十八届三中全会审议通过
2014.01	《关于全面深化农村改革加快推进农业现代化的若干意见》	中共中央 国务院
2015.02	《关于加大改革创新力度加快农业现代化建设的若干意见》	中共中央 国务院
2015.12	《关于落实发展新理念加快农业现代化　实现全面小康目标的若干意见》	中共中央 国务院
2016.12	《关于深入推进农业供给侧结构性改革　加快培育农业农村发展新动能的若干意见》	中共中央 国务院

① 宋洪远．转型的动力：中国农业供给侧结构性改革［M］．广州：广东经济出版社，2019.

（续）

发布时间	文件名称	发文单位
2018.01	《关于实施乡村振兴战略的意见》	中共中央 国务院
2018.09	《乡村振兴战略规划（2018—2022年）》	中共中央 国务院
2019.01	《关于坚持农业农村优先发展做好“三农”工作的若干意见》	中共中央 国务院
2021.03	《中华人民共和国国民经济和社会发展第十四个五年规划和2035年远景目标纲要》	十三届全国人大四次会议审议通过

1. 完善粮食主产区利益补偿机制

2013年11月，党的十八届三中全会审议通过《中共中央关于全面深化改革若干重大问题的决定》提出，推进城乡要素平等交换和公共资源均衡配置，健全农业支持保护体系，改革农业补贴制度，完善粮食主产区利益补偿机制，保护好农民权益是实现城乡要素平等的重要条件。2015—2019年中央1号文件强调，加快健全完善粮食产销区利益补偿机制，保障粮食生产，改善民生。2019年中央1号文件提出，稳定粮食产量要发挥粮食主产区优势，完善粮食主产区利益补偿机制，健全产粮大县奖补政策，压实主销区和产销平衡区稳定粮食生产责任。2021年3月“十四五”规划提出，要健全农业支持保护制度，完善粮食主产区利益补偿机制。

2. 加大对粮食主产区的财政转移支付力度

2014年中央1号文件明确提出，加快建立利益补偿机制，加大对粮食主产区的财政转移支付力度，增加对商品粮生产大省和粮油猪生产大县的奖励补助，鼓励主销区通过多种方式到主产区投资建设粮食生产基地，更多地承担国家粮食储备任务，完善粮食主产区利益补偿机制。同时增加对粮食主产区的资金支持，完善生态补偿制度，支持地方开展耕地保护补偿。2018年中央1号文件强调指出，加大对粮食主产区的财政支持，保障农民权益，充分发挥农业支持保护对农业生产的促进作用。

产销区利益补偿机制的建立和完善，一方面是农业支持保护制度的重要内容之一，另一方面又是实现区域平衡发展、保证粮食安全的重要保障。建立健全产销区利益补偿机制，对实现农业持续发展，促进社会和谐稳定意义重大。

五、城乡融合发展体制机制

建立健全城乡融合发展体制机制，以协调推进乡村振兴战略和新型城镇化战略为抓手，以缩小城乡发展差距和居民生活水平差距为目标，以完善产权制度和要素市场化配置为重点，坚决破除体制机制弊端，促进城乡要素自由流动、平等交换和公共资源合理配置，加快形成工农互促、城乡互补、全面融合、共同繁荣的新型工农城乡关系，加快推进农业农村现代化。

习近平总书记在党的十九大报告中提出，要建立健全城乡融合发展体制机制和政策体系，加快推进农业农村现代化。为贯彻落实党中央、国务院决策部署，2019 年 12 月，由国家发展改革委、中央农村工作领导小组办公室、农业农村部、公安部等 18 部门联合发布《关于开展国家城乡融合发展试验区工作的通知》并印发《国家城乡融合发展试验区改革方案》（以下简称《方案》）。《方案》把试点引路作为重要改革方法，推动国家城乡融合发展试验区，坚持城乡融合发展正确方向，率先建立起城乡融合发展体制机制和政策体系。围绕建立健全城乡融合发展体制机制，中共中央、国务院及有关部委先后出台了一系列政策文件（见表 4－20）。

表 4－20　2017 年以来相关部门发布的关于城乡融合发展的政策文件

发布时间	文件名称	发文单位
2018.01	《关于实施乡村振兴战略的意见》	中共中央 国务院
2018.03	《关于实施 2018 年推进新型城镇化建设重点任务的通知》	国家发展改革委
2018.09	《乡村振兴战略规划（2018—2022 年）》	中共中央 国务院

（续）

发布时间	文件名称	发文单位
2019.03	《2019年新型城镇化建设重点任务》	国家发展改革委
2019.04	《关于建立健全城乡融合发展体制机制和政策体系的意见》	中共中央 国务院
2019.12	《关于开展国家城乡融合发展试验区工作的通知》、《国家城乡融合发展试验区改革方案》	国家发展改革委等18部门
2021.03	《中华人民共和国国民经济和社会发展第十四个五年规划和2035年远景目标纲要》	十八届全国人大四次会议审议通过
2021.04	《2021年新型城镇化和城乡融合发展重点任务》	国家发展改革委

（一）健全城乡要素合理配置的体制机制

2018年9月中共中央、国务院印发的《乡村振兴战略规划（2018—2022年）》指出，完善城乡融合发展政策体系，顺应城乡融合发展趋势，重塑城乡关系，更好激发农村内部发展活力、优化农村外部发展环境，推动人才、土地、资本等要素双向流动，为乡村振兴注入新动能。规划包括加快农业转移人口市民化、强化乡村振兴人才支撑、加强乡村振兴用地保障、健全多元投入保障机制、加大金融支农力度等方面。

2019年3月国家发展改革委印发的《2019年新型城镇化建设重点任务》提出，推进城乡要素合理配置。吸引各类城市人才返乡下乡创业，允许农村集体经济组织探索人才加入机制。按照国家统一部署，在符合空间规划、用途管制和依法取得前提下，允许农村集体经营性建设用地入市，允许就地入市或异地调整入市。鼓励各级财政支持城乡融合发展及载体平台建设，撬动更多社会资金投入。完善乡村金融服务体系。强化法律规划政策指导和诚信建设，引导工商资本下乡创业兴业。健全涉农技术创新市场导向机制和产学研用合作机制，引导科研人员按规定到乡村兼职和离岗创业。做好实用性村庄规划，合理引导要素流动。

2019年4月中共中央、国务院发布的《关于建立健全城乡融合发展体制机制和政策体系的意见》提出，建立健全有利于城乡要素合理配置的体制机制。坚决破除妨碍城乡要素自由流动和平等交换的体制机制壁垒，促进各类要素更多向乡村流动，在乡村形成人才、土地、资金、产业、信息汇聚的良性循环，为乡村振兴注入新动能。包括健全农业转移人口市民化机制、建立城市人才入乡激励机制。

2021 年 3 月“十四五”规划提出，加强农业农村发展要素保障。健全农业农村投入保障制度，加大中央财政转移支付、土地出让收入、地方政府债券支持农业农村力度。健全农业支持保护制度，完善粮食主产区利益补偿机制，构建新型农业补贴政策体系，完善粮食最低收购价政策。深化供销合作社改革。完善农村用地保障机制，保障设施农业和乡村产业发展合理用地需求。健全农村金融服务体系，完善金融支农激励机制，扩大农村资产抵押担保融资范围，发展农业保险。允许入乡就业创业人员在原籍地或就业创业地落户并享受相关权益，建立科研人员入乡兼职兼薪和离岗创业制度。

（二）健全城乡基本公共服务普惠共享的体制机制

2019 年 3 月国家发展改革委印发的《2019 年新型城镇化建设重点任务》提出，缩小城乡基本公共服务差距。鼓励省级政府建立统筹规划、统一选拔的乡村教师补充机制，通过稳步提高待遇等措施增强乡村教师岗位吸引力。增加基层医务人员岗位吸引力，鼓励县医院与乡镇卫生院建立县域医共体，鼓励城市大医院与县医院建立对口帮扶、巡回医疗和远程医疗机制。建立公共文化服务群众需求征集和评价反馈机制，推动服务项目与居民需求有效对接。推进城乡低保制度统筹发展，健全低保标准动态调整机制，确保动态管理下应保尽保。提高城市、县城、小城镇、中心村公共服务联动性。

2019 年 4 月中共中央、国务院发布的《关于建立健全城乡融合发展体制机制和政策体系的意见》提出，建立健全有利于城乡基本公共服务普惠共享的体制机制，推动公共服务向农村延伸、社会事业向农村覆盖，健全全民覆盖、普惠共享、城乡一体的基本公共服务体系，推进城乡基本公共服务标准统一、制度并轨。包括建立城乡教育资源均衡配置机制、健全乡村医疗卫生服务体系、健全城乡公共文化服务体系、完善城乡统一的社会保险制度、统筹城乡社会救助体系、建立健全乡村治理机制。

2021年4月国家发展改革委印发的《2021年新型城镇化和城乡融合发展重点任务》提出，推进义务教育优质均衡发展和城乡一体化，促进义务教育教师“县管校聘”管理改革。实施医师区域注册，推进医师多机构执业，积极发展医疗联合体。依托国家城乡融合发展试验区等开展县域内城乡融合发展试点示范。

（三）健全城乡基础设施一体化发展的体制机制

2018年3月国家发展改革委发布的《关于实施2018年推进新型城镇化建设重点任务的通知》提出，推动公共资源向农村延伸，把公共基础设施建设的重点放在农村，加快农村公路、供水、供气、环保、电网、物流、信息、广播电视建设，进一步提高农村饮水安全保障程度，加大农村“厕所革命”推进力度。优先发展农村教育事业，全面加强乡村小规模学校和乡镇寄宿制学校建设，完善农村社会保障体系，建设健康乡村。统筹山水林田湖草系统治理，加强农村突出环境问题综合治理，实施农村人居环境整治3年行动方案。引导社会资本参与农村基础设施和公共服务设施建设。

2019年3月国家发展改革委印发的《2019年新型城镇化建设重点任务》提出，提高城乡基础设施建管能力，以市（县）域为整体，统筹规划城乡基础设施，统筹布局道路、供水、供电、信息、物流、防洪和垃圾污水处理等设施，2019年完成新改建农村公路20万公里。明确乡村基础设施的公共产品定位，构建事权清晰、权责一致、中央支持、省级统筹、市县负责的城乡基础设施一体化建设机制，健全分级分类投入机制。对城乡道路和普通公路等公益性设施管护和运行投入，一般公共财政预算按规定予以支持。明确乡村基础设施产权归属，由产权所有者建立管护制度，落实管护责任。

2019年4月中共中央、国务院发布的《关于建立健全城乡融合发展体制机制和政策体系的意见》提出，把公共基础设施建设重点放在乡村，坚持先建机制、后建工程，加快推动乡村基础设施提档升级，实现城乡基础设施统一规划、统一建设、统一管护。以市（县）域为整体，统筹规划城乡基础设施，统筹布局道路、供水、供电、信息、广播电视、防洪和垃圾污水处理等设施。统筹规划重要市政公用设施，推动向城市郊区乡村和规模较大中心镇延伸。推动城乡路网一体规划设计，畅通城乡交通运输连接，加快实现县乡村（户）道路联通、城乡道路客运一体化，完善道路安全防范措施。统筹规划城乡污染物收运处置体系，严防城市污染上山下乡，因地制宜统筹处理城乡垃圾污水，加快建立乡村生态环境保护和美丽乡村建设长效机制。加强城乡公共安全视频监控规划、建设和联网应用，统一技术规范、基础数据和数据开放标准。

2020 年 4 月国家发展改革委印发的《2020 年新型城镇化建设和城乡融合发展重点任务》提出，推进实施城乡统筹的污水垃圾收集处理、城乡联结的冷链物流、城乡农贸市场一体化改造、城乡道路客运一体化发展、市政供水供气供热向城郊（村）延伸、乡村旅游路产业路等城乡联动建设项目。

2021 年 4 月国家发展改革委印发的《2021 年新型城镇化和城乡融合发展重点任务》提出，统筹规划水、气、热等市政公用设施，推动向城市郊区乡村和规模较大中心镇延伸。推进城乡道路客运一体化发展，推进公路客运站改建迁建和功能提升。支持城郊承接城市专业市场和物流基地疏解，在县、乡、村合理布局冷链物流设施、配送投递设施和农贸市场网络，畅通农产品进城和工业品入乡通道。

（四）健全乡村经济多元化发展的体制机制

2018 年 3 月国家发展改革委发布的《关于实施 2018 年推进新型城镇化建设重点任务的通知》提出，推进城乡产业融合发展。构建农村一二三产业融合发展体系，创建认定一批国家农村产业融合发展示范园和先导区，实施产业兴村强县行动，发展农产品加工流通、农村休闲旅游养老、“互联网＋”现代农业和设施农业。全面开展农村集体资产清产核资、集体成员身份确认，推进集体经营性资产股份合作制改革，探索农村集体经济新的实现形式和运行机制。启动新型农业经营主体培育工程，促进小农户和现代农业发展有机衔接。推动县级政府调整优化村庄用地布局，有效利用农村零星分散的存量建设用地。预留部分规划建设用地指标用于单独选址的农业设施和休闲旅游设施等建设。对利用收储农村闲置建设用地发展农村新产业新业态的，给予新增建设用地指标奖励。

2019年3月国家发展改革委印发的《2019年新型城镇化建设重点任务》提出，促进乡村经济多元化发展。建立新产业新业态培育机制，构建农村一二三产业融合发展体系，实现城乡生产与消费多层次对接。探索建立政府主导、企业和各界参与、市场化运作、可持续的城乡生态产品价值实现机制。加强优秀农耕文化遗产保护与合理适度利用，推动农村地区传统工艺振兴，发展特色文化产业和工艺产品。培育发展城乡产业协同发展先行区，创建一批城乡融合典型项目，鼓励经营性与公益性项目综合体立项，促进资金平衡、金融支持和市场化运作，推进城乡要素跨界配置和产业有机融合。

2019年4月中共中央、国务院发布的《关于建立健全城乡融合发展体制机制和政策体系的意见》提出，建立健全有利于乡村经济多元化发展的体制机制，围绕发展现代农业、培育新产业新业态，完善农企利益紧密联结机制，实现乡村经济多元化和农业全产业链发展。包括完善农业支持保护制度、建立新产业新业态培育机制、探索生态产品价值实现机制、建立乡村文化保护利用机制、搭建城乡产业协同发展平台、健全城乡统筹规划制度。

（五）健全农民收入持续增长的体制机制

2019年3月国家发展改革委印发的《2019年新型城镇化建设重点任务》提出，促进农民收入持续增长。推动形成平等竞争、规范有序、城乡统一的人力资源市场，统筹推进农村劳动力转移就业和就地创业就业。完善财政、信贷、保险、用地等政策，建立农产品优质优价正向激励机制。2019年年底基本完成农村集体资产清产核资工作，加快推进经营性资产股份合作制改革，完善农村集体产权权能，创新农村集体经济运行机制，确保集体资产保值增值和农民收益。履行好政府再分配调节职能，完善对农民直接补贴政策，健全生产者补贴制度。

2019年4月中共中央、国务院发布的《关于建立健全城乡融合发展体制机制和政策体系的意见》提出，建立健全有利于农民收入持续增长的体制机制，拓宽农民增收渠道，促进农民收入持续增长，持续缩小城乡居民生活水平差距。包括完善促进农民工资性收入增长环境、健全农民经营性收入增长机制、建立农民财产性收入增长机制、强化农民转移性收入保障机制、强化打赢脱贫攻坚战体制机制。

走城乡融合发展之路，必须向改革要动力。党的十八大以来，一系列重大改革举措相继出台，建立健全城乡融合发展体制机制取得明显成效。一是农业转移人口进城落户的门槛不断降低。已有 9 000 多万农业转移人口成为城镇居民，2018 年户籍人口和常住人口城镇化率分别提高到 43.37%、59.58%。二是城乡一体的基本公共服务提供机制逐步建立。截至 2018 年年底，城乡居民基本医保覆盖了 13.5 亿人、大病保险覆盖了 10.5 亿人，基本养老保险覆盖了 9.4 亿人。三是城乡一体的基础设施建设取得显著成效。截至 2018 年年底，99.6%的乡镇、99.5%的建制村通了硬化路，99.1%的乡镇、96.5%的建制村通了客车，95%的建制村连接了 4G 网络。

第五章

政治法律制度

实施乡村振兴战略是党和国家的重大决策部署，各级党委和政府要提高对实施乡村振兴战略重大意义的认识，真正把实施乡村振兴战略摆在优先位置，为实施乡村振兴战略提供政治法律保障。2019年8月印发的《中国共产党农村工作条例》，把党领导农村工作的传统、要求、政策等以党内法规形式确定了下来。2021年4月通过的《中华人民共和国乡村振兴促进法》，充分发挥了立法在乡村振兴中的保障和推动作用。本章主要围绕《中国共产党农村工作条例》和《中华人民共和国乡村振兴促进法》的主要内容，对乡村振兴的政治法律制度进行总结和归纳。

一、加强党对农村工作的全面领导

习近平总书记多次强调，党管农村工作是我们的传统。在革命、建设、改革各个历史时期，我们党都把解决好“三农”问题作为关系党和国家事业全局的根本性问题，始终牢牢掌握党对农村工作的领导权。2018年中央1号文件《关于实施乡村振兴战略的意见》明确提出要研究制定《中国共产党农村工作条例》，《中央党内法规制定工作第二个五年规划（2018—2022年）》也对此作出了部署安排。专门制定关于农村工作的党内法规，在我们党的历史上还是首次，充分体现了以习近平同志为核心的党中央对农村工作的高度重视。

2019年8月印发的《中国共产党农村工作条例》（以下简称《条例》），以习近平新时代中国特色社会主义思想为指导，对坚持和加强党对农村工作的全面领导作出了系统规定，是新时代党管农村工作的总依据。《条例》围绕实施乡村振兴战略，强化农业农村优先发展的政策导向，明确五级书记抓乡村振兴的领导责任，提出加强党对农村经济建设、民主政治建设、精神文明建设、社会建设、生态文明建设的领导和农村党的建设的主要任务，将更好地把党集中统一领导的政治优势转化为重农强农、推动乡村振兴的行动优势。

办好农村的事，关键在党。实施乡村振兴战略，必须加强党的领导。本节主要依据《中国共产党农村工作条例》，系统阐释实施乡村振兴战略的政治保证。

（一）党的农村工作必须遵循的原则

《条例》结合党管农村工作的长期实践和经验，把握新时代农村工作的任务和要求，提出了党的农村工作必须遵循的6项原则。

（1）坚持党对农村工作的全面领导，确保党在农村工作中总揽全局、协调各方，保证农村改革发展沿着正确的方向前进。

（2）坚持以人民为中心，尊重农民主体地位和首创精神，切实保障农民物质利益和民主权利，把农民拥护不拥护、支持不支持作为制定党的农村政策的依据。

（3）坚持巩固和完善农村基本经营制度，夯实党的农村政策基石。

（4）坚持走中国特色社会主义乡村振兴道路，推进乡村产业振兴、人才振兴、文化振兴、生态振兴、组织振兴。

（5）坚持教育引导农民听党话、感党恩、跟党走，把农民群众紧紧团结在党的周围，筑牢党在农村的执政基础。

（6）坚持一切从实际出发，分类指导、循序渐进，不搞强迫命令、不刮风、不一刀切。

（二）健全党的农村工作领导体制机制

《条例》紧密结合新时代农村工作实际，对党领导农村工作体制机制作出了全面规定。

（1）明确了中央统筹、省负总责、市县乡抓落实的农村工作领导体制，构建了职责清晰、分工负责、合力推进的责任体系。加强各级党委农村工作部门建设，履行决策参谋、统筹协调、政策指导、推动落实、督导检查等职能。

（2）明确了党中央及其农村工作领导小组的主要职责和任务。《条例》规定，党中央全面领导农村工作，统一制定农村工作大政方针，统一谋划农村发展重大战略，统一部署农村重大改革。定期研究农村工作，每年召开农村工作会议，制定出台指导农村工作的文件。

《条例》规定，党中央设立中央农村工作领导小组，发挥农村工作牵头抓总、统筹协调等作用，在中央政治局及其常务委员会的领导下开展工作，对党中央负责，向党中央和总书记请示报告工作，督促落实党中央关于农村工作重要决策部署。

《条例》规定，中央农村工作领导小组各成员单位应当加强对本单位本系统农村工作的领导，落实职责任务，加强部门协同，形成农村工作合力。中央农村工作领导小组下设办公室，承担中央农村工作领导小组日常事务。

（3）明确了地方党委及其农村工作领导小组的主要职责和任务。《条例》规定，省（自治区、直辖市）党委应当定期研究本地区农村工作，决策农村工作重大事项，召开农村工作会议，制定出台农村工作政策举措，抓好重点任务分工、重大项目实施、重要资源配置等工作；市（地、州、盟）党委应当做好上下衔接、域内协调、督促检查工作，发挥好以市带县作用；县（市、区、旗）党委应当结合本地区实际，制定具体管用的工作措施，建立健全职责清晰的责任体系，贯彻落实党中央以及上级党委关于农村工作的要求和决策部署。

《条例》规定，县级以上地方党委应当设立农村工作领导小组，省（市）级农村工作领导小组一般由同级党委副书记任组长，县级农村工作领导小组由县委书记任组长，其成员由党委和政府有关负责人以及相关部门主要负责人组成。

（三）党领导农村工作的主要任务

《条例》以实施乡村振兴战略为总抓手，明确了新时代党的农村工作的 6 个主要任务。

（1）加强党对农村经济建设的领导。巩固和加强农业基础地位，实施藏粮于地、藏粮于技战略，确保谷物基本自给、口粮绝对安全。深化农业供给侧结构性改革，构建现代农业产业体系、生产体系、经营体系，促进农村一二三产业融合发展，发展壮大农村集体经济，巩固和扩大脱贫攻坚成果，促进农民持续增收致富。

（2）加强党对农村社会主义民主政治建设的领导。完善基层民主制度，深化村民自治实践，健全村党组织领导的充满活力的村民自治机制，丰富基层民主协商形式，保证农民依法实行民主选举、民主协商、民主决策、民主管理、民主监督。巩固农村基层政权，开展平安乡村建设，促进农村社会公平正义。

（3）加强党对农村社会主义精神文明建设的领导。培育和践行社会主义核心价值观，深入开展中国特色社会主义、习近平新时代中国特色社会主义思想宣传教育，建好用好新时代文明实践中心。加强农村思想道德建设，传承发展提升农村优秀传统文化，推进移风易俗。加强农村思想政治工作，广泛开展民主法治教育。深入开展农村群众性精神文明创建活动，丰富农民精神文化生活，提高农民科学文化素质和乡村社会文明程度。

（4）加强党对农村社会建设的领导。坚持保障和改善农村民生，大力发展教育、医疗卫生、养老、文化体育、社会保障等农村社会事业，加快改善农村公共基础设施和基本公共服务条件，提升农民生活质量。建立健全党委领导、政府负责、社会协同、公众参与、法治保障、科技支撑的现代乡村社会治理体制，健全党组织领导下的自治、法治、德治相结合的乡村治理体系，建设充满活力、和谐有序的乡村社会。

（5）加强党对农村生态文明建设的领导。牢固树立和践行绿水青山就是金山银山的发展理念，统筹山水林田湖草沙系统治理，促进农业绿色发展，加强农村生态环境保护，改善农村人居环境，建设生态宜居美丽乡村。

（6）加强农村党的建设。坚持农村基层党组织领导地位不动摇，乡镇党委和村党组织全面领导乡镇、村的各类组织和各项工作。村党组织书记应当通过法定程序担任村民委员会主任和村级集体经济组织、合作经济组织负责人，推行村“两委”班子成员交叉任职。加强村党组织对共青团、妇联等群团组织的领导，发挥它们的积极作用。健全村党组织领导下的议事决策机制、监督机制，建立健全村务监督委员会，村级重大事项决策实行“四议两公开”。健全以财政投入为主的稳定的村级组织运转经费保障制度，持续加强基本队伍、基本活动、基本阵地、基本制度、基本保障建设。

（四）党领导农村工作的保障措施

《条例》从改革、投入、科技、教育、乡村规划、法治等方面，对各级党委完善有关保障措施提出了明确要求。

（1）以处理好农民和土地的关系为主线推动深化农村改革，坚持农村土地农民集体所有，坚持家庭经营基础性地位，坚持保持土地承包关系稳定并长久不变，健全符合社会主义市场经济要求的农村经济体制，把实现好、维护好、发展好广大农民的根本利益作为出发点和落脚点，调动亿万农民的积极性、主动性、创造性，不断解放和发展农村社会生产力。

（2）推动建立“三农”财政投入稳定增长机制，加大强农惠农富农政策力度，完善农业支持保护制度，健全商业性金融、合作性金融、政策性金融相结合的农村金融服务体系，拓宽资金筹措渠道，确保“三农”投入力度不断增强、总量持续增加。

（3）深入实施科教兴农战略，健全国家农业科技创新体系、现代农业教育体系、农业技术推广服务体系，把农业农村发展转到创新驱动发展的轨道上来。

（4）坚持规划先行，突出乡村特色，保持乡村风貌，加强各类规划统筹管理和系统衔接，推动形成城乡融合、区域一体、多规合一的规划体系，科学有序推进乡村建设发展。

（5）坚持法治思维，增强法治观念，健全农业农村法律体系，加强农业综合执法，保障农民合法权益，自觉运用法治方式深化农村改革、促进农村发展、维护农村稳定，提高党领导农村工作法治化水平。

（五）健全五级书记抓乡村振兴考核机制

为确保乡村振兴战略的有效实施，《条例》对健全乡村振兴考核监督机制作出了明确规定。

（1）《条例》规定，地方各级党委和政府主要负责人、农村基层党组织书记是本地区乡村振兴工作第一责任人。上级党委和政府应当对下级党委和政府主要负责人、农村基层党组织书记履行第一责任人职责情况开展督查考核，并将考核结果作为干部选拔任用、评先奖优、问责追责的重要参考。

（2）《条例》规定，各省（自治区、直辖市）党委和政府每年向党中央、国务院报告乡村振兴战略实施情况，省以下各级党委和政府每年向上级党委和政府报告乡村振兴战略实施情况。

（3）《条例》规定，实行市、县党政领导班子和领导干部推进乡村振兴战略实绩考核制度，将抓好农村工作特别是推进乡村振兴战略实绩、巩固拓展脱贫成果作为政绩考核的重要内容，由上级党委统筹安排实施，考核结果作为对市、县党政领导班子和有关领导干部综合考核评价的重要依据。

（4）《条例》规定，地方各级党政领导班子和主要负责人不履行或者不正确履行农村工作职责的，应当依照有关党内法规和法律法规予以问责；对农村工作履职不力、工作滞后的，上级党委应当约谈下级党委，本级党委应当约谈同级有关部门。

（5）《条例》规定，中央和地方党政机关各涉农部门应当认真履行贯彻落实党中央关于农村工作各项决策部署的职责，贴近基层服务农民群众，不得将部门职责转嫁给农村基层组织。不履行或者不正确履行职责的，应当依照有关党内法规和法律法规予以问责。

（6）《条例》规定，各级党委应当建立激励机制，鼓励干部敢于担当作为、勇于改革创新、乐于奉献为民，按照规定表彰和奖励在农村工作中作出突出贡献的集体和个人。

各级党委要认真抓好《条例》的贯彻落实，采取切实有力措施，推动各项规定落地见效。一是要把学习宣传《条例》作为一项重要工作，提上重要议事日程，采取多种形式，让广大党员干部全面准确把握《条例》的基本精神、主要内容和工作要求；二是要用《条例》统一思想认识，切实按照《条例》的规定推进“三农”工作，要加强对《条例》贯彻落实情况的监督检查，确保《条例》各项规定得到严格执行；三是完善配套制度，各省（自治区、直辖市）党委要按照《条例》的要求，结合本地区情况制定实施办法。

二、健全农业农村法律制度

依法治农是全面推进依法治国，建设中国特色社会主义法治国家的重要内容。涉农立法是依法治农的基础性工程，是与农村改革发展实践紧密相连的。中华人民共和国成立以来，党和政府高度重视涉农立法工作，制定修改了一些涉农法律制度。改革开放以来，涉农立法进入快车道。1983 年中央 1 号文件提出："建议国家机关对农村各类经济形式及其活动，加强法制管理，制定相应的法规。"党的十八大以来，涉农立法进入调整完善阶段。2013 年 11 月党的十八届三中全会提出，推进国家治理体系和治理能力现代化。2014 年 10 月党的十八届四中全会提出："实现立法和改革决策相衔接，做到重大改革于法有据、立法主动适应改革和经济社会发展需要。"为全面实施乡村振兴战略、加快农业农村现代化，2021 年 4 月 29 日第十三届全国人民代表大会常务委员会第二十八次会议通过《中华人民共和国乡村振兴促进法》，自 2021 年 6 月 1 日起施行。

在强化法治保障的过程中，农业农村法制建设不断强化，我国已建立起以《中华人民共和国农业法》和《中华人民共和国乡村振兴促进法》为基础、以不同领域专门涉农法律为主干、以有关法律中的涉农条款为补充的多层次全方位的涉农法律制度体系。截至 2019 年 8 月，由全国人民代表大会常务委员会制定的现行有效涉农法律有 26 部，包括涉农条款的法律有 79 部，国务院制定的涉农行政法规有 76 部，地方性涉农法规有 1 300 多部。

本节从当前正在有效实施的、与农业发展和乡村振兴紧密关联的众多法律中，选择具有代表性的、符合新时代"三农"工作实践的 12 部涉农法律，重点阐释有关法律制定的背景、要点和实施要求。

（一）统领"三农"领域各专门法律的《农业法》

为了巩固和加强农业在国民经济中的基础地位，发展农业生产力，推进农业现代化，维护农民和农业生产经营组织的合法权益，增加农民收入，提高农民科学文化素质，促进农业和农村经济的持续、稳定、健康发展，实现全面建设小康社会的目标，1993年7月2日第八届全国人民代表大会常务委员会第二次会议通过了《中华人民共和国农业法》。自施行以来，全国人民代表大会常务委员会对《农业法》在2002年12月28日和2012年12月28日分别进行了修订和修正。

中华人民共和国第十一届全国人民代表大会常务委员会第三十次会议通过的《农业法》，包括总则和附则在内共13章99条，主要内容涵盖农业生产经营体制、农业生产、农产品流通与加工、粮食安全、农业投入与支持保护、农业科技与农业教育、农业资源与农业环境保护、农业权益保护、农村经济发展等方面。

(1) 农业生产经营体制。一是坚持实行农村土地承包经营制度，依法保障农村土地承包关系的长期稳定，保护农民对承包土地的使用权。农村集体经济组织应当在家庭承包经营的基础上，依法管理集体资产，为其成员提供生产、技术、信息等服务，组织合理开发、利用集体资源，壮大经济实力。二是鼓励农民在家庭承包经营的基础上自愿组成各类专业合作经济组织，支持农民和农业生产经营组织发展生产、加工、销售一体化经营，农民和农业生产经营组织可以依法兴办各类企业和成立各种农产品行业协会。三是引导和支持从事农产品生产、加工、流通服务的企业、科研单位和其他组织，通过与农民或者农民专业合作经济组织订立合同或者建立各类企业等形式，形成收益共享、风险共担的利益共同体，推进农业产业化经营，带动农业发展。

(2) 农业生产。一是县级以上人民政府要根据国民经济和社会发展的中长期规划、农业和农村经济发展的基本目标和农业资源区划，制定农业发展规划。省级以上人民政府农业行政主管部门根据农业发展规划，采取措施发挥区域优势，促进形成合理的农业生产区域布局，指导和协调农业和农村经济结构调整。二是县级以上人民政府应当制定政策，安排资金，引导和支持农业结构调整，引导和支持农民和农业生产经营组织结合本地实际按照市场需求，调整和优化农业生产结构，提高农产品国际竞争力。三是各级人民政府应当采取措施，加强农业和农村基础设施建设，改善农业生产条件，保护和提高农业综合生产能力。四是国家扶持动植物品种的选育、生产、更新和良种的推广使用，鼓励品种选育和生产、经营相结合，实施种子工程和畜禽良种工程。各级人民政府设立专项资金，用于扶持动植物良种的选育和推广工作。五是加强农田水利设施建设，建立健全农田水利设施的管理制度，加强农业机械安全管理，提高农业机械化水平，支持为农业服务的气象事业的发展，提高对气象灾害的监测和预报水平。六是采取措施提高农产品的质量，建立健全农产品质量标准体系和质量检验检测监督体系，依法建立健全优质农产品认证和标志制度。七是实行动植物防疫、检疫制度，健全动植物防疫、检疫体系，加强对动物疫病和植物病、虫、杂草、鼠害的监测、预警、防治，建立重大动物疫情和植物病虫害的快速扑灭机制，建设动物无规定疫病区，实施植物保护工程。八是依照相关法律、行政法规的规定，对可能危害人畜安全的农业生产资料的生产经营实行登记或者许可制度，建立健全农业生产资料的安全使用制度。

(3) 农产品流通与加工。一是农产品的购销实行市场调节，对关系国计民生的重要农产品的购销活动实行必要的宏观调控，建立中央和地方分级储备调节制度，完善仓储运输体系。二是逐步建立统一、开放、竞争、有序的农产品市场体系，制定农产品批发市场发展规划。支持发展多种形式的农产品流通活动，鼓励供销合作社和其他从事农产品购销的农业生产经营组织提供市场信息，开拓农产品流通渠道，为农产品销售服务。三是支持发展农产品加工业和食品工业，增加农产品的附加值，建立健全农产品加工制品质量标准，完善检测手段，加强农产品加工过程中的质量安全管理和监督，保障食品安全。四是鼓励发展农产品进出口贸易，加强国际市场研究、提供信息和营销服务等，促进农产品出口，建立农产品进口预警制度。

(4) 粮食安全。一是采取措施保护和提高粮食综合生产能力，稳步提高粮食生产水平，保障粮食安全，建立耕地保护制度，对基本农田依法实行特殊保护。二是在政策、资金、技术等方面对粮食主产区给予重点扶持，建设稳定的商品粮生产基地，改善粮食收贮及加工设施，提高粮食主产区的粮食生产、加工水平和经济效益。三是对部分粮食品种实行保护价制度，保护价应当根据有利于保护农民利益、稳定粮食生产的原则确定，县级以上人民政府应当组织财政、金融等部门以及国家委托的收购单位及时筹足粮食收购资金。四是建立粮食安全预警制度，采取措施保障粮食供给，制定粮食安全保障目标与粮食储备数量指标，并根据需要组织有关主管部门进行耕地、粮食库存情况的核查。对粮食实行中央和地方分级储备调节制度，建设仓储运输体系。五是建立粮食风险基金，用于支持粮食储备、稳定粮食市场和保护农民利益。提倡珍惜和节约粮食，并采取措施改善人民的食物营养结构。

（5）农业投入与支持保护。一是建立和完善农业支持保护体系，采取财政投入、税收优惠、金融支持等措施，从资金投入、科研与技术推广、教育培训、农业生产资料供应、市场信息、质量标准、检验检疫、社会化服务以及灾害救助等方面扶持农民和农业生产经营组织发展农业生产，提高农民的收入水平。二是逐步提高农业投入的总体水平。各级人民政府在财政预算内安排的各项用于农业的资金应当主要用于：加强农业基础设施建设；支持农业结构调整，促进农业产业化经营；保护粮食综合生产能力，保障国家粮食安全；健全动植物检疫、防疫体系，加强动物疫病和植物病、虫、杂草、鼠害防治；建立健全农产品质量标准和检验检测监督体系、农产品市场及信息服务体系；支持农业科研教育、农业技术推广和农民培训；加强农业生态环境保护建设；扶持贫困地区发展；保障农民收入水平等。三是各级人民政府应当加强对国家各项农业资金分配、使用过程的监督管理，保证资金安全，提高资金的使用效率。四是鼓励和引导农民和农业生产经营组织增加农业生产经营性投入和小型农田水利等基本建设投入。鼓励和支持农民和农业生产经营组织在自愿的基础上依法采取多种形式，筹集农业资金，支持社会资金投向农业。支持企业事业单位及其他各类经济组织开展农业信息服务，有关部门应当建立农业信息搜集、整理和发布制度，及时向农民和农业生产经营组织提供市场信息等服务。五是鼓励和扶持农用工业的发展，采取税收、信贷等手段鼓励和扶持农业生产资料的生产和贸易，为农业生产稳定增长提供物质保障。采取宏观调控措施，使主要农业生产资料和农产品之间保持合理的比价。六是鼓励生产主体发展多种形式的农业生产产前、产中、产后的社会化服务事业，县级以上人民政府及其各有关部门应当采取措施对农业社会化服务事业给予支持。七是国家建立健全农村金融体系，加强农村信用制度建设，加强农村金融监管。八是提高农业防御自然灾害的能力，基于自愿原则逐步建立和完善政策性农业保险制度。

（6）农业科技与农业教育。 一是国务院和省级人民政府应当制定农业科技、农业教育发展规划，发展农业科技、教育事业。县级以上人民政府应当按照国家有关规定逐步增加农业科技经费和农业教育经费。鼓励和吸引企业等社会力量增加农业科技投入，鼓励农民、农业生产经营组织、企业事业单位等依法举办农业科技、教育事业。二是鼓励和引导农业科研、教育单位加强农业科学技术的基础研究和应用研究，传播和普及农业科学技术知识，加速科技成果转化与产业化，促进农业科学技术进步，促进国际农业科技、教育合作与交流，鼓励引进国外先进技术。三是扶持农业技术推广事业，建立政府扶持和市场引导相结合，有偿与无偿服务相结合，国家农业技术推广机构和社会力量相结合的农业技术推广体系，促使先进的农业技术尽快应用于农业生产。四是农业技术推广机构应当以农业技术试验示范基地为依托，承担公共所需的关键性技术的推广和示范等公益性职责，为农民和农业生产经营组织提供无偿农业技术服务。县级以上人民政府应当根据农业生产发展需要，稳定和加强农业技术推广队伍，保障农业技术推广机构的工作经费。农业科研单位、有关学校、农民专业合作社、涉农企业、群众性科技组织及有关科技人员应当提高服务水平，保证服务质量。五是建立农业专业技术人员继续教育制度。县级以上人民政府农业行政主管部门会同教育、人事等有关部门制定农业专业技术人员继续教育计划，并组织实施。发展农业职业教育。国务院有关部门按照国家职业资格证书制度的统一规定，开展农业行业的职业分类、职业技能鉴定工作，管理农业行业的职业资格证书。鼓励农民采用先进的农业技术，支持农民举办各种科技组织，开展农业实用技术培训、农民绿色证书培训和其他就业培训，提高农民的文化技术素质。

（7）农业资源与农业环境保护。 一是发展农业和农村经济必须合理利用和保护自然资源，合理开发和利用可再生能源和清洁能源，发展生态农业，保护和改善生态环境，建立农业资源监测制度。二是生产主体应当保养耕地，合理使用化肥、农药、农用薄膜，增加使用有机肥料。县级以上人民政府农业行政主管部门应当采取措施，支持农民和农业生产经营组织加强耕地质量建设，并对耕地质量进行定期监测。三是各级人民政府应当采取措施，加强小流域综合治理，预防和治理水土流失，预防土地沙化，治理沙化土地。实行全民义务植树制度，组织群众植树造林，保护林地和林木，预防森林火灾，防治森林病虫害，制止滥伐、盗伐林木，提高森林覆盖率。加强草原的保护、建设和管理，实行以草定畜，控制载畜量，推行划区轮牧、休牧和禁牧制度。禁止毁林毁草开垦、烧山开垦以及开垦国家禁止开垦的陡坡地，已经开垦的应当逐步退耕还林、还草。禁止围湖造田以及围垦国家禁止围垦的湿地。依法执行捕捞限额和禁渔、休渔制度，增殖渔业资源，保护渔业水域生态环境。四是建立与农业生产有关的生物物种资源保护制度，保护生物多样性，对稀有、濒危、珍贵生物资源及其原生地实行重点保护。农业转基因生物的研究、试验、生产、加工、经营及其他应用，必须依照国家规定严格实行各项安全控制措施。五是各级农业行政主管部门应当引导农民和农业生产经营组织采取生物措施或者使用高效低毒低残留农药、兽药，防治动植物病、虫、杂草、鼠害。农产品采收后的秸秆及其他剩余物质应当综合利用，妥善处理。从事畜禽等动物规模养殖的单位和个人应当对粪便、废水及其他废弃物进行无害化处理或者综合利用，从事水产养殖的单位和个人应当合理投饵、施肥、使用药物。督促有关单位进行治理，防治废水、废气和固体废弃物对农业生态环境的污染。

(8) 农业权益保护。一是任何机关或者单位向农民或者农业生产经营组织收取行政、事业性费用必须依据法律、法规的规定，对农民或者农业生产经营组织进行罚款处罚必须依据法律、法规、规章的规定。任何机关或者单位不得以任何方式向农民或者农业生产经营组织进行摊派，不得以任何方式向农民或者农业生产经营组织集资，不得在农村进行任何形式的达标、升级、验收活动。二是农民和农业生产经营组织依照法律、行政法规的规定承担纳税义务。税务机关及代扣、代收税款的单位应当依法征税，不得违法摊派税款及以其他违法方法征税。三是农村义务教育除按国务院规定收取的费用外，不得向农民和学生收取其他费用。禁止任何机关或者单位通过农村中小学校向农民收费。四是国家依法征收农民集体所有的土地，应当保护农民和农村集体经济组织的合法权益，依法给予农民和农村集体经济组织征地补偿。五是各级人民政府、农村集体经济组织或者村民委员会在农业和农村经济结构调整、农业产业化经营和土地承包经营权流转等过程中，不得侵犯农民的土地承包经营权，不得干涉农民自主安排的生产经营项目，不得强迫农民购买指定的生产资料或者按指定的渠道销售农产品。六是农村集体经济组织或者村民委员会为发展生产或者兴办公益事业，需要经成员（村民）会议或者成员（村民）代表会议过半数通过。依照规定筹资筹劳的，不得超过省级以上人民政府规定的上限控制标准，禁止强行以资代劳。农村集体经济组织和村民委员会对涉及农民利益的重要事项，应当向农民公开，并定期公布财务账目，接受农民的监督。七是任何单位和个人向农民或者农业生产经营组织提供生产、技术、信息、文化、保险等有偿服务，必须坚持自愿原则。八是农产品收购单位在收购农产品时，不得压级压价，不得在支付的价款中扣缴任何费用。农业生产资料使用者因生产资料质量问题遭受损失的，出售该生产资料的经营者应当予以赔偿。九是农业生产主体有向各级人民政府及其有关部门反映情况和提出合法要求的权利，人民政府及其有关部门对提出的合理要求，应当按照国家规定及时给予答复。违反法律规定，侵犯农民权益的，农民或者农业生产经营组织可以依法申请行政复议或者向人民法院提起诉讼，有关人民政府及其有关部门或者人民法院应当依法受理。

(9) 农村经济发展。一是坚持城乡协调发展的方针，扶持农村第二、第三产业发展，调整和优化农村经济结构。各级人民政府应当采取措施，发展乡镇企业，支持农业的发展，转移富余的农业劳动力。完善乡镇企业发展的支持措施，引导乡镇企业优化结构，更新技术，提高素质。二是县级以上地方人民政府应当根据当地的经济发展水平、区位优势和资源条件，按照合理布局、科学规划、节约用地的原则，有重点地推进农村小城镇建设。注重运用市场机制，完善相应政策，吸引农民和社会资金投资小城镇开发建设，发展第二、第三产业，引导乡镇企业相对集中发展。三是国家采取措施引导农村富余劳动力在城乡、地区间合理有序流动。地方各级人民政府依法保护进入城镇就业的农村劳动力的合法权益，不得设置不合理限制，已经设置的应当取消。四是逐步完善农村社会救济制度，保障农村五保户、贫困残疾农民、贫困老年农民和其他丧失劳动能力的农民的基本生活。鼓励、支持农民巩固和发展农村合作医疗和其他医疗保障形式，提高农民健康水平。五是扶持贫困地区改善经济发展条件，帮助进行经济开发。省级人民政府根据国家关于扶持贫困地区的总体目标和要求，制定扶贫开发规划，并组织实施。中央和省级财政应当把扶贫开发投入列入年度财政预算，并逐年增加，加大对贫困地区的财政转移支付和建设资金投入。鼓励和扶持金融机构、其他企业事业单位和个人投入资金支持贫困地区开发建设。

《农业法》中所称的农业，是指种植业、林业、畜牧业和渔业等产业，包括与其直接相关的产前、产中、产后服务；所称农业生产经营组织，是指农村集体经济组织、农民专业合作经济组织、农业企业和其他从事农业生产经营的组织；有关农民的规定，适用于国有农场、牧场、林场、渔场等企业事业单位实行承包经营的职工。本法自通过之日开始施行。

（二）规范农村土地管理制度的《土地管理法》

为了加强土地管理，维护土地的社会主义公有制，保护、开发土地资源，合理利用土地，切实保护耕地，促进社会经济的可持续发展，1986 年 6 月 25 日中华人民共和国第六届全国人民代表大会常务委员会第十六次会议通过了《中华人民共和国土地管理法》，并自 1987 年 1 月 1 日起施行。自施行以来，全国人民代表大会常务委员会对《土地管理法》在 1998 年 8 月 29 日和 2019 年 8 月 26 日分别进行了修订和修正。

现行有效的《土地管理法》，包括总则和附则在内共 8 章，主要内容围绕土地的所有权和使用权、土地利用总体规划、耕地保护、建设用地等方面展开。

（1）土地的所有权和使用权。一是宅基地和自留地、自留山，以及除由法律规定属于国家所有的以外的农村和城市郊区土地，属于农民集体所有。农民集体所有的土地依法属于村农民集体所有的，由村集体经济组织或者村民委员会经营、管理。二是农民集体所有和国家所有依法由农民集体使用的耕地、林地、草地，以及其他依法用于农业的土地，采取农村集体经济组织内部的家庭承包方式承包，不宜采取家庭承包方式的荒山、荒沟、荒丘、荒滩等，可以采取招标、拍卖、公开协商等方式承包，从事种植业、林业、畜牧业、渔业生产。国家所有依法用于农业的土地可以由单位或者个人承包经营，从事种植业、林业、畜牧业、渔业生产。发包方和承包方应当依法订立承包合同，约定双方的权利和义务。承包经营土地的单位和个人，有保护和按照承包合同约定的用途合理利用土地的义务。

（2）土地利用总体规划。省、自治区、直辖市人民政府编制的土地利用总体规划，应当确保本行政区域内耕地总量不减少。土地利用总体规划按照下列原则编制：一是落实国土空间开发保护要求，严格土地用途管制。二是严格保护永久基本农田，严格控制非农业建设占用农用地。三是提高土地节约集约利用水平。四是统筹安排城乡生产、生活、生态用地，满足乡村产业和基础设施用地合理需求，促进城乡融合发展。五是保护和改善生态环境，保障土地的可持续利用。六是占用耕地与开发复垦耕地数量平衡、质量相当。

（3）耕地保护。一是保护耕地，严格控制耕地转为非耕地，实行占用耕地补偿制度和永久基本农田保护制度。县级以上地方人民政府可以要求占用耕地的单位将所占用耕地耕作层的土壤用于新开垦耕地、劣质地或者其他耕地的土壤改良。二是省、自治区、直辖市人民政府应当严格执行土地利用总体规划和土地利用年度计划，采取措施，确保本行政区域内耕地总量不减少、质量不降低。各级人民政府应当采取措施，引导因地制宜轮作休耕，改良土壤，提高地力，维护排灌工程设施，防止土地荒漠化、盐渍化、水土流失和土壤污染。三是禁止任何单位和个人闲置、荒芜耕地。鼓励单位和个人按照土地利用总体规划，在保护和改善生态环境、防止水土流失和土地荒漠化的前提下，开发未利用的土地；适宜开发为农用地的，应当优先开发成农用地。开垦未利用的土地，必须经过科学论证和评估，在土地利用总体规划划定的可开垦的区域内，经依法批准后进行。四是鼓励土地整理。县、乡（镇）人民政府应当组织农村集体经济组织，按照土地利用总体规划，对田、水、路、林、村综合整治，提高耕地质量，增加有效耕地面积，改善农业生产条件和生态环境。改造中、低产田，整治闲散地和废弃地。五是因挖损、塌陷、压占等造成土地破坏，用地单位和个人应当按照国家有关规定负责复垦；没有条件复垦或者复垦不符合要求的，应当缴纳土地复垦费，专项用于土地复垦。复垦的土地应当优先用于农业。

（4）建设用地。建设占用土地，涉及农用地转为建设用地的，应当办理农用地转用审批手续。永久基本农田转为建设用地的，由国务院批准。为了公共利益的需要，有下列情形之一，确需征收农民集体所有的土地的，可以依法实施征收：第一，军事和外交需要用地的；第二，由政府组织实施的能源、交通、水利、通信、邮政等基础设施建设需要用地的；第三，由政府组织实施的科技、教育、文化、卫生、体育、生态环境和资源保护、防灾减灾、文物保护、社区综合服务、社会福利、市政公用、优抚安置、英烈保护等公共事业需要用地的；第四，由政府组织实施的扶贫搬迁、保障性安居工程建设需要用地的；第五，在土地利用总体规划确定的城镇建设用地范围内，经省级以上人民政府批准由县级以上地方人民政府组织实施的成片开发建设需要用地的；第六，法律规定为公共利益需要可以征收农民集体所有的土地的其他情形。征收永久基本农田、永久基本农田以外的耕地超过 35 公顷的土地，需要由国务院批准。征收农用地的，应当依照本法第四十四条的规定先行办理农用地转用审批。征收土地的，依照法定程序批准后，由县级以上地方人民政府予以公告并组织实施。征收土地应当给予公平、合理的补偿，保障被征地农民原有生活水平不降低、长远生计有保障；农村村民一户只能拥有一处宅基地，其宅基地的面积不得超过省、自治区、直辖市规定的标准。人均土地少、不能保障一户拥有一处宅基地的地区，县级人民政府在充分尊重农村村民意愿的基础上，可以采取措施，按照省、自治区、直辖市规定的标准保障农村村民实现户有所居。农村村民建住宅，应当符合乡（镇）土地利用总体规划、村庄规划，不得占用永久基本农田，并尽量使用原有的宅基地和村内空闲地。编制乡（镇）土地利用总体规划、村庄规划应当统筹并合理安排宅基地用地，改善农村村民居住环境和条件。国家允许进城落户的农村村民依法自愿有偿退出宅基地，鼓励农村集体经济组织及其成员盘活利用闲置宅基地和闲置住宅。

《全国人民代表大会常务委员会关于修改〈中华人民共和国土地管理法〉、〈中华人民共和国城市房地产管理法〉的决定》已由中华人民共和国第十三届全国人民代表大会常务委员会第十二次会议于 2019 年 8 月 26 日通过，自 2020 年 1 月 1 日起施行。

（三）规范农村基本经营制度的《土地承包法》

为了巩固和完善以家庭承包经营为基础、统分结合的双层经营体制，保持农村土地承包关系稳定并长久不变，维护农村土地承包经营当事人的合法权益，促进农业、农村经济发展和农村社会和谐稳定，2002 年 8 月 29 日中华人民共和国第九届全国人民代表大会常务委员会第二十九次会议通过了《中华人民共和国农村土地承包法》。自施行以来，《土地承包法》分别在 2009 年 8 月 27 日和 2018 年 12 月 29 日进行了修正。

现行有效的《土地承包法》，包括总则、家庭承包、其他的承包方式、争议的解决和法律责任以及附则等 5 章 70 条，重点内容为第二章家庭承包中的 5 小节。

(1) 发包方和承包方的权利和义务。一是农民集体所有的土地依法属于村农民集体所有的，由村集体经济组织或者村民委员会发包。村集体经济组织或者村民委员会发包的，不得改变村内各集体经济组织农民集体所有的土地的所有权。国家所有依法由农民集体使用的农村土地，由使用该土地的农村集体经济组织、村民委员会或者村民小组发包。二是发包方享有发包本集体所有的或者国家所有依法由本集体使用的农村土地、监督承包方依照承包合同约定的用途合理利用和保护土地、制止承包方损害承包地和农业资源的行为等权利。发包方承担维护承包方的土地承包经营权，不得非法变更和解除承包合同、尊重承包方的生产经营自主权、依照承包合同约定为承包方提供生产等服务、执行地区土地利用总体规划等义务。三是承包方享有承包地使用和收益、自主组织生产经营和处置产品、依法互换和转让土地承包经营权、享受承包地补偿政策等权利；承包方承担维持土地的农业用途、依法保护和合理利用土地等义务。

(2) 承包的原则和程序。土地承包应当遵循以下原则：一是按照规定统一组织承包时，本集体经济组织成员依法平等地行使承包土地的权利，也可以自愿放弃承包土地的权利。二是民主协商，公平合理。三是承包方案应当按照本法第十三条的规定，依法经本集体经济组织成员的村民会议 2/3 以上成员或者 2/3 以上村民代表的同意。四是承包程序合法。

土地承包应当按照以下程序进行：一是本集体经济组织成员的村民会议选举产生承包工作小组。二是承包工作小组依照法律、法规的规定拟订并公布承包方案。三是依法召开本集体经济组织成员的村民会议，讨论通过承包方案。四是公开组织实施承包方案。五是签订承包合同。

（3）承包期限和承包合同。一是耕地的承包期为30年，草地的承包期为30年至50年，林地的承包期为30年至70年。规定的耕地承包期届满后再延长30年，草地、林地承包期届满后依照前款规定相应延长。二是发包方应当与承包方签订书面承包合同。承包合同一般包括发包方、承包方的名称，发包方负责人和承包方代表的姓名、住所。承包土地的名称、坐落、面积、质量等级。承包期限和起止日期。承包土地的用途。发包方和承包方的权利和义务。违约责任等条款。承包方自承包合同生效时取得土地承包经营权。承包合同生效后，发包方不得因承办人或者负责人的变动而变更或者解除，也不得因集体经济组织的分立或者合并而变更或者解除。

（4）土地承包经营权的保护和互换、转让。一是承包期内，发包方不得收回承包地。承包期内，承包农户进城落户的，引导支持其按照自愿有偿原则依法在本集体经济组织内转让土地承包经营权或者将承包地交回发包方，也可以鼓励其流转土地经营权。二是承包期内，发包方不得调整承包地。承包期内，因自然灾害严重毁损承包地等特殊情形对个别农户之间承包的耕地和草地需要适当调整的，必须经本集体经济组织成员的村民会议2/3以上成员或者2/3以上村民代表的同意，并报乡（镇）人民政府和县级人民政府农业农村、林业和草原等主管部门批准。承包合同中约定不得调整的，按照其约定。三是集体经济组织依法预留的机动地、通过依法开垦等方式增加的和发包方依法收回和承包方依法、自愿交回的土地应当用于调整承包土地或者承包给新增人口。承包期内，承包方可以自愿将承包地交回发包方。妇女在承包期内结婚、离婚或丧偶，在未取得新的承包地时，发包方不得收回其原承包地。承包人应得的承包收益，依照继承法的规定继承。四是承包方之间为方便耕种或者各自需要，可以对属于同一集体经济组织的土地的土地承包经营权进行互换，并向发包方备案。经发包方同意，承包方可以将全部或者部分的土地承包经营权转让给本集体经济组织的其他农户，由该农户同发包方确立新的承包关系，原承包方与发包方在该土地上的承包关系即行终止。土地承包经营权互换、转让的，当事人可以向登记机构申请登记。未经登记，不得对抗善意第三人。

（5）土地经营权。一是承包方可以自主决定依法采取出租（转包）、入股或者其他方式向他人流转土地经营权，并向发包方备案。土地经营权人有权在合同约定的期限内占有农村土地，自主开展农业生产经营并取得收益。二是土地经营权流转应当遵循以下原则：第一，依法、自愿、有偿，任何组织和个人不得强迫或者阻碍土地经营权流转。第二，不得改变土地所有权的性质和土地的农业用途，不得破坏农业综合生产能力和农业生态环境。第三，流转期限不得超过承包期的剩余期限。第四，受让方须有农业经营能力或者资质。第五，在同等条件下，本集体经济组织成员享有优先权。三是经承包方同意，受让方可以依法投资改良土壤，建设农业生产附属、配套设施，并按照合同约定对其投资部分获得合理补偿。四是承包方流转土地经营权的，其与发包方的承包关系不变。县级以上地方人民政府应当建立工商企业等社会资本通过流转取得土地经营权的资格审查、项目审核和风险防范制度。五是承包方可以用承包地的土地经营权向金融机构融资担保，并向发包方备案。受让方通过流转取得的土地经营权，经承包方书面同意并向发包方备案，可以向金融机构融资担保。

《土地承包法》实施前，已经按照国家有关农村土地承包的规定承包，包括承包期限长于本法规定的，本法实施后继续有效，不得重新承包土地。未向承包方颁发土地承包经营权证或者林权证等证书的，应当补发证书。本法实施前，已经预留机动地的，机动地面积不得超过本集体经济组织耕地总面积的5%，实施前未留机动地的，本法实施后不得再留机动地。各省、自治区、直辖市人民代表大会常务委员会可以根据本法，结合本行政区域的实际情况，制定实施办法。

（四）规范农业经营主体行为的《农民专业合作社法》

为了规范农民专业合作社的组织和行为，鼓励、支持、引导农民专业合作社的发展，保护农民专业合作社及其成员的合法权益，推进农业农村现代化，2006年10月31日第十届全国人民代表大会常务委员会第二十四次会议通过了《中华人民共和国农民专业合作社法》。《农民专业合作社法》在2017年12月27日第十二届全国人民代表大会常务委员会第三十一次会议进行了第一次修订。

现行有效的《农民专业合作社法》，包括总则和附则在内共10章74条，主要涵盖设立和登记、成员、组织机构、财务管理、农民专业合作社联合社等内容。

（1）设立和登记。《农民专业合作社法》明确了设立农民专业合作社应当具备的条件、农民专业合作社设立大会的职权、章程应当载明的事项以及需要向工商行政管理部门提交的文件等规定。

（2）成员。《农民专业合作社法》明确了农民专业合作社的人员构成、成员资格、成员的权利义务以及加入和退出机制等规定。

（3）组织机构。《农民专业合作社法》明确了农民专业合作社成员大会的职权、召开临时成员大会的情况、农民专业合作社具体机构的设置以及对理事长、理事、经理等职务要求的规定。

（4）财务管理。一是农民专业合作社应当按照国务院财政部门制定的财务会计制度进行财务管理和会计核算。农民专业合作社的理事长或者理事会应当按照章程规定，组织编制年度业务报告、盈余分配方案、亏损处理方案以及财务会计报告，于成员大会召开的15日前，置备于办公地点，供成员查阅。二是农民专业合作社可以按照章程规定或者成员大会决议从当年盈余中提取公积金。公积金用于弥补亏损、扩大生产经营或者转为成员出资。在弥补亏损、提取公积金后的当年盈余，为农民专业合作社的可分配盈余。可分配盈余主要按照成员与本社的交易量（额）比例返还。三是设立执行监事或者监事会的农民专业合作社，由执行监事或者监事会负责对本社的财务进行内部审计，审计结果应当向成员大会报告。成员大会也可以委托社会中介机构对本社的财务进行审计。

（5）农民专业合作社联合社。3个以上的农民专业合作社在自愿的基础上，可以出资设立农民专业合作社联合社。农民专业合作社联合社依照本法登记，取得法人资格，领取营业执照，登记类型为农民专业合作社联合社。农民专业合作社联合社以其全部财产对该社的债务承担责任；农民专业合作社联合社的成员以其出资额为限对农民专业合作社联合社承担责任。农民专业合作社联合社设立由全体成员参加的成员大会，但不设成员代表大会，可以根据需要设立理事会、监事会或者执行监事。

现行有效的《农业专业合作社法》，不仅允许农民专业合作社内部开展信用合作、增设农民专业合作社联合社专章，适用范围也更为广泛，国有农场、林场、牧场、渔场等企业中实行承包租赁经营、从事农业生产经营或者服务的职工，兴办农民专业合作社等均适用。

（五）规范提升农业生产力发展的《农业技术推广法》

为了加强农业技术推广工作，促使农业科研成果和实用技术尽快应用于农业生产，增强科技支撑保障能力，促进农业和农村经济可持续发展，实现农业现代化，1993 年 7 月 2 日第八届全国人大常委会第二次会议通过了《中华人民共和国农业技术推广法》。《农业技术推广法》在 2012 年 8 月 31 日第十一届全国人大常委会第二十八次会议进行了第一次修正。

现行有效的《农业技术推广法》，包括总则、附则等 6 章 39 条，重点内容涵盖农业技术推广体系、农业技术的推广与应用和农业技术推广的保障措施等方面。

（1）农业技术推广体系。一是实行国家农业技术推广机构与农业科研单位、有关学校、农民专业合作社、涉农企业、群众性科技组织、农民技术人员等相结合的推广体系。国家鼓励和支持供销合作社、其他企业事业单位、社会团体以及社会各界的科技人员，开展农业技术推广服务。二是根据科学合理、集中力量的原则以及县域农业特色、森林资源、水系和水利设施分布等情况，因地制宜设置县、乡镇或者区域国家农业技术推广机构。乡镇国家农业技术推广机构，可以实行县级人民政府农业技术推广部门管理为主或者乡镇人民政府管理为主、县级人民政府农业技术推广部门业务指导的体制。三是国家农业技术推广机构的专业技术人员应当具有相应的专业技术水平，符合岗位职责要求。鼓励和支持高等学校毕业生和科技人员到基层从事农业技术推广工作、村农业技术服务站点和农民技术人员开展农业技术推广、发展农村专业技术协会等群众性科技组织，发挥其在农业技术推广中的作用。四是农业科研单位和有关学校应当适应农村经济建设发展的需要，开展农业技术开发和推广工作，加快先进技术在农业生产中的普及应用。

（2）农业技术的推广与应用。一是重大农业技术的推广应当列入国家和地方相关发展规划、计划，由农业技术推广部门会同科学技术等相关部门按照各自的职责，相互配合，组织实施。农业科研单位和有关学校应当把农业生产中需要解决的技术问题列为研究课题，其科研成果可以通过有关农业技术推广单位进行推广或者直接向农业劳动者和农业生产经营组织推广。引导农业科研单位和有关学校开展公益性农业技术推广服务。二是向农业劳动者和农业生产经营组织推广的农业技术，必须在推广地区经过试验证明具有先进性、适用性和安全性。推广农业技术，应当选择有条件的农户、区域或者工程项目，进行应用示范。国家鼓励和支持农业劳动者和农业生产经营组织参与农业技术推广。三是鼓励和支持农民专业合作社、涉农企业，采取多种形式，为农民应用先进农业技术提供有关的技术服务。各级人民政府可以采取购买服务等方式，引导社会力量参与公益性农业技术推广服务。鼓励和支持以大宗农产品和优势特色农产品生产为重点的农业示范区建设，发挥示范区对农业技术推广的引领作用，促进农业产业化发展和现代农业建设。

（3）农业技术推广的保障措施。一是逐步提高对农业技术推广的投入。各级人民政府在财政预算内应当保障用于农业技术推广的资金，并按规定使该资金逐年增长。各级人民政府应当采取措施，保障和改善县、乡镇国家农业技术推广机构的专业技术人员的工作条件、生活条件和待遇，并按照国家规定给予补贴，保持国家农业技术推广队伍的稳定。二是农业技术推广部门和县级以上国家农业技术推广机构，应当有计划地对农业技术推广人员进行技术培训，组织专业进修，使其不断更新知识、提高业务水平。建立国家农业技术推广机构的专业技术人员工作责任制度和考评制度，对其管理的国家农业技术推广机构履行公益性职责的情况进行监督、考评。

《农业技术推广法》中的农业技术，是指应用于种植业、林业、畜牧业、渔业的科研成果和实用技术。农业技术推广应当遵循有利于农业、农村经济可持续发展和增加农民收入、尊重农业劳动者和农业生产经营组织的意愿、因地制宜，经过试验和示范、公益性推广与经营性推广分类管理、兼顾经济效益和社会效益，注重生态效益等原则。

（六）规范农业农村资源开发管理的《草原法》

为了保护、建设和合理利用草原，改善生态环境，维护生物多样性，发展现代畜牧业，促进经济和社会的可持续发展，1985年6月18日第六届全国人民代表大会常务委员会第十一次会议通过了《中华人民共和国草原法》。自施行以来，《中华人民共和国草原法》在2002年12月28日第九届全国人民代表大会常务委员会第三十一次会议进行了一次修订；在2009年8月27日第十一届全国人民代表大会常务委员会第十次会议和2013年6月29日第十二届全国人民代表大会常务委员会第三次会议进行了两次修正；在2021年4月29日第十三届全国人民代表大会常务委员会第二十八次会议进行了修改。

最新修改的《草原法》共9章75条，重点内容涵盖草原权属、规划、建设、利用、保护等方面。

（1）草原权属。一是草原属于国家所有，由法律规定属于集体所有的除外。任何单位或者个人不得侵占、买卖或者以其他形式非法转让草原。国家所有的草原，可以依法确定给全民所有制单位、集体经济组织等使用，使用草原的单位，应当履行保护、建设和合理利用草原的义务。二是依法确定给全民所有制单位、集体经济组织等使用的国家所有的草原，由县级以上人民政府登记，核发使用权证，确认草原使用权。集体所有的草原或者依法确定给集体经济组织使用的国家所有的草原，可以由本集体经济组织内的家庭或者联户承包经营。三是承包经营草原，发包方和承包方应当签订书面合同。草原承包合同的内容应当包括双方的权利和义务、承包草原四至界限、面积和等级、承包期和起止日期、承包草原用途和违约责任等。承包期届满，原承包经营者在同等条件下享有优先承包权。草原承包经营权受法律保护，可以按照自愿、有偿的原则依法转让。

（2）规划。一是对草原保护、建设、利用实行统一规划制度。草原保护、建设、利用规划应当包括：草原保护、建设、利用的目标和措施，草原功能分区和各项建设的总体部署，各项专业规划等。二是草原保护、建设、利用规划应当与土地利用总体规划相衔接，与环境保护规划、水土保持规划、防沙治沙规划、水资源规划、林业长远规划、城市总体规划、村庄和集镇规划以及其他有关规划相协调。三是建立草原调查制度、草原统计制度和草原生产、生态监测预警系统。

（3）建设。一是县级以上人民政府应当增加草原建设的投入，支持草原建设。鼓励单位和个人投资建设草原，按照谁投资、谁受益的原则保护草原投资建设者的合法权益。鼓励与支持人工草地建设、天然草原改良和饲草饲料基地建设，稳定和提高草原生产能力。二是县级以上人民政府应当支持、鼓励和引导农牧民开展草原围栏、饲草饲料储备、牲畜圈舍、牧民定居点等生产生活设施的建设。应当根据草原保护、建设、利用规划，在本级国民经济和社会发展计划中安排资金用于草原改良、人工种草和草种生产。应当按照草原保护、建设、利用规划加强草种基地建设，鼓励选育、引进、推广优良草品种。应当依法加强对草种生产、加工、检疫、检验的监督管理，保证草种质量。三是县级以上人民政府应当有计划地进行火情监测、防火物资储备、防火隔离带等草原防火设施的建设，确保防火需要。对退化、沙化、盐碱化、石漠化和水土流失的草原，地方各级人民政府应当按照草原保护、建设、利用规划，划定治理区，组织专项治理。

（4）利用。一是草原承包经营者应当合理利用草原，不得超过草原行政主管部门核定的载畜量；草原承包经营者应当采取种植和储备饲草饲料、增加饲草饲料供应量、调剂处理牲畜、优化畜群结构、提高出栏率等措施，保持草畜平衡。二是牧区的草原承包经营者应当实行划区轮牧，合理配置畜群，均衡利用草原。提倡在农区、半农半牧区和有条件的牧区实行牲畜圈养。草原承包经营者应当按照饲养牲畜的种类和数量，调剂、储备饲草饲料，采用青贮和饲草饲料加工等新技术，逐步改变依赖天然草地放牧的生产方式。对割草场和野生草种基地应当规定合理的割草期、采种期以及留茬高度和采割强度，实行轮割轮采。三是遇到自然灾害等特殊情况，需要临时调剂使用草原的，按照自愿互利的原则，由双方协商解决；需要跨县临时调剂使用草原的，由有关县级人民政府或者共同的上级人民政府组织协商解决。四是进行矿藏开采和工程建设，应当不占或者少占草原；确需征收、征用或者使用草原的，必须经省级以上人民政府草原行政主管部门审核同意后，依照有关土地管理的法律、行政法规办理建设用地审批手续。五是因建设征收、征用集体所有的草原的，应当依照《中华人民共和国土地管理法》的规定给予补偿；因建设使用国家所有的草原的，应当依照国务院有关规定对草原承包经营者给予补偿。因建设征收、征用或者使用草原的，应当交纳草原植被恢复费。需要临时占用草原的，应当经县级以上地方人民政府草原行政主管部门审核同意。在草原上修建直接为草原保护和畜牧业生产服务的工程设施，需要使用草原的，由县级以上人民政府草原行政主管部门批准；修筑其他工程，需要将草原转为非畜牧业生产用地的，必须依法办理建设用地审批手续。

(5) 保护。一是实行基本草原保护制度，对草原实行以草定畜、草畜平衡制度，依法加强对草原珍稀濒危野生植物和种质资源的保护、管理。二是禁止开垦草原，依法实行退耕还草和禁牧、休牧政策。禁止在荒漠、半荒漠和严重退化、沙化、盐碱化、石漠化、水土流失的草原以及生态脆弱区的草原上采挖植物和从事破坏草原植被的其他活动。在草原上从事采土、采砂、采石等作业活动，应当报县级人民政府草原行政主管部门批准；开采矿产资源的，应当依法办理有关手续。三是在草原上种植牧草或者饲料作物，应当符合草原保护、建设、利用规划；县级以上地方人民政府草原行政主管部门应当加强监督管理，防止草原沙化和水土流失。四是草原上开展经营性旅游活动，应当符合有关草原保护、建设、利用规划，并不得侵犯草原所有者、使用者和承包经营者的合法权益，不得破坏草原植被。五是草原防火工作贯彻预防为主、防消结合的方针。应当做好草原鼠害、病虫害和毒害草防治的组织管理工作。禁止在草原上使用剧毒、高残留以及可能导致二次中毒的农药。六是除抢险救灾和牧民搬迁的机动车辆外，禁止机动车辆离开道路在草原上行驶，破坏草原植被；因从事地质勘探、科学考察等活动确需离开道路在草原上行驶的，应当事先向所在地县级人民政府草原行政主管部门报告行驶区域和行驶路线。

《草原法》中的草原，是指天然草原和人工草地。在中华人民共和国领域内从事草原规划、保护、建设、利用和管理活动均适用《草原法》。

(七) 规范农村生态环境的《水土保持法》

为了预防和治理水土流失，保护和合理利用水土资源，减轻水、旱、风沙灾害，改善生态环境，保障经济社会可持续发展，1991 年 6 月 29 日全国人民代表大会常务委员会发布并施行《中华人民共和国水土保持法》。《水土保持法》于 2010 年 12 月 25 日第十一届全国人民代表大会常务委员会第十八次会议进行了修订。

《水土保持法》包括总则和附则在内共 7 章 60 条，与规范农村生态环境相关的内容主要在规划、预防、治理等章节。

（1）规划。一是水土保持规划应当在水土流失调查结果及水土流失重点预防区和重点治理区划定的基础上，遵循统筹协调、分类指导的原则编制。二是对水土流失潜在危险较大的区域，应当划定为水土流失重点预防区。对水土流失严重的区域，应当划定为水土流失重点治理区。三是水土保持规划应当与土地利用总体规划、水资源规划、城乡规划和环境保护规划等相协调。

（2）预防。一是各级人民政府应当按照水土保持规划，采取封育保护、自然修复等措施，加强对取土、挖砂、采石等活动的管理，预防和减轻水土流失。二是水土流失严重、生态脆弱的地区，应当限制或者禁止可能造成水土流失的生产建设活动，严格保护植物、沙壳、结皮、地衣等。禁止开垦、开发植物保护带。水土保持设施的所有权人或者使用权人应当加强对水土保持设施的管理与维护，落实管护责任，保障其功能正常发挥。三是禁止在 25 度以上陡坡地开垦种植农作物。在禁止开垦坡度以下、5 度以上的荒坡地开垦种植农作物，应当采取水土保持措施。在 5 度以上坡地植树造林、抚育幼林、种植中药材等，应当采取水土保持措施。禁止毁林、毁草开垦和采集发菜。采用合理方式，严格控制皆伐。在林区采伐林木的，采伐方案中应当有水土保持措施。

（3）治理。一是加强水土流失重点预防区和重点治理区的坡耕地改梯田、淤地坝等水土保持重点工程建设，加大生态修复力度。二是鼓励和支持承包治理荒山、荒沟、荒丘、荒滩，防治水土流失，保护和改善生态环境，促进土地资源的合理开发和可持续利用，并依法保护土地承包合同当事人的合法权益。承包治理荒山、荒沟、荒丘、荒滩和承包水土流失严重地区农村土地的，在依法签订的土地承包合同中应当包括预防和治理水土流失责任的内容。三是因地制宜地采取工程措施、植物措施和保护性耕作等措施，进行坡耕地和沟道水土流失综合治理。在饮用水水源保护区，采取预防保护、自然修复和综合治理措施，配套建设植物过滤带，积极推广沼气，开展清洁小流域建设，严格控制化肥和农药的使用，减少水土流失引起的面源污染，保护饮用水水源。四是已在禁止开垦的陡坡地上开垦种植农作物的，应当按照国家有关规定退耕，植树种草；耕地短缺、退耕确有困难的，应当修建梯田或者采取其他水土保持措施。在禁止开垦坡度以下的坡耕地上开垦种植农作物的，应当根据不同情况，采取修建梯田、坡面水系整治、蓄水保土耕作或者退耕等措施。

《水土保持法》所称水土保持，是指对自然因素和人为活动造成水土流失所采取的预防和治理措施。水土保持工作要实行预防为主、保护优先、全面规划、综合治理、因地制宜、突出重点、科学管理、注重效益的方针。

（八）规范农产品质量安全监管的《农产品质量安全法》

为保障农产品质量安全，维护公众健康，促进农业和农村经济发展，中华人民共和国第十届全国人民代表大会常务委员会第二十一次会议于 2006 年 4 月 29 日通过了《中华人民共和国农产品质量安全法》。2018 年 10 月 26 日第十三届全国人民代表大会常务委员会第六次会议对《农产品质量安全法》进行了修正。

目前施行的《农产品质量安全法》包括总则和附则在内共 8 章 56 条，内容涵盖了农产品质量安全标准、农产品产地、农产品生产、农产品包装和标识等内容。

（1）农产品质量安全标准。一是建立健全农产品质量安全标准体系。农产品质量安全标准是强制性的技术规范。农产品质量安全标准的制定和发布，依照有关法律、行政法规的规定执行。二是制定农产品质量安全标准应当充分考虑农产品质量安全风险评估结果，并听取农产品生产者、销售者和消费者的意见，保障消费安全。三是农产品质量安全标准应当根据科学技术发展水平以及农产品质量安全的需要，及时修订。

（2）农产品产地。一是县级以上地方人民政府农业行政主管部门按照保障农产品质量安全的要求，根据农产品品种特性和生产区域大气、土壤、水体中有毒有害物质状况等因素，认为不适宜特定农产品生产的，提出禁止生产的区域。二是县级以上人民政府应当采取措施，加强农产品基地建设，改善农产品的生产条件。采取措施，推进保障农产品质量安全的标准化生产综合示范区、示范农场、养殖小区和无规定动植物疫病区的建设。三是禁止在有毒有害物质超过规定标准的区域生产、捕捞、采集食用农产品和建立农产品生产基地。四是农产品生产者应当合理使用化肥、农药、兽药、农用薄膜等化工产品，防止对农产品产地造成污染。禁止违反法律、法规的规定向农产品产地排放或者倾倒废水、废气、固体废物或者其他有毒有害物质。

（3）农产品生产。一是制定保障农产品质量安全的生产技术要求和操作规程，县级以上人民政府农业行政主管部门应当加强对农产品生产的指导。对可能影响农产品质量安全的农药、兽药、饲料和饲料添加剂、肥料、兽医器械，依照有关法律、行政法规的规定实行许可制度。二是县级以上人民政府农业行政主管部门应当加强对农业投入品使用的管理和指导，建立健全农业投入品的安全使用制度。三是农业科研教育机构和农业技术推广机构应当加强对农产品生产者质量安全知识和技能的培训。四是农产品生产企业和农民专业合作经济组织应当建立农产品生产记录，农产品生产记录应当保存2年，禁止伪造农产品生产记录。鼓励和支持其他农产品生产者建立农产品生产记录。五是农产品生产者应当按照法律、行政法规和国务院农业行政主管部门的规定，合理使用农业投入品，严格执行农业投入品使用安全间隔期或者休药期的规定，防止危及农产品质量安全。六是农产品生产企业和农民专业合作经济组织，应当自行或者委托检测机构对农产品质量安全状况进行检测；经检测不符合农产品质量安全标准的农产品，不得销售。农民专业合作经济组织和农产品行业协会对其成员应当及时提供生产技术服务，建立农产品质量安全管理制度，健全农产品质量安全控制体系，加强自律管理。

（4）农产品包装和标识。一是农产品生产企业、农民专业合作经济组织以及从事农产品收购的单位或者个人销售的农产品，按照规定应当包装或者附加标识的，须经包装或者附加标识后方可销售。二是农产品在包装、保鲜、贮存、运输中所使用的保鲜剂、防腐剂、添加剂等材料，应当符合国家有关强制性的技术规范。依法需要实施检疫的动植物及其产品，应当附具检疫合格标志、检疫合格证明。三是属于农业转基因生物的农产品，应当按照农业转基因生物安全管理的有关规定进行标识。四是销售的农产品必须符合农产品质量安全标准，生产者可以申请使用无公害农产品标志。农产品质量符合国家规定的有关优质农产品标准的，生产者可以申请使用相应的农产品质量标志。禁止冒用规定的农产品质量标志。

《农产品质量安全法》中所称农产品，是指来源于农业的初级产品，即在农业活动中获得的植物、动物、微生物及其产品；所称农产品质量安全，是指农产品质量符合保障人的健康、安全的要求。

（九）规范农村人居环境建设的《城乡规划法》

为了加强城乡规划管理，协调城乡空间布局，改善人居环境，促进城乡经济社会全面协调可持续发展，2007 年 10 月 28 日，第十届全国人民代表大会常务委员会第三十次会议通过了《中华人民共和国城乡规划法》。《城乡规划法》分别于 2015 年 4 月 24 日第十二届全国人民代表大会常务委员会第十四次会议和 2019 年 4 月 23 日第十三届全国人民代表大会常务委员会第十次会议进行了修正。

目前施行的《城乡规划法》包括总则和附则在内共 7 章 70 条，与规范农村人居环境建设相关的内容主要集中于城乡规划的制定和城乡规划的实施两个章节。

（1）城乡规划的制定。一是乡规划、村庄规划应当从农村实际出发，尊重村民意愿，体现地方和农村特色。规划内容应当包括：规划区范围，住宅、道路、供水、排水、供电、垃圾收集、畜禽养殖场所等农村生产、生活服务设施、公益事业等各项建设的用地布局、建设要求，以及对耕地等自然资源和历史文化遗产保护、防灾减灾等的具体安排。乡规划还应当包括本行政区域内的村庄发展布局。二是乡、镇人民政府组织编制乡规划、村庄规划，报上一级人民政府审批。村庄规划在报送审批前，应当经村民会议或者村民代表会议讨论同意。

（2）城乡规划的实施。一是地方各级人民政府应当根据当地经济社会发展水平，量力而行，尊重群众意愿，有计划、分步骤地组织实施城乡规划。二是镇的建设和发展，应当结合农村经济社会发展和产业结构调整，优先安排供水、排水、供电、供气、道路、通信、广播电视等基础设施和学校、卫生院、文化站、幼儿园、福利院等公共服务设施的建设，为周边农村提供服务。乡、村庄的建设和发展，应当因地制宜、节约用地，发挥村民自治组织的作用，引导村民合理进行建设，改善农村生产、生活条件。三是在乡、村庄规划区内进行乡镇企业、乡村公共设施和公益事业建设以及农村村民住宅建设，不得占用农用地；确需占用农用地的，应当依照《中华人民共和国土地管理法》有关规定办理农用地转用审批手续后，由城市、县人民政府城乡规划主管部门核发乡村建设规划许可证。

制定和实施城乡规划，在规划区内进行建设活动必须遵守《城乡规划法》。制定和实施城乡规划，应当遵循城乡统筹、合理布局、节约土地、集约发展和先规划后建设的原则，改善生态环境，促进资源、能源节约和综合利用，保护耕地等自然资源和历史文化遗产，保持地方特色、民族特色和传统风貌，防止污染和其他公害，并符合区域人口发展、国防建设、防灾减灾和公共卫生、公共安全的需要。

（十）规范农村村民自治的《村民委员会组织法》

《中华人民共和国村民委员会组织法》是为了保障农村村民实行自治，由村民群众依法办理自己的事情，发展农村基层民主，促进农村社会主义物质文明和精神文明建设而制定的。由第九届全国人民代表大会常务委员会第五次会议于1998年11月4日修订通过，自1998年11月4日施行。《中华人民共和国村民委员会组织法》分别在2010年10月28日第十一届全国人民代表大会常务委员会第十七次会议和2018年12月29日第十三届全国人民代表大会常务委员会第七次会议进行了修订和修正。

现行有效的《村民委员会组织法》，包括总则和附则在内共6章41条，最主要内容涵盖村民委员会的组成和职责、村民委员会的选举、村民会议和村民代表会议等方面。

（1）村民委员会的组成和职责。一是村民委员会由主任、副主任和委员共3～7人组成。村民委员会成员中，应当有妇女成员，多民族村民居住的村应当有人数较少的民族的成员。村民委员会根据需要设人民调解、治安保卫、公共卫生与计划生育等委员会。村民委员会成员可以兼任下属委员会的成员。人口少的村的村民委员会可以不设下属委员会，由村民委员会成员分工负责人民调解、治安保卫、公共卫生与计划生育等工作。二是村民委员会应当支持和组织村民依法发展各种形式的合作经济和其他经济，承担本村生产的服务和协调工作，促进农村生产建设和经济发展。管理本村属于村农民集体所有的土地和其他财产，引导村民合理利用自然资源，保护和改善生态环境。应当尊重并支持集体经济组织依法独立进行经济活动的自主权，维护以家庭承包经营为基础、统分结合的双层经营体制，保障集体经济组织和村民、承包经营户、联户或者合伙的合法财产权和其他合法权益。三是村民委员会应当宣传宪法、法律、法规和国家的政策，教育和推动村民履行法律规定的义务，爱护公共财产，维护村民的合法权益，发展文化教育，普及科技知识，促进男女平等，促进村与村之间的团结、互助，开展多种形式的社会主义精神文明建设活动。应当支持服务性、公益性、互助性社会组织依法开展活动，推动农村社区建设。

（2）村民委员会的选举。一是村民委员会主任、副主任和委员，由村民直接选举产生。村民委员会每届任期 5 年，届满应当及时举行换届选举。村民委员会成员可以连选连任。二是村民委员会的选举，由村民选举委员会主持。村民选举委员会由主任和委员组成，由村民会议、村民代表会议或者各村民小组会议推选产生。年满 18 周岁的村民，不分民族、种族、性别、职业、家庭出身、宗教信仰、教育程度、财产状况、居住期限，都有选举权和被选举权。三是本村 1/5 以上有选举权的村民或者 1/3 以上的村民代表联名，可以提出罢免村民委员会成员的要求，并说明要求罢免的理由。被提出罢免的村民委员会成员有权提出申辩意见。四是以暴力、威胁、欺骗、贿赂、伪造选票、虚报选举票数等不正当手段当选村民委员会成员的，当选无效。

（3）村民会议和村民代表会议。一是村民会议由本村 18 周岁以上的村民组成。村民会议由村民委员会召集。有 1/10 以上的村民或者 1/3 以上的村民代表提议，应当召集村民会议。二是召开村民会议，应当有本村 18 周岁以上村民的过半数，或者本村 2/3 以上的户的代表参加，村民会议所作决定应当经到会人员的过半数通过。三是人数较多或者居住分散的村，可以设立村民代表会议，讨论决定村民会议授权的事项。村民代表会议由村民委员会成员和村民代表组成，村民代表应当占村民代表会议组成人员的 4/5 以上，妇女村民代表应当占村民代表会议组成人员的1/3以上。村民代表会议由村民委员会召集。村民代表会议每季度召开一次。有1/5以上的村民代表提议，应当召集村民代表会议。村民代表会议有2/3以上的组成人员参加方可召开，所作决定应当经到会人员的过半数同意。村民会议可以制定和修改村民自治章程、村规民约，并报乡、民族乡、镇的人民政府备案。四是召开村民小组会议，应当有本村民小组18周岁以上的村民2/3以上，或者本村民小组2/3以上的户的代表参加，所作决定应当经到会人员的过半数同意。

村民委员会是村民自我管理、自我教育、自我服务的基层群众性自治组织，实行民主选举、民主决策、民主管理、民主监督。村民委员会办理本村的公共事务和公益事业，调解民间纠纷，协助维护社会治安，向人民政府反映村民的意见、要求和提出建议。村民委员会向村民会议、村民代表会议负责并报告工作。村民委员会根据村民居住状况、人口多少，按照便于群众自治，有利于经济发展和社会管理的原则设立。

（十一）规范乡村建设和发展的《乡村振兴促进法》

为了全面实施乡村振兴战略，促进农业全面升级、农村全面进步、农民全面发展，加快农业农村现代化，全面建设社会主义现代化国家，第十三届全国人民代表大会常务委员会第二十八次会议于2021年4月29日通过了《中华人民共和国乡村振兴促进法》，自2021年6月1日起施行。《乡村振兴促进法》共有10章74条，主要内容围绕产业发展、人才支撑、文化繁荣、生态保护、组织建设、城乡融合、扶持措施、监督检查等方面展开。

（1）产业发展。一是完善农村集体产权制度，增强农村集体所有制经济发展活力，促进集体资产保值增值，确保农民受益。二是采取措施优化农业生产力布局，推进农业结构调整，发展优势特色产业，保障粮食和重要农产品有效供给和质量安全，推动品种培优、品质提升、品牌打造和标准化生产，推动农业对外开放，提高农业质量、效益和竞争力。三是建立农用地分类管理制度，严格保护耕地。实行永久基本农田保护制度，建设粮食生产功能区、重要农产品生产保护区，建设并保护高标准农田。推进农村土地整理和农用地科学安全利用，加强农田水利等基础设施建设，改善农业生产条件。四是加强农业种质资源保护利用和种质资源库建设，鼓励种业科技成果转化和优良品种推广，促进种业高质量发展。五是采取措施加强农业科技创新，培育创新主体，构建以企业为主体、产学研协同的创新机制，强化高等学校、科研机构、农业企业创新能力，建立创新平台，加强研发和农业知识产权保护，建设现代农业产业技术体系。六是加强农业技术推广体系建设，促进建立有利于农业科技成果转化推广的激励机制和利益分享机制，鼓励企业、高等学校、职业学校、科研机构、科学技术社会团体、农民专业合作社、农业专业化社会化服务组织、农业科技人员等创新推广方式，开展农业技术推广服务。鼓励农业机械生产研发和推广应用，促进机械化生产与农田建设相适应、服务模式与农业适度规模经营相适应。加强农业信息监测预警和综合服务，推进农业生产经营信息化。七是各级人民政府应当发挥农村资源和生态优势，支持乡村新产业新业态的发展；引导新型经营主体通过特色化、专业化经营，合理配置生产要素，促进乡村产业深度融合。支持特色农产品优势区、现代农业产业园、农业科技园、农村创业园、休闲农业和乡村旅游重点村镇等的建设。加强农产品流通骨干网络和冷链物流体系建设。鼓励企业获得国际通行的农产品认证，增强乡村产业竞争力。八是完善扶持政策，加强指导服务，支持农民、返乡入乡人员在乡村创业创新，促进乡村产业发展和农民就业。建立健全有利于农民收入稳定增长的机制，鼓励支持农民拓宽增收渠道，促进农民增加收入。九是深化供销合作社综合改革，鼓励供销合作社加强与农民利益联结，完善市场运作机制，强化为农服务功能，发挥其为农服务综合性合作经济组织的作用。

（2）人才支撑。一是健全乡村人才工作体制机制，采取措施鼓励和支持社会各方面提供教育培训、技术支持、创业指导等服务，培养本土人才，引导城市人才下乡，推动专业人才服务乡村，促进农业农村人才队伍建设。二是各级人民政府应当加强农村教育工作统筹和乡村医疗卫生队伍建设，采取措施培育农业科技人才、经营管理人才、法律服务人才、社会工作人才，加强乡村文化人才队伍建设，培育乡村文化骨干力量。三是各级人民政府应当采取措施，加强职业教育和继续教育，组织开展农业技能培训、返乡创业就业培训和职业技能培训，培养有文化、懂技术、善经营、会管理的高素质农民和农村实用人才、创新创业带头人。四是鼓励城市人才向乡村流动，建立健全城乡、区域、校地之间人才培养合作与交流机制。县级以上人民政府及其教育行政部门应当指导、支持高等学校、职业学校设置涉农相关专业，加大农村专业人才培养力度，鼓励高等学校、职业学校毕业生到农村就业创业。

（3）文化繁荣。一是各级人民政府应当组织开展新时代文明实践活动，加强农村精神文明建设，不断提高乡村社会文明程度。应当采取措施丰富农民文化体育生活，倡导科学健康的生产生活方式，发挥村规民约积极作用，普及科学知识，推进移风易俗，破除大操大办、铺张浪费等陈规陋习，提倡孝老爱亲、勤俭节约、诚实守信，促进男女平等，创建文明村镇、文明家庭，培育文明乡风、良好家风、淳朴民风，建设文明乡村。二是各级人民政府应当健全完善乡村公共文化体育设施网络和服务运行机制，鼓励开展形式多样的农民群众性文化体育、节日民俗等活动，充分利用广播电视、视听网络和书籍报刊，拓展乡村文化服务渠道，提供便利可及的公共文化服务。三是各级人民政府应当采取措施保护农业文化遗产和非物质文化遗产，挖掘优秀农业文化深厚内涵，弘扬红色文化，传承和发展优秀传统文化。四是县级以上地方人民政府应当坚持规划引导、典型示范，有计划地建设特色鲜明、优势突出的农业文化展示区、文化产业特色村落，发展乡村特色文化体育产业，推动乡村地区传统工艺振兴，积极推动智慧广电乡村建设，活跃繁荣农村文化市场。

（4）生态保护。一是健全重要生态系统保护制度和生态保护补偿机制，实施重要生态系统保护和修复工程，加强乡村生态保护和环境治理，绿化美化乡村环境，建设美丽乡村。二是鼓励和支持农业生产者采用节水、节肥、节药、节能等先进的种植养殖技术，推动种养结合、农业资源综合开发，优先发展生态循环农业。三是各级人民政府应当实施国土综合整治和生态修复，加强森林、草原、湿地等保护修复，开展荒漠化、石漠化、水土流失综合治理，改善乡村生态环境。四是各级人民政府应当建立共建共管共享机制，综合整治农村水系，因地制宜推广卫生厕所和简便易行的垃圾分类，治理农村垃圾和污水，加强乡村无障碍设施建设，鼓励和支持使用清洁能源、可再生能源，持续改善农村人居环境。五是对农业投入品实行严格管理，对剧毒、高毒、高残留的农药、兽药采取禁用限用措施。六是实行耕地养护、修复、休耕和草原、森林、河流、湖泊休养生息制度。地方各级人民政府及其有关部门应当采取措施，推进农业投入品包装废弃物回收处理，推进农作物秸秆、畜禽粪污的资源化利用，严格控制河流湖库、近岸海域投饵网箱养殖。

(5) 组织建设。一是建立健全党委领导、政府负责、民主协商、社会协同、公众参与、法治保障、科技支撑的现代乡村社会治理体制和自治、法治、德治相结合的乡村社会治理体系，建设充满活力、和谐有序的善治乡村。二是建立健全农业农村工作干部队伍的培养、配备、使用、管理机制，选拔优秀干部充实到农业农村工作干部队伍，采取措施提高农业农村工作干部队伍的能力和水平，落实农村基层干部相关待遇保障，建设懂农业、爱农村、爱农民的农业农村工作干部队伍。三是地方各级人民政府应当构建简约高效的基层管理体制。引导和支持农村集体经济组织发挥依法管理集体资产、合理开发集体资源、服务集体成员等方面的作用。加强基层执法队伍建设，鼓励乡镇人民政府根据需要设立法律顾问和公职律师。健全农村社会治安防控体系，加强农村警务工作，推动平安乡村建设。健全农村公共安全体系，强化农村安全管理责任。

(6) 城乡融合。一是各级人民政府应当协同推进乡村振兴战略和新型城镇化战略的实施，整体筹划城镇和乡村发展，科学有序统筹安排生态、农业、城镇等功能空间，优化城乡产业发展、基础设施、公共服务设施等布局，逐步健全全民覆盖、普惠共享、城乡一体的基本公共服务体系，加快县域城乡融合发展。二是县级人民政府和乡镇人民政府应当优化本行政区域内乡村发展布局，按照尊重农民意愿、方便群众生产生活、保持乡村功能和特色的原则，因地制宜安排村庄布局，依法编制村庄规划，分类有序推进村庄建设，严格规范村庄撤并。三是县级以上地方人民政府应当统筹规划、建设、管护城乡道路以及垃圾污水处理、供水供电供气、物流、客运、信息通信、广播电视、消防、防灾减灾等公共基础设施和新型基础设施，推动城乡基础设施互联互通。四是发展农村社会事业，促进公共教育、医疗卫生、社会保障等资源向农村倾斜，提升乡村基本公共服务水平，推进城乡基本公共服务均等化。健全乡村便民服务体系，提升乡村公共服务数字化智能化水平，支持完善村级综合服务设施和综合信息平台，培育服务机构和服务类社会组织，完善服务运行机制。五是完善城乡统筹的社会保障制度，建立健全保障机制，支持乡村提高社会保障管理服务水平。建立健全城乡居民基本养老保险待遇确定和基础养老金标准正常调整机制。六是推动形成平等竞争、规范有序、城乡统一的人力资源市场，健全城乡均等的公共就业创业服务制度。七是县级以上人民政府应当采取措施促进城乡产业协同发展，在保障农民主体地位的基础上健全联农带农激励机制，实现乡村经济多元化和农业全产业链发展。鼓励农民进城务工，全面落实城乡劳动者平等就业、同工同酬，依法保障农民工工资支付和社会保障权益。

（7）监督检查。一是国家实行乡村振兴战略实施目标责任制和考核评价制度。二是国务院和省级人民政府有关部门建立反映乡村振兴进展的指标和统计体系。三是县级以上各级人民政府应当向本级人民代表大会或者其常务委员会报告乡村振兴促进工作情况，地方各级人民政府应当每年向上一级人民政府报告乡村振兴促进工作情况。四是县级以上人民政府发展改革、财政、农业农村、审计等部门按照各自职责对农业农村投入优先保障机制落实情况、乡村振兴资金使用情况和绩效等实施监督。五是各级人民政府及其有关部门在乡村振兴促进工作中不履行或者不正确履行职责的，依照法律法规和国家有关规定追究责任，对直接负责的主管人员和其他直接责任人员依法给予处分。

本法所称乡村，是指城市建成区以外具有自然、社会、经济特征和生产、生活、生态、文化等多重功能的地域综合体，包括乡镇和村庄等。全面实施乡村振兴战略，开展促进乡村产业振兴、人才振兴、文化振兴、生态振兴、组织振兴，推进城乡融合发展等活动，适用本法。

（十二）保障农民各项权益的《民法典》

《中华人民共和国民法典》已由中华人民共和国第十三届全国人民代表大会第三次会议于 2020 年 5 月 28 日通过，自 2021 年 1 月 1 日起施行。《民法典》共 7 编、1 260 条，分别为总则编、物权编、合同编、人格权编、婚姻家庭编、继承编、侵权责任编以及附则，被誉为人民群众的“社会生活的百科全书”。《民法典》涉及“三农”领域的主要内容有农村承包经营户、农村集体所有权、土地承包经营权和宅基地使用权等 4 个方面。

（1）关于农村承包经营户。《民法典》第一编第二章第四节中第55条和56条规定，农村集体经济组织的成员，依法取得农村土地承包经营权，从事家庭承包经营的，为农村承包经营户。农村承包经营户的债务，以从事农村土地承包经营的农户财产承担；事实上由农户部分成员经营的，以该部分成员的财产承担。

（2）关于农村集体所有权。《民法典》第二编第二分编第五章中第260条、261条、262条、264条和265条规定，一是集体所有的不动产和动产包括：法律规定属于集体所有的土地和森林、山岭、草原、荒地、滩涂；集体所有的建筑物、生产设施、农田水利设施；集体所有的教育、科学、文化、卫生、体育等设施；集体所有的其他不动产和动产。二是农民集体所有的不动产和动产，属于本集体成员集体所有。下列事项应当依照法定程序经本集体成员决定：土地承包方案以及将土地发包给本集体以外的组织或者个人承包；个别土地承包经营权人之间承包地的调整；土地补偿费等费用的使用、分配办法；集体出资的企业的所有权变动等事项；法律规定的其他事项。三是对于集体所有的土地和森林、山岭、草原、荒地、滩涂等，依照下列规定行使所有权：属于村农民集体所有的，由村集体经济组织或者村民委员会依法代表集体行使所有权；分别属于村内两个以上农民集体所有的，由村内各该集体经济组织或者村民小组依法代表集体行使所有权；属于乡镇农民集体所有的，由乡镇集体经济组织代表集体行使所有权。四是农村集体经济组织或者村民委员会、村民小组应当依照法律、行政法规以及章程、村规民约向本集体成员公布集体财产的状况。集体成员有权查阅、复制相关资料。五是集体所有的财产受法律保护，禁止任何组织或者个人侵占、哄抢、私分、破坏。农村集体经济组织、村民委员会或者其负责人作出的决定侵害集体成员合法权益的，受侵害的集体成员可以请求人民法院予以撤销。

（3）关于土地承包经营权。《民法典》第二编第三分编第十一章规定，一是农村集体经济组织实行家庭承包经营为基础、统分结合的双层经营体制。农民集体所有和国家所有由农民集体使用的耕地、林地、草地以及其他用于农业的土地，依法实行土地承包经营制度。二是土地承包经营权人依法对其承包经营的耕地、林地、草地等享有占有、使用和收益的权利，有权从事种植业、林业、畜牧业等农业生产。三是耕地的承包期为30年。草地的承包期为30年至50年。林地的承包期为30年至70年。前款规定的承包期限届满，由土地承包经营权人依照农村土地承包的法律规定继续承包。四是土地承包经营权自土地承包经营权合同生效时设立。登记机构应当向土地承包经营权人发放土地承包经营权证、林权证等证书，并登记造册，确认土地承包经营权。五是土地承包经营权人依照法律规定，有权将土地承包经营权互换、转让。未经依法批准，不得将承包地用于非农建设。六是土地承包经营权互换、转让的，当事人可以向登记机构申请登记；未经登记，不得对抗善意第三人。七是承包期内发包人不得调整承包地。因自然灾害严重毁损承包地等特殊情形，需要适当调整承包的耕地和草地的，应当依照农村土地承包的法律规定办理。八是承包期内发包人不得收回承包地。法律另有规定的，依照其规定。九是承包地被征收的，土地承包经营权人有权依据本法第243条的规定获得相应补偿。十是土地承包经营权人可以自主决定依法采取出租、入股或者其他方式向他人流转土地经营权。十一是土地经营权人有权在合同约定的期限内占有农村土地，自主开展农业生产经营并取得收益。十二是流转期限为5年以上的土地经营权，自流转合同生效时设立。当事人可以向登记机构申请土地经营权登记；未经登记，不得对抗善意第三人。十三是通过招标、拍卖、公开协商等方式承包农村土地，经依法登记取得权属证书的，可以依法采取出租、入股、抵押或者其他方式流转土地经营权。十四是国家所有的农用地实行承包经营的，参照适用本编的有关规定。

（4）关于宅基地使用权。《民法典》第二编第三分编第十三章规定，一是宅基地使用权人依法对集体所有的土地享有占有和使用的权利，有权依法利用该土地建造住宅及其附属设施。二是宅基地使用权的取得、行使和转让，适用土地管理的法律和国家有关规定。三是宅基地因自然灾害等原因灭失的，宅基地使用权消灭。对失去宅基地的村民，应当依法重新分配宅基地。四是已经登记的宅基地使用权转让或者消灭的，应当及时办理变更登记或者注销登记。

《民法典》最后部分附则，明确了《民法典》与婚姻法、继承法、民法通则、收养法、担保法、合同法、物权法、侵权责任法、民法总则的关系。《民法典》施行后，上述民事单行法律将同时废止。

参考文献

韩俊，宋洪远，2019. 新中国70年农村发展与制度变迁［M］. 北京：人民出版社.

何秀荣，2019. 培育家庭农场　助推现代农业［J］. 农村经营管理（11）：17-18.

胡冰川，2019. 改革开放四十年农业支持保护制度：脉络与发展［J］. 江淮论坛（2）：29-36.

黄祖辉，2017. 乡村振兴战略中的适度规模经营问题［J］. 中国合作经济（10）：17-19.

栗战书，2021. 在乡村振兴促进法实施座谈会上的讲话［J］. 中国人大（11）：10-13.

刘奇，2018. 乡村振兴的本质是小农户的振兴［J］. 中国发展观察（19）：84-85.

刘晓萍，2020. 农村集体经营性建设用地入市制度研究［J］. 宏观经济研究（10）：137-144.

刘振伟，2019. 万世根本：乡村振兴法律制度［M］. 北京：中国民主法制出版社.

钱忠好，牟燕，2015. 征地制度、土地财政与中国土地市场化改革［J］. 农业经济问题，36（8）：8-12，110.

宋洪远，2019. 发展探源：如何构建农业现代化政策体系［M］. 北京：中国农业出版社.

宋洪远，2019. 转型的动力：中国农业供给侧结构性改革［M］. 广东：广东经济出版社.

佚名，2020. 坚持和加强党对农村工作的全面领导：中央农办负责人就《中国共产党农村工作条例》答记者问［J］. 农村工作通讯（15）：12-15.

中共中央党史和文献研究院，2019. 习近平关于“三农”工作论述摘编［M］. 北京：中央文献出版社.